橋本　繁著

韓国古代木簡の研究

吉川弘文館

目次

Ⅱ 『論語』木簡

序章　研究史と研究の方法

はじめに

古代朝鮮史を論じる上でもっとも困難な障害は、史料が絶対的に不足しているという点にある。基本的な文献史料である『三国史記』『三国遺事』は、それぞれ一二世紀、一三世紀とかなり後代に編纂されたものであり、しかも、扱っている年代の幅が約一千年に達するにも関わらず分量的に非常に少ない。一方、中国の歴代正史や日本の『古事記』『日本書紀』などにも古代朝鮮に関する記事がみられる。年代差が比較的少ない史料であるという長所はあるが、外交関係を中心にした非常に断片的な記述にすぎない。現存する文献史料からだけでは、古代朝鮮史像を論じるには限界がある。

こうした史料の欠落を補うために、本書は木簡に注目し、それらを検討することでどのように新たな古代朝鮮史像を描くことができるのかを追究していきたい。

これまでの古代朝鮮史研究においても、碑文を中心として金石文が積極的に活用されてきた。広開土王碑の研究が一九世紀末から始まり、高句麗史研究に大いに活用されていることは周知の事実である。一九七九年に忠州で発見された中原高句麗碑は、五世紀代における高句麗と新羅の関係を具体的に示した。百済史関係においては、金石文資料が比較的少ないとはいえ、一九七一年に武寧王陵から出土した武寧王の墓誌は、『日本書紀』や『三国史記』の紀年の正確さを裏付けるなど、文献史料批判に大いに貢献した。また、新羅史関係では、一九七八年に発見された丹陽赤城碑、一九八八、一九八九年に相次いで発見された蔚珍鳳坪碑、迎日冷水碑、最近では二〇〇九年の浦項中城里碑など、古代国家として飛躍的に発展した六世紀の碑文が多数存在している。これら碑文の発見は、六世紀前半における官位制の整備、王京六部の成立など、新羅王権の確立過程に関わる画期的な資料を提供することとなった。南山新城碑は、戦前に発見されて以来これまでに一〇碑が確認されており、王京に山城を築城した際に全国から人々を動員した内容から、六世紀末における支配の実態を明らかにするための根本資料となっている。このように『三国史記』や『三国遺事』など文献史料の不足を金石文によって補完することで研究が進展してきたのである。

しかし、金石文は、王の巡狩を記念したり、あるいは国家の法や施政方針を地方民に知らしめるなど、なんらかの意図をもって作られたものである。そのため、日常的な支配の様相を復元する資料としては十分ではない。

そうした中で、木簡は、朝鮮古代史に関する新たな資料として注目される。木簡は、貢進された税につけられた荷札や、あるいは官庁間でやりとりされた文書などであるため、統治の様相について碑文以上に具体的に物語る。すなわち、木簡は、文献史料や金石文によってみられる世界とは全く異なった、よりミクロな世界を反映している資料といえる。そのため、木簡の研究を通じて、これまで全く問題にすることができなかったレベルから歴史像を描き出すことができると期待される。またそうすることで、文献、碑文など既存の資料の読み直しも可能になり、解釈の可能性の幅も広がる。木簡を通じて復元された歴史像を、これまで文献史料や碑文から明らかにされている歴史像とつきあわせることによって、新たな古代朝鮮社会像に迫ることができよう。

そして、木簡のもつ意義は、百済、新羅といった個々の国レベルでの研究に貢献するに止まらない。木簡だけがもっている資料としての強みは、中国大陸、朝鮮半島、日本列島において共通して多数出土しているという点である。東アジアレベルで政治制度や社会、文化を比較しようとしても、文献史料では前述の通り朝鮮半島において貧弱なため困難である。碑文は、中国大陸、朝鮮半島において豊富に残されているが、日本列島においては非常に限られているため、やはり比較は難しい。ところが、木簡だけが、いずれの地域でも豊富に残されているという長所がある。もちろん、朝鮮半島で出土した木簡の点数は数百点に止まっており、数十万点出土している中国や日本に比べれば一〇〇〇分の一程度にしかならない。それでも、ある程度まとまった量が出土しているので、比較に耐えうる資料といえる。韓国木簡は、新羅史や百済史研究の新たな資料としてだけでなく、東アジアの歴史を明らかにする上でも重要な資料なのである。

一　調査・研究史

本節では、これまでの韓国木簡に関する調査と研究をまとめた上で、問題点を指摘する。

1　木簡の定義

まず、木簡の定義を行いたい。

これまで韓国出土の木簡に関しては、学界で共有される定義がなされていないのが実情である。韓国木簡として扱われている資料を日本の木簡と比較した場合に際立つのは、墨痕のない「木簡」が数多く報告されているという事実である。日本での木簡の定義も、はっきりと定められているわけではないものの、「木片に墨書のあるもの」という程度の共通認識は存在しており、(1)墨痕さえあれば曲物や井戸枠、柱などでも木簡に含めている。そのため、こうした日本での認識によれば、「墨痕のない木簡」というのは矛盾となる。したがって、韓国では、日本とは異なった概念で「木簡」という語を使用していると考えられる。尹善泰は、「木簡は、文字を記録するために木材を整えて細長型につくった木の板」をいうと述べている。(2)この定義では、墨痕の有無は問題にされていないので、文字を記録するために整えた木材であれば文字が書かれていなくても木簡とみなしうることになる。これが韓国木簡についての共通認識に近いのではないかと思われる。しかし、出土した木製品をみて、それが文字を記録するために整えられたのかどうかを判断することは、非常に困難ではないだろうか。また、この定義にしたがえば、用途がはっきりしている木製品の場合、文字や墨痕があっても木簡に含められないことになる。事実、雁鴨池から出土したサイコロ状の酒令具や、「辛作」と彫られている鉄製刀子の木製の柄は、木簡に含められていない。現状では、こういった例が少ないため特に混乱は生じていないが、今後、出土点数が増えるとどこまでを木簡とするのかが問題となる可能性があろう。

本書では、このような現状を踏まえて、便宜上、日本における慣例にしたがって、墨痕のあるもののみを木簡として検討の対象とする。墨痕のないものについては、これまで木簡として扱われてきたものでもこれを対象にしない。もちろん、韓国木簡の定義が必ずしも日本や中国における定義と同じである必要はなく、今後、調査、研究がある程度進んだ時点で改めて実例に則した韓国木簡独自の定義を加えていく必要がある。

2　研究史

これまでの調査、研究史を、六期に分けて略述する。

第一期（〜一九七五年）

一九七五年に雁鴨池で木簡が発見される以前の、木簡研究前史である。戦前の楽浪・彩篋冢に対する発掘によって木簡一点が出土している(3)。内容は、副葬品の名称とそれを奉った人名が書かれているだけであり、特に注目を集めることもなかった。また、解放後しばらくは朝鮮半島から木簡が出土することはなかった。

第二期(一九七五〜一九八九年)

一九七五年に慶州・雁鴨池の発掘により韓国ではじめて木簡が出土した。発掘報告書において木簡の項を李基東が担当し、釈文の提示、年代の推定、内容の検討など基礎的な紹介が行われ、のちに個別の論文としても公表された。また、八〇年代にはいると、一九八〇年に益山・弥勒寺址、一九八三年に扶余・官北里、一九八四、一九八五年に慶州・月城垓子において相次いで木簡が出土した。しかし、これらの木簡については、ほとんど注目されず研究はなされなかった。唯一、「百済の木簡と陶硯について」が発表されているが、資料の紹介にとどまる。研究が進まなかった主たる原因は、資料がほとんど公開されなかったためである。例えば、月城垓子木簡に関しては、写真が公開されるのが二〇年後の二〇〇四年に出版された『韓国の古代木簡』であり、正報告書は二〇〇六年十一月にようやく刊行された。

第三期(一九八九〜一九九八年)

第二期に続いて木簡の出土が相次ぎ、個別の木簡の研究もようやく始まった時期である。特に、二聖山城の三、四次発掘により多くの木簡が出土すると、文字のはっきりしているいわゆる戊辰年木簡について、年代比定を中心に相次いで論文が発表された。また、扶余・宮南池から出土した木簡についても、概報がかなり早い段階で出され、それを利用した論文が出された。城山山城からも、一九九二、一九九四年の発掘によって木簡が出土している。

この時期までの研究成果については、李成市「韓国出土の木簡について」によってまとめられている。

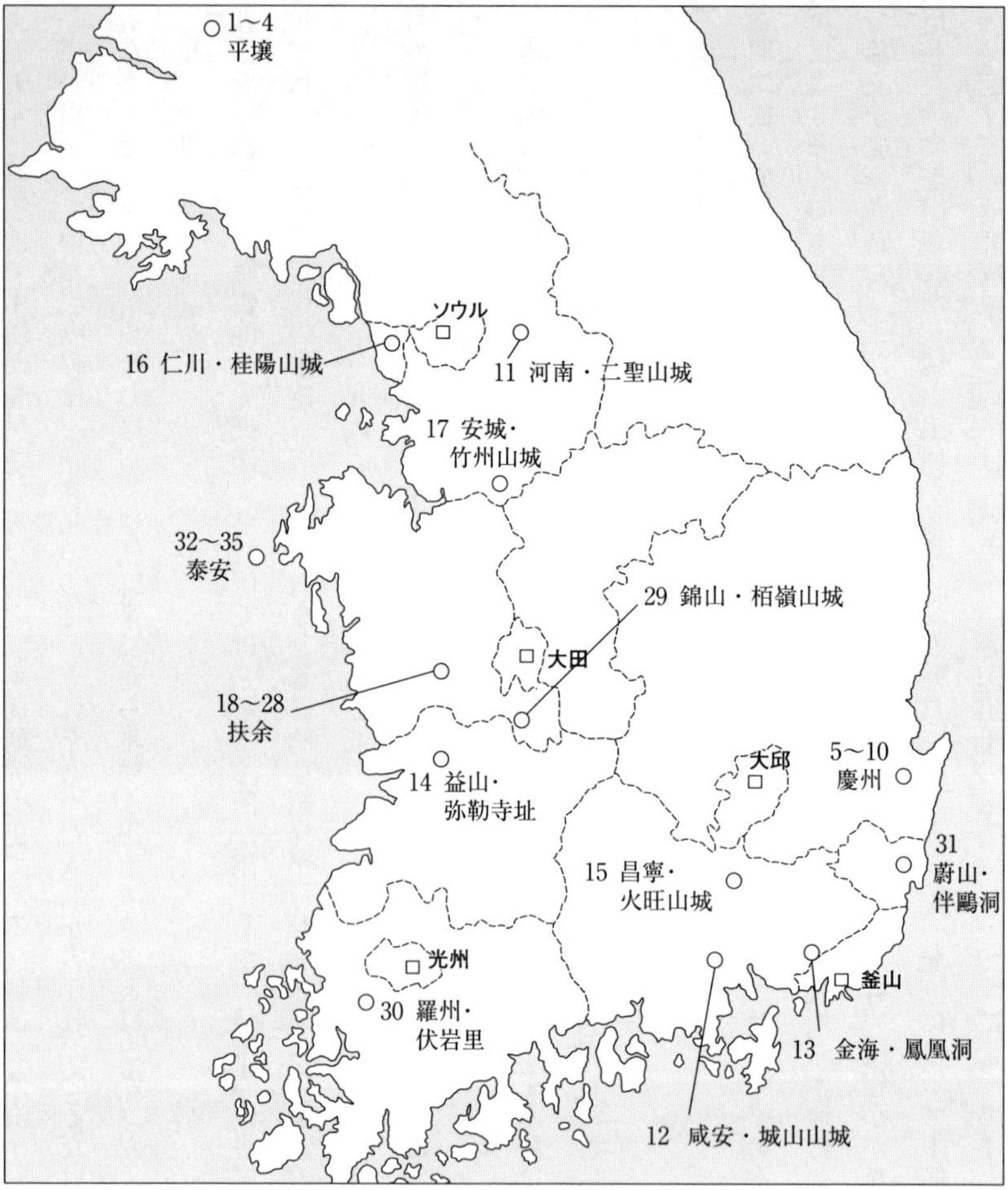

図1　韓国木簡出土地（数字は表2と対応）

表1　二〇〇六年までの韓国木簡研究文献

発行年	著者名	論題名	掲載	号数
第二期（一九七五～一九八九年）				
一九七九	李基東	雁鴨池から出土した新羅木簡について	慶北史学	一
一九八八	権兌遠	百済の木簡と陶硯について	蕉雨黄寿永博士古稀記念美術史学論叢	
第三期（一九八九～一九九八年）				
一九九一	朱甫暾	二聖山城出土木簡と道使	慶北史学	一四
一九九一	李成市	韓国の木簡	しにか	二―五
一九九二	金昌鎬	二聖山城出土木簡の年代問題	韓国上古史学報	一〇
一九九三	李道学	二聖山城出土木簡の検討	韓国上古史学報	一二
一九九三	高敬姫	新羅月池出土在銘遺物にたいする銘文研究	東亜大大学院碩士論文	
一九九五	崔孟植・金容珉	扶餘宮南池内部発掘調査報告概報―百済木簡出土の意義と成果	韓国上古史学報	二〇
一九九五	金昌鎬	新羅王京研究	新羅文化祭学術発表会論文集	一六
一九九六	朴賢淑	宮南池出土百済木簡と王都五部制	韓国史研究	九二
一九九六	李成市	新羅と百済の木簡	平野邦雄・鈴木靖民編『木簡が語る古代史上―都の変遷と暮らし』	
一九九七	李成市	韓国出土の木簡について	木簡研究	一九
第四期（一九九八～二〇〇四年）				
一九九九	尹善泰	咸安城山山城出土新羅木簡の用途	震檀学報	八八
一九九九	李鎔賢	統一新羅の伝達体系と北海通―韓国慶州雁鴨池出土の一五号木簡の解釈	朝鮮学報	一七一

一九九九	李鎔賢	扶餘宮南池出土木簡の年代と性格	宮南池（発掘調査報告書）	
一九九九	尹善泰	新羅統一期王室の村落支配	ソウル大大学院博士論文	
二〇〇〇	謝桂華	中国で出土した魏晋代以後の漢文簡紙文書と城山山城出土木簡	韓国古代史研究	一九
二〇〇〇	朱甫暾	咸安城山山城発掘調査の基礎的研究	韓国古代史研究	一九
二〇〇〇	平川南	日本古代木簡研究の現状と新視点	韓国古代史研究	一九
二〇〇〇	朴相珍	出土木簡の材質分析—咸安城山山城出土木簡を中心に	韓国古代史研究	一九
二〇〇〇	朴鍾益	咸安城山山城発掘調査と木簡	韓国古代史研究	一九
二〇〇〇	李成市	韓国木簡研究の現況と咸安城山山城出土の木簡	韓国古代史研究	一九
二〇〇〇	李成市	城山山城新羅木簡から何がわかるか	しにか	一一—九
二〇〇一	金昌錫	皇南洞三七六遺蹟出土木簡の内容と用途	新羅文化	一九
二〇〇一	李鎔賢	慶州皇南洞三七六遺蹟出土木簡の形式と復元	新羅文化	一九
二〇〇一	金在弘	新羅中古期村制の成立と地方社会構造	ソウル大大学院博士論文	
二〇〇一	金昌錫	三国ならびに統一新羅の商業と流通	ソウル大大学院博士論文	
二〇〇一	李鎔賢	韓国古代木簡研究	高麗大大学院博士論文	
二〇〇二	朴仲煥	韓国古代木簡の形態的特性	国立公州博物館紀要	
二〇〇二	尹善泰	新羅中古期の村と徒—邑落の解体と関連して	韓国古代史研究	二五
二〇〇二	李鎔賢	咸安城山山城出土木簡と六世紀新羅の地方経営	東垣学術論文集	五
二〇〇二	朴仲煥	扶餘陵山里発掘木簡予報	韓国古代史研究	二八
二〇〇二	尹善泰	新羅の文書行政と木簡—牒式文書を中心に	韓国古代社会研究所編『講座韓国古代史5』	
二〇〇三	李鎔賢	慶州雁鴨池（「月池」）出土木簡の基礎的検討—報告書分析とナンバリングを中心に	国史館論叢	一〇一

二〇〇四	李京燮	咸安城山山城木簡の研究現況と課題	新羅文化	二三

第五期（二〇〇四～二〇〇六）

二〇〇四	尹善泰	韓国古代木簡の出土現況と展望	国立昌原文化財研究所編『韓国の古代木簡』	
二〇〇四	李鎔賢	咸安城山山城出土木簡	国立昌原文化財研究所編『韓国の古代木簡』	
二〇〇四	孫煥一	咸安城山山城出土木簡の書体に対する考察	国立昌原文化財研究所編『韓国の古代木簡』	
二〇〇四	朴相珍	咸安城山山城出土木簡の樹種	国立昌原文化財研究所編『韓国の古代木簡』	
二〇〇四	梁碩眞	咸安城山山城出土木簡の科学的保存処理	国立昌原文化財研究所編『韓国の古代木簡』	
二〇〇四	橋本繁	金海出土『論語』木簡と新羅社会	朝鮮学報	一九三
二〇〇四	申昌秀・李柱憲	韓国の古代木簡出土遺跡について—城山山城木簡の出土様相と意味	古代文化	五六
二〇〇四	李銖薫	咸安城山山城出土木簡の稗石と負	地域と歴史	一五
二〇〇四	尹善泰	扶余陵山里出土百済木簡の再検討	東国史学	四〇
二〇〇五	李京燮	城山山城出土荷札木簡の製作地と機能	韓国古代史研究	三七
二〇〇五	李成市	朝鮮の文書行政—六世紀の新羅	平川南ほか編『文字と古代日本 2』	
二〇〇五	尹善泰	月城垓字出土新羅文書木簡	歴史と現実	五六
二〇〇五	金在弘	咸安城山山城出土木簡と村落社会の変化	国史館論叢	一〇六
二〇〇五	李文基	雁鴨池出土木簡からみた新羅の宮廷業務—宮中雑役の遂行と宮廷警備関連木簡を中心に	韓国古代史研究	三九
二〇〇五	近藤浩一	扶余・陵山里出土木簡と泗沘都城関連施設—統治組織関係木簡の検討を中心に	東アジアの古代文化	一二五
二〇〇六	深津行徳	古代東アジアの書体・書風	平川南ほか編『文字と古代日本 5』	

二〇〇六	李成市	東アジア辺境軍事施設の経営と統治体制—新羅城山山城木簡を中心に	浦野聡・深津行徳編『古代文字史料の中心性と周縁性』	
二〇〇六	李鎔賢	咸安城山山城出土木簡の性格論—二次報告分を中心に	考古学誌	一四
二〇〇六		改訂版　韓国の古代木簡		
二〇〇六	三上喜孝	日韓木簡学の現状とその整理状況	唐代史研究	九
二〇〇六	朴宗基	韓国古代の奴人と部曲	韓国古代史研究	四三

第四期（一九九八～二〇〇四年）

この時期は、城山山城木簡に対する研究が大部分を占めている。同木簡に関する報告書が一九九八年十二月に出されると、一九九九年十一月には国際シンポジウムが行われ、その成果が『韓国古代史研究』一九号に掲載された。城山山城木簡にこれだけの注目が集まったのは、二四点というまとまった木簡が一度に出土したこと、しかも、それらが基本的に同じ性格をもつものと考えられること、さらに赤外線写真などの比較的良質な情報が学界に速やかに提供され、共有されたことによる。ただし、城山山城木簡の評価については、その年代、性格付けに関して見解の隔たりが大きかった。

李鎔賢により初の韓国木簡に関する博士論文が提出されただけではなく、主たる史料として木簡を利用した博士論文も相次いで発表された。さらに、木簡にたいする関心の高まりを反映して、木簡に関連する特別展が開催された。国立歴史民俗博物館の特別展「古代日本　文字のある風景」において雁鴨池木簡、二聖山城木簡、城山山城木簡など多くの韓国木簡が展示された。また、二〇〇二年十月には国立扶余博物館で「百済の文字」展が開催され、二〇〇〇～二〇〇一年の発掘で出土した陵山里木簡はじめ百済の木簡が展示され、カラー写真の図録が刊行された。同時期に国立慶州博物館でも「文字でみた新羅」展が開催され、それまで出土した新羅の木簡に関しては未公開のものも含めてほぼ全点公開され、図録によってカラー写真が刊行された。

第五期（二〇〇四～二〇〇六年）

二〇〇四年七月に『韓国の古代木簡』が韓国と日本で同時に刊行されたことは、韓国木簡の研究史上、画期的な出来事であった。城山山城で二〇〇〇年以降に新たに出土した木簡が公表されただけではなく、それまでに出土した木簡のほぼ全点について、カラー写真と赤外線写真が公開された(4)。特に、それまで情報がほとんどなかった月城垓子木簡について、出土から二〇年にしてようやく写真が公表された。また、報告書に掲載された写真が不鮮明なため判読が困難であった雁鴨池木簡は、これまで報告されていなかった二〇点余りの木簡も追加された。その結果、本図録が刊行されるとすぐに、相次いで研究成果が発表された(5)。

また、城山山城木簡にたいする研究も、引き続き活発に行われた。新たな木簡が発見されたことにより、木簡の用途は荷札であることが広く認められるようになり、一応の学界の共通認識になった。荷札という性格のなかで、これまでは十分に解釈できなかった「負」や「奴人」など個別の字句の問題に研究対象が移った。木簡研究のレベルが、一段と深まったといえよう。二〇〇六年七月には『韓国の古代木簡』の改訂版が刊行されるなど、資料の共有は着実に進んでいる。

この時期には、早稲田大学朝鮮文化研究所により韓国木簡に関するシンポジウムが毎年開催され、内外の研究者による報告がなされた。その成果は、早稲田大学朝鮮文化研究所編『韓国出土木簡の世界』としてまとめられている。

第六期（二〇〇六年～現在）

木簡研究の活発化を受けて「韓国木簡学会」が組織され、二〇〇七年一月には正式な発足を記念した国際学術大会がソウルで行われた。[6] 機関誌として『木簡と文字』を年二回発行しており、二〇一三年十二月発行の第一一号まで出されている。

第五期の研究が『韓国の古代木簡』に基づいていたのにたいし、現在は発掘報告書や現物調査に基づいて研究が行われるようになっている。

まず、月城垓子や、『論語』木簡が出土した金海・鳳凰洞遺跡と仁川・桂陽山城など、正報告書の刊行が相次いでいる。[7] 陵山里木簡の報告書では、これまで公開されていたもの以外にも多数の木簡が出土していたことが明らかにされた。[8] 木簡そのものだけでなく、出土遺跡・遺構、共伴遺物の検討を踏まえた研究が可能となっている。

さらに、木簡の再調査も進められている。百済木簡については、国立扶余博物館の所蔵品を中心に再撮影が行われ、陵山里の削屑はじめ新たな木簡も多数公開された。[9] 雁鴨池木簡は実物調査による釈文の訂正、それに基づいた研究が進んだ。[10] 城山山城木簡についても、『韓国の古代木簡』より精細な赤外線写真の撮影がなされ、表面観察の成果と合わせた報告書が刊行された。[11] 二〇〇四年以降の発掘でも新たに一〇〇点以上の木簡が出土している。[12]

また、二〇〇九年五月には国立博物館一〇〇周年・国立文化財研究所四〇周年を記念する展示として、国立扶余博物館、国立加耶文化財研究所の共催による特別展「木のなかの暗号　木簡」が開催された。[13] これは、木簡を主題とした初の展示であり、木簡の調査、研究が進展し、注目を集めていることを示すものである。二〇一一年には、国立中央博物館において特別展「文字、その後」が開催され、木簡をはじめとする古代日韓の文字資料が展示された。資料集としては、二〇一一年に『韓国木簡字典』が刊行され、現時点で出土しているほぼ全点の赤外線写真が収められている。

3　出土状況

木簡の出土件数は、一九九七年の時点では七遺跡から約一二〇点であった[14]。それが、二〇〇四年三月の時点で一二遺跡・二四八点[15]、二〇〇九年七月の時点では二六遺跡・五二一点[16]、二〇一一年八月の時点で三一遺跡・七一二点と着実に増加を続け、二〇一四年五月現在で三五遺跡・七五〇点余りである。

近年の出土遺跡の増加は、百済地域において出土事例が集中したことによる。都であった扶余のほか、羅州・伏岩里において百済の地方木簡が初めてまとまった点数出土した。また、点数が急激に増加したのは、陵山里寺址出土の削屑が公表されたこと、城山山城での継続的な出土、そして、高麗時代の沈没船が相次いでみつかったことによる。

出土遺跡全体の傾向としては、新羅と百済それぞれの都からの出土が多い。三国から統一新羅時代の二六遺跡中、新羅の都があった慶州が六件、百済の都があった扶余で一一件の計一七件である。政治の中心である王京から数多く出土しているのは、当然のことといえよう。注目されるのは、地方の山城からの出土が多いことである。六ヵ所の山城から出土しており、それも二聖山城や城山山城のようにまとまった点数がみつかっている。領域支配の拠点としての役割の大きさを示していよう。

各遺跡から出土している点数は非常に少なく、一〇点以上出土している遺跡は一一遺跡であり、古代のものでは七遺跡に過ぎない。そのほかの遺跡からは、それぞれ一～三点ずつの発見にとどまっており、木簡の記載内容を理解する上で困難をもたらしている。なお、これらの木簡点数は、前述のように墨痕のあるものに限っているが、中には墨痕の有無を判断しにくいものもあるため、多少の誤差を含む。

年代幅も大きく広がっている。従来は、百済と新羅の木簡しか知られておらず、年代幅は六～九世紀と狭かった。

表2　韓国出土木簡一覧

	遺跡名	発掘年度	木簡年代	出土点数	備考
1	平壌・彩篋塚	一九三一	後漢末	一	
2	平壌・貞栢洞三号墳	一九六三	紀元前一世紀後半	三	
3	平壌・楽浪洞一号墳	一九八一～一九八四	一世紀前半	六	
4	平壌・貞柏洞三六四号墓	一九九〇年代初め	紀元前一世紀後半	?	『論語』冊書 戸口統計簿
5	慶州・雁鴨池	一九七五	統一新羅	六一	
6	月城垓子	一九八四～一九八五	新羅六～七世紀	二五	
7	皇南洞三七六番地	一九九四	統一新羅八世紀	三	
8	博物館敷地	一九九八	統一新羅八世紀	二	
9	伝仁容寺址	二〇〇二～	統一新羅	一	祭祀木簡
10	博物館南側敷地	二〇一一～二〇一二	統一新羅	二	
11	河南・二聖山城	一九九〇～二〇〇〇	新羅六～七世紀	一三	
12	咸安・城山山城	一九九二～	新羅六世紀半ば	二三二	
13	金海・鳳凰洞	二〇〇〇	統一新羅?	一	『論語』
14	益山・弥勒寺址	一九八〇	統一新羅	二	
15	昌寧・火旺山城	二〇〇三～二〇〇五	統一新羅	七	祭祀木簡
16	仁川・桂陽山城	二〇〇五	新羅?	二	『論語』
17	安城・竹州山城	二〇〇六～	新羅六世紀後半～七世紀前半	二	木材・物差に墨書

18	扶余・官北里	一九八三～二〇〇三	百済七世紀	一〇	
19	宮南池	一九九五～二〇〇一	百済七世紀	三	
20	双北里二一〇番地	一九九八	百済七世紀	二	
21	陵山里寺址	二〇〇〇～二〇〇二	百済六世紀	一四五	削屑一二五点
22	双北里ヒョンネドゥル	二〇〇七	百済六～七世紀	八	
23	双北里二八〇―五番地	二〇〇八	百済七世紀	三	出挙・題籤軸
24	東南里	二〇〇五	百済～統一新羅	一	
25	双北里一一九安全センター	二〇〇九～二〇一〇	百済七世紀	四	
26	双北里トゥイッケ	二〇一〇	百済	一	
27	旧衙里中央聖潔教会	二〇一〇	百済六～七世紀	九	
28	双北里一八四―一一	二〇一二	百済	一	
29	錦山・栢嶺山城	二〇〇四	百済	一	
30	羅州・伏岩里	二〇〇八	百済七世紀初め	一三	
31	蔚山・伴鷗洞	二〇〇七	高麗	一	
32	泰安・テソム青磁運搬船	二〇〇七～二〇〇八	高麗一二世紀半ば	三四	
33	泰安・馬島一号船	二〇〇九	高麗一三世紀初め	七三	竹札五七点
34	泰安・馬島二号船	二〇一〇	高麗一三世紀初め	四七	竹札二五点
35	泰安・馬島三号船	二〇一一	高麗一二六〇年代	三五	竹札二〇点
	三五ヵ所			七五四＋α	

それが、紀元前の楽浪時代のものから、一三世紀の高麗時代まで一気に広がっている。楽浪と新羅、百済との空白期を埋める高句麗の木簡や、時代の下る朝鮮時代のものも今後発見されると期待される。特に、沈没船の木簡は、これまではいずれも高麗時代であったが、朝鮮時代や三国時代の船が発見される可能性も十分ある。

さらに、祭祀に関する木簡など、内容も多様になっている。質、量の増加により、これまで資料不足でできなかった研究、例えば、韓国木簡そのものの歴史的変遷、石碑や墨書土器などを含む地域ごとの文字文化、民俗学との共同研究、日本の中世、近世木簡との比較研究など、様々な可能性が広がっている。

二〇〇七年以降出土の主な木簡については第Ⅲ編第二章で述べる。

4　研究の問題点

このように調査、研究が量的に増加しているにもかかわらず、基礎的な研究方法や木簡の表記方法すら共通認識がないのが実情である。そうした問題点は、画期的な資料と評価される『韓国の古代木簡』そのものに強く反映されている。そこで、主に『韓国の古代木簡』に則して、これまでの調査、研究の問題点を述べていきたい。

第一は、考古資料としての情報の不足である。『韓国の古代木簡』は、良質な写真を提供したことを評価できるとしたが、逆にいえば公開された情報は写真のみといえる。例えば、木簡の上下端が欠けているのか否かといった情報は皆無であり、完形であるのか不明のため釈文を行う上で問題となっている。木簡表面の削り痕など製作方法に関する観察も全くみられない。また、木簡の正確な出土遺構、地点、出土層位などについての十分な情報がない。例えば、山城であれば木簡の出土した場所が城壁のそばなのか、あるいは倉のそばなのかなどといった出土地点との関わりを考えることで、ある程度用途の推測に役立つはずであるのに、情報は限られている。これらの問題点は、『韓国の古代木簡』だけでなく、正式な報告書においても同様である。

第二に、木簡研究に関する方法的な共通認識、配慮が欠けているという点である。木簡番号の不統一がまずあげられる。『韓国の古代木簡』のなかでも中心的な資料となる城山山城について、正式な報告書でつけられた木簡番号とは異なる順序で配列されているため、木簡番号が新たに付け直される結果となってしまった(17)。また、城山山城以外の遺跡から出土した木簡についても、報告書で付されていた木簡番号はまったく意識されていない。そのため、第五期の研究では『韓国の古代木簡』の木簡番号がそのまま使用される結果となってしまった。本書第Ⅲ編第一章の雁鴨池木簡の番号が一八二号から始まっているのは、そのためである。雁鴨池のように発掘が終了した遺跡に関しては問題は少ないかもしれないが、今後も継続的に発掘が行われる遺跡においては、混乱を生じさせる可能性が高い。

さらに、『韓国の古代木簡』には、釈文が一部にしかつけられていない。しかもそれは、既存の論文などに発表されたものをまとめたものであって、独自の釈文が示されたわけではない。個々の木簡についての解説は全く付けられておらず、どこまでがその木簡について共有できる情報であるのか不明のままとなっている。

第三に、木簡の形状の表記法が定まっていないことである。日本の場合、短冊形、圭頭、切込みの位置などで形式番号をつけており、木簡の写真がない場合でもどのような形状をしているのかがわかるようにしている。韓国木簡では、一つ一つ写真などで確認しなければならないのである。

釈文の記号についても取り決めがない。日本の木簡については、釈文の初めと終りに「　」がついているものは完形であることを表わしている。したがって、そこで表記が終るのか、あるいは前後にさらに続く可能性があるのかを知ることができる。韓国木簡の釈文においては、そのようなルールがなく、釈文は文字の情報のみを反映するにすぎない。また、法量の表記法についても同様で、完形であるか否かがわかるような工夫がなされていない。

以上のように、『韓国の古代木簡』はカラー写真と赤外線写真など木簡研究の基礎資料を学界に初めて提供したが、それ以外の基礎的な情報に関しては不十分なままであった。また、釈文の具体的方法であるとか、法量の表し方など基礎的な情報の整理も行われなかった。したがって、木簡研究の方法論上の基礎となる条件については全く整っていない状況であるといえよう。

最後に問題点の第四として、木簡研究の方法論的な広がりが進められていない。城山山城木簡を中心に個別研究そのものはかなり蓄積された段階にいたっているが、書かれた文字についての研究に偏っている。その木簡がどのように使用されたのか、なぜそこに廃棄されたのかなど考古資料としての木簡の性格については、ほとんど問題にされていない。ただし、これは研究者側の問題だけでなく、上述したように発掘報告書にそういった情報が十分記載されていないことも理由となっていよう。

また、これまでの研究には特定の遺跡から出土した木簡の、特定の簡に関心が集中する傾向があった。例えば、二聖山城木簡については、これまでの論文のほとんどが戊辰年木簡一点のみを扱っており、その他の木簡については検討が進められていない。雁鴨池木簡についても、高城について書かれた木簡については複数の論文で扱われているものの、それ以外の木簡についてはあまり触れられてこなかった。これらは十分な資料公開がなされていなかったため、鮮明な文字が残っているものに研究が集中するという止むを得ない事情があるとはいえ、問題点の一つとして指摘しておきたい。

本格的な韓国木簡研究は二〇〇〇年代に入ってから進み、同時に画期的な資料の発見、公開が相次いでいる。資料の公開によって研究を行う基礎的な条件がそろい、個別研究についてもある程度蓄積されている。韓国木簡を研究するための方法論上の基盤を、さらに整備していくことが急務であるといえよう。また、個別研究の蓄積に基づいて、韓国木簡がどのような特徴をもっているのかという全体像に関する研究も必要となっている。何が書かれているのかを明らかにする木簡の機能についての研究から、ようやく木簡を通じて古代社会像を明らかにする研究の段階に到達したといえる。

いまこそ研究のさらなる飛躍が必要となっている。そのために解決すべき最大の問題点は、基礎的な情報を共有する努力が十分でないことである。報告書が以前に比べ迅速に刊行されてはいるが、掲載された写真の質や、出土位置、釈文と解説など共有しうる情報が十分提供されているとはいえない。さらに、木簡の分類法、釈文や法量の表記法、用語などの整備もなされておらず、例えば「削屑」や「切込み」に相当する用語も、研究者ごとに異なっている。韓国木簡学会が組織されたとはいえ、木簡をどのように調査、公開していくかの合意は、まだ十分に形成されていない(18)。

こうした課題を克服し、考古学、民俗学など他分野の研究者、さらには中国、日本などの研究者と資料を共有する必要があろう。それが実現された時に韓国木簡は、単に朝鮮史研究の新たな資料にとどまらず、東アジア史を新たに見直しうる可能性をもつ。

二　研究の方法

以上の研究史とその問題点を踏まえた上で、本書の研究方法について述べていきたい。

木簡の研究は、木簡そのものについての研究と、木簡を利用した研究に分けられる。すなわち、前者は発掘された木簡自身についての即物的、基礎的な研究であり、後者は、木簡を古代史資料として利用し、古代の政治、経済、文化などの歴史を再構成する研究である(19)。本書の最終的な目的は、もちろん後者の木簡を利用した研究にあるが、そのためには、いくつかの段階をへる必要がある。

木簡の研究は、

A　木簡自体についての直接的で即物的な認識

B　木簡の製作者、受取人、両者に介在する組織や人物、木簡に与えられた機能についての推論的認識

C　木簡のもつ歴史的意義の認識、木簡から解明された古代社会像の理解

という三段階を踏んで上昇するとされる(20)。

前節で述べたように、これまでの韓国木簡に関する研究の多くは、出土地点や釈文など木簡研究のもっとも基礎となる情報がほとんど共有されないまま進められてきてしまった。A段階の基礎的な研究が不十分なままにB段階、さらにはC段階の部分まで論じられているといえよう。その結果、同じ木簡にたいして研究者がそれぞれに異なる釈文を行っていたり、あるいは木簡の用途に関する相反する見解が併存したままになってしまったのである。

本書では、こうした研究現状の問題点を踏まえて、A段階の基礎的研究を重視する。より具体的には、

①出土状況（出土遺構、地点、層位、状況、供出遺物）

②形　態（材質、木取り、形態、穿孔、製作技法、使用痕、破砕法）

③記載形式（書式、書風、字形、文字割付）

であり、これらを総体的に理解する必要がある(21)。

1　即物的研究

（1）出土状況

木簡は発掘によって出土する考古遺物である。したがって、どのような遺跡の、どのような遺構から出土したかが非常に重要である。また、複数の木簡が出土した遺跡の場合では、木簡それぞれの位置関係を把握することが必要不可欠である。同じ遺跡から出土した木簡であっても、遺構が異なれば年代やその性格が異なると考えられるからである。すなわち、出土状況を把握することは、木簡の年代や一括資料であるか否かを決定する不可欠な情報である。それにも関わらず、これまでの研究では十分に注目されてこなかった。その背景には、公表されている情報では、木簡の出土地点を詳細に確認することが不可能であるという問題がある。正式な発掘報告書が出されているものでも、正確な木簡出土位置が把握可能なものは少ない。本書で扱う木簡についても、どの木簡がどこから出土したかを完全に把握することは困難であるが、報告書や発掘概報などに記載されている範囲で明確にしていく。

（2）形　態

材質や木取り、製作技法に関しても、これまでほとんど研究されておらず、そうした情報も報告書では触れられないことが多い。また、どのように木簡を製作したのかは、保存処理を行う前に調査するのが望ましいが、現在の韓国では、出土後すぐに保存処理を施しているため、そうした観察が非常に困難な場合がある。幸い、城山山城木簡については、木取りや製作方法に関する実物調査を行いえたので、それに基づいて研究を行う（第Ⅰ編第一章）。

（3）記載形式

記載形式の検討を行うための前提となるのが、正確な釈文の作成である。

これまでの韓国木簡に関する研究において、基本的な性格付けなどで大きな見解のずれが存在する場合が多い。その理由の一つとなっているのが、釈文の不確実さである。同じ木簡に関する研究であっても、釈文を研究者それぞれが行ったものに拠っているため、相異なる結論が出されるという事例が多々みられる。これまでの調査、検討の結果、従来の研究で立論の論拠とされていた釈文自体が誤っており、訂正を要するものが少なからず見出された。本書は、研究の基礎を固めるために、正確な釈文の提示を目的の一つとする。なお、前節で指摘したように韓国木簡独自の釈文表記法が未確立のため、本書では便宜上、日本の木簡学会の表記法にしたがうこととする。

釈文を提示した上で、記載様式の整理を行う。韓国木簡は、この視角からの検討が非常に困難である。各遺跡からの出土が数点に過ぎないことも多いため、同じ記載様式をもっているものが少ない。木簡を相互に比較することができず、一～二点のみから用途、性格を推定して行かなくてはならないことが多いのである。そうしたなかで、城山山城木簡については、「地名＋人名＋物品名」という共通した記載様式をもつことが早くから明らかになり、相互の比較を通じたより詳しい木簡の性格検討が可能となった。本書では、城山山城木簡の記載様式に注目した研究をさらに推し進めると同様に、これまでほとんど扱われてこなかった、書風、文字の割付けなどにも注目していく（第Ⅰ編第三章）。

また、雁鴨池木簡についても、釈文の大幅な訂正の結果、同じ記載様式をもつ木簡の多数存在することが明らかになった。記載様式を詳しく検討することで、これまで不明であった雁鴨池木簡の具体的な用途を明らかにする（第Ⅲ編第一章）。

2　推論的研究

続いて研究のB段階、木簡の製作者、受取人などに対する推論的認識についての研究方法を述べていく。こうした検討を行うにあたり、出土点数が限られていることは極めて大きな障害となる。木簡相互の比較には限界があるので、他資料との比較を通じて木簡の性格を明らかにしていかなくてはいけない。

比較資料としてまず考えられるのは、古文書である。日本木簡の研究は、正倉院文書という膨大な史料群があったからこそ、解読しがたい文字の釈読の段階から木簡の記載様式の解明まで進めることができたのである。しかし、韓国木簡の場合、古代の文書がほとんど残っておらず、こうした比較は困難である。

そこで、有効な方法として期待されるのが、中国大陸や日本列島で出土した木簡との比較である。

中国で出土している木簡、竹簡は数十万点に達しており、韓国木簡の源流であることは確かであるから、可能な限り比較を行っていく。しかし、中国で出土している簡牘は、木や竹が主たる書写材料であった漢代以前のものがほとんどである。紙がある程度普及した晋代の木簡も発見されてはいるが、数は少なく研究も盛んではない。

一方、朝鮮半島と日本列島の木簡は、いずれも紙が出現した後のいわゆる紙木併用時代に使用された木簡と考えられる。したがって、紙に書くよりも木に書く方が適している場合に使われたものが多いため、日本木簡は比較対象としてより適当である。日本木簡との比較を行い、類似した記載内容を有している場合には、同じ用途に使われた木簡であると類推することが可能であろう。また、記載内容だけでなく、形状の特徴を比較することで、用途の推定を行っていく（第Ⅱ編各章）。

3　木簡のもつ歴史的意義

最後に、A、B段階の基礎的な考察に基づいて、C段階、木簡のもつ歴史的意義の認識、木簡から解明された古代社会像の理解へと進む。

終章では、中国や日本の木簡との比較によって得られた成果を通じて、古代東アジアにおける文字文化の伝播について論じる。

註

(1) 狩野久「古代木簡概説」(木簡学会編『日本古代木簡選』岩波書店、一九九〇年)二三六頁。
(2) 尹善泰「韓国古代木簡の出土現況と展望」(国立昌原文化財研究所編『韓国の古代木簡』国立昌原文化財研究所、二〇〇四年)三五六頁。
(3) 朝鮮古蹟研究会『楽浪彩篋冢』(一九三四年)。
(4) 李鎔賢「咸安城山山城出土木簡」(前掲『韓国の古代木簡』)。
(5) 尹善泰「月城垓字出土新羅文書木簡」(『歴史と現実』五六、二〇〇五年。邦訳は拙訳「月城垓字出土新羅木簡に対する基礎的検討」朝鮮文化研究所編『韓国出土木簡の世界』雄山閣、二〇〇七年)、李文基「雁鴨池出土木簡よりみた新羅の宮廷業務」(『韓国古代史研究』三九、二〇〇五年)、尹善泰「百済泗沘都城と「嵎夷」」(『東亜考古論断』二、二〇〇六年。邦訳は朴珉慶訳「木簡からみた百済泗沘都城の内と外」前掲『韓国出土木簡の世界』)。
(6) 報告の多くは『木簡と文字』創刊号(二〇〇八年)に論文として収められている。
(7) 国立慶州文化財研究所『月城垓子発掘調査報告書Ⅱ 考察』(国立慶州文化財研究所、二〇〇六年)、釜山大学校博物館『金海鳳凰洞低湿地遺蹟』(釜山大学校博物館、二〇〇七年)、鮮文大学校考古研究所『桂陽山城発掘調査報告書』(鮮文大学校考古研究所、二〇〇八年)。
(8) 国立扶余博物館『陵寺 扶余陵山里寺址6~8次発掘調査報告書』(国立扶余博物館、二〇〇七年)。
(9) 国立扶余博物館『百済木簡』(国立扶余博物館、二〇〇八年)。
(10) 国立博物館、韓国木簡学会、早稲田大学朝鮮文化研究所が相次いで調査を行った(李鎔賢「雁鴨池と東宮庖典」、尹善泰「雁鴨池出土「門号木簡」と新羅東宮の警備」、橋本繁「雁鴨池木簡判読文の再検討」(本書第Ⅲ編第一章)、咸舜燮「国立慶州博物館所蔵雁鴨池木簡の新たな判読」『新羅文物研究』創刊号、二〇〇七年)。
(11) 早稲田大学朝鮮文化研究所・大韓民国国立加耶文化財研究所編『日韓共同研究資料集 咸安城山山城木簡』(雄山閣、二〇〇九年)。

(12) 国立加耶文化財研究所『咸安城山山城Ⅳ』(国立加耶文化財研究所、二〇一一年)。
(13) 国立扶余博物館・国立加耶文化財研究所『木のなかの暗号 木簡』(芸脈、二〇〇九年)。
(14) 李成市「韓国出土の木簡について」(『木簡研究』一九、一九九七年)。
(15) 尹善泰「韓国古代木簡の出土現況と展望」(前掲書)。
(16) 橋本繁「韓国木簡研究の現在」(『歴史評論』七一五、二〇〇九年)。
(17) さらに、国立加耶文化財研究所『韓国木簡字典』(国立加耶文化財研究所、二〇一一年)は、報告書刊行後に判明した接続を反映して改めて番号を付してしまっている。この問題については、崔尚基「咸安城山山城出土木簡の整理現況に関する検討」(『木簡と文字』一一、二〇一三年)参照。
(18) 木簡の定義、分類などについては、韓国において様々に試みられており、体系的にまとめられたものとして、李京燮『新羅木簡の世界』(景仁文化社、二〇一三年)がある。しかし、学界としての共通認識がえられていない状況は変わらない。
(19) 佐藤信「木簡研究の歩みと課題」(『日本古代の宮都と木簡』吉川弘文館、一九九七年。初出は一九九〇年)。
(20) 鬼頭清明『考古学ライブラリー五七 木簡』(ニュー・サイエンス社、一九九〇年)二七〜二八頁。
(21) 佐藤信「木簡研究の歩みと課題」(前掲書)。

Ⅰ　咸安・城山山城木簡

第一章　城山山城木簡のフィールド調査

はじめに

朝鮮古代史研究における木簡など出土文字資料の重要性は、序章で述べた通りである。ただし、調査者がどのような情報を引き出そうとするかという関心によって、情報量は大きく異なってくる。これまで著者は、早稲田大学朝鮮文化研究所（以下、朝文研と略す。所長・李成市）の客員研究員として、韓国の研究機関との共同調査に携わり、城山山城木簡のデータベース作成、木簡の釈文や表面観察を行ってきた。こうした調査事例を通じて、フィールド調査がどのように歴史研究に貢献しうるのか、その道筋を考察していきたい。

本章では、共同調査の時系列に沿って述べていく。それは調査段階の順序とも重なり合うからである。第一節では、木簡の基礎的な情報を共有するための作業について紹介する。調査を開始した当初、韓国木簡は、ほとんど公開されておらず、その結果、研究もなされていなかった。そのため、まずは鮮明な写真を公表することで、誰でも容易に木簡の検討を行える環境を整えた。第二節では、共同調査について紹介していく。新たな釈文作成の方法や成果、共同調査の過程で明らかになった考古学的な事実が、歴史研究にどのような意味をもつのか論じるとともに、調査方法の課題についても述べる。

一　基礎資料の共有化

1　共同研究協定の締結

朝文研が、どのような経緯で共同研究を行うことになったのか、そして、調査対象である城山山城木簡の資料的な価値について、簡単に説明を加えていきたい。

出土文字資料研究に本格的に関わるようになったのは、二〇〇二年から二〇〇六年度までの五年間、二一世紀COEプログラム「アジア地域文化エンハンシング研究センター」に参加したことによる。同研究センターにおける全体の課題は、中国文明とアジアにおける諸地域文化の相互関係の解明であった(1)。そのなかで朝文研は、中国文明が中国東北地方、朝鮮半島に及ぼした社会的、文化的影響を、漢字文化を通して解明してきた(2)。こうした課題に取組むための具体的な資料として、出土点数の増加しつつあった韓国木簡に着目したのである。

そのなかでも、咸安・城山山城遺跡から出土した木簡を主要な研究対象とした。城山山城木簡が、以下の理由で韓国木簡研究において重要な位置を占めるからである。

第一に、城山山城木簡は、二〇〇二年時点で一〇〇点余りまとまって出土した唯一の木簡群であった。これは、当時、約二五〇点出土していた韓国木簡の約半分にものぼる(3)。

第二に、一九九〇年代の前半の発掘により出土した二七点の木簡について、一九九八年には早くも正報告書が刊行されて赤外線写真も掲載された(4)。このように早く木簡の全貌が明らかとなったのは本木簡が初めてであった。

第三に、木簡の性格について、新羅各地から稗を輸送した際の付札（荷札）であることが明らかであった。

第四に、木簡の年代が六世紀半ばであることから、中国木簡と日本木簡の間の空白を埋めうるものである。日本列島の木簡が七世紀前半までしか遡らず、中国大陸の木簡が晋代以降にはみられなくなるため、年代的に中間に位置する。

こうした重要性から、一九九九年に国立金海博物館において、城山山城木簡をテーマとして国際シンポジウムが開催された。韓国木簡を主題とする初めてのシンポジウムであり、中国や日本からも研究者が参加した[5]。さらに、継続的に発掘を行っているため、新たな出土も期待できる。これ以外の木簡の場合、例えば慶州の雁鴨池から一九七五年に五〇点以上の木簡がまとまって出土してはいたが、報告書などには不鮮明な白黒写真しか公表されていなかった。また二聖山城木簡についても、報告書や論文も発表されてはいたが、出土点数が少ないため具体的な用途の推定は困難であった[7]。これらの理由から、城山山城木簡を主たる調査対象とするために、同遺跡を継続して発掘している国立昌原文化財研究所（以下、昌文研と略す）に共同研究を申し入れたのである[8]。

城山山城木簡は、このように年代や性格がはっきりしており、しかもまとまった数で出土した唯一の例である[6]。

交渉の具体的経過については詳述しないが、信頼関係の構築に腐心したことを強調したい。二〇〇二年十二月にはじめて共同研究を提案してから、二〇〇四年三月に共同研究協定を締結するまで、一年以上の準備期間を要した。研究目的を説明し理解を求めるために、何度も昌文研を訪れる必要があったからである。さらに、協定締結後も一年に数回訪問し、協定を現実的効力をもつものとして維持することに努めた。その要因の一つは、所長が頻繁に交替したためであり、最初に訪問した時から共同研究最終年度である二〇〇八年までの六年間に、六名が所長となった。所長が交替するたびに、研究の目的について改めて説明し、共同調査への了解を求める必要があった。ただ、幸いにも直接業務を統括している学芸研究室長は、この間に一度しか交替しなかったこともあり、一貫した方針で調査を進めることができた。

共同調査を行うには、双方が共同調査の意義を認めていない限り、協定があっても実現は困難である。自分たちが研究するための資料を獲得できさえすればよいという姿勢ではなく、調査、研究を共同で行うことの意義を共有し、長期的な信頼関係を築くことが不可欠である。

2 『韓国の古代木簡』の刊行

上述のように共同研究を開始した時点では、ほとんどの木簡について公開されていなかった。木簡を研究すること自体が、非常に困難な状態にあったのである。そのため、基礎的な資料環境を整えることが共同研究の最初の課題であり、総合的な木簡資料集の刊行を一つの目標として想定していた。

ところが、昌文研側でも韓国木簡を網羅した図録の製作を計画していることが、鄭桂玉室長（当時）らと共同研究について話し合うなかで明らかとなった。そこで、朝文研がこの企画に協力して日本でも同時に刊行することとなり、日本語への翻訳と日本における販売を担当した。こうして最初の共同作業として『韓国の古代木簡』が刊行された(9)。同図録には、城山山城木簡はもちろん、その時点までに出土した一三遺跡、約三〇〇点の木簡ほぼ全てについて原寸大で赤外線写真とカラー写真、一部には実測図も掲載された。二〇〇二年に出土した約七〇点の城山山城木簡をはじめ本図録によって初めて公開された木簡も少なくなく、また、それまで白黒写真しかなく文字が読めなかった木簡についても、鮮明な赤外線写真によって釈文が可能となった。この『韓国の古代木簡』の出版をもって韓国木簡研究が本格的に開始されたといっても過言ではない。

『韓国の古代木簡』によって、資料環境は格段に整えられた。しかし、研究資料として利用するために問題がないわけではなかった。赤外線写真の横に、文字部分の拡大写真が添えられているが、墨痕でない部分まで文字の一部かのように不用意に加工が加えられている。さらに、写真そのものについても問題があった。赤外線写真とカラー写真とでは撮影時の角度がずれているものが少なくないため、赤外線写真で黒く見える部分が墨なのか単なる傷なのか、カラー写真との比較で判断しようとしても困難であった。これでは、赤外線写真とカラー写真を並べた意味が半減してしまう。

3　木簡画像データベース

こうした問題を解決するために、共同調査の一環としてより良質な城山山城木簡の写真を撮影し、データベースとして公開することとした。コンテンツ株式会社の協力により、高精度デジタルカメラによるカラー写真と赤外線写真の撮影を改めて実施した。二〇〇六年八月に昌文研において、二〇〇二年に出土した約七〇点を、同年十二月には国立金海博物館において、一九九〇年代に出土した二七点をそれぞれ撮影した。

こうして撮影した写真データには、コンピュータにより画像処理を加えた。木簡の現状は、保存処理を行ったあと漂白処理などはしていないため、かなり濃い茶色である。カラー写真そのままの状態では、表面の状態が非常に分かりづらい。そこで、自然な木の色に近づけるように明度を上げるなどの調整を加えた。また、赤外線写真についても、濃淡やコントラストの調整を行って、墨痕がわかりやすいようにしている。こうした加工もコンテンツ株式会社が行ったが、担当者は木簡研究者ではないため、どのように加工すれば研究に役立つか判断が難しい。そこで、三五号木簡をサンプルとし、著者と担当者でどのような濃度、コントラストで表現すべきかについて検討した。特に、最後から二文字目の「支」の墨が薄くなっているため、これをなるべく明確にするようにした（後掲図2・右から二点目）。こうしてできたサンプルの明度、コントラストに、それ以外の木簡を合わせていった。

こうして加工したカラー写真と赤外線写真の二種類を並列し、自由に拡大縮小しながら観察できるようにした。こうした方式を採用したのは、木簡表面の情報をえられるようにするためである。赤外線写真は黒と白でしか表現されないため、黒くみえている部分が墨であるのか、あるいは表面の凹凸による影や付着した異物であるのか、判断が困難である。木簡は文字を崩して書くことも多く、しかも文字が必ずしもはっきり残っているわけではないため、そうしたわずか一本の線の有無で釈文が左右されることもしばしばである。カラー写真と並列し木簡表面の情報を伝えることで、墨か否かの判断などがある程度可能となる。このデータベースによって、木簡を現地で実際に見ずには知り得なかった表面の観察が、インターネットを通じて可能になったのである。[10]

二　共同調査の成果

1　釈文の作成

共同調査で得られた成果として、まず、新たな釈文の作成について述べていく。

韓国木簡研究では、広く共有された釈文の存在しないことが問題となっている。各研究者がそれぞれに釈文を行い、その釈文に基づいて研究がなされるため、議論が平行線をたどることもしばしばである。そのため、『韓国の古代木簡』では、多くの釈文を併記する方法がとられている。[11]より確かで共有できる釈文の作成が必要となっている。

こうした課題に取り組むために、平川南（国立歴史民俗博物館・日本古代史）、三上喜孝（山形大学・日本古代史）、安部聡一郎（金沢大学・中国古代史）の三氏に調査に加わっていただいた。古代日本の木簡や、中国・呉の木牘や竹簡と比較しつつ調査を実施し、釈文だけでなく木簡の具体的な用途についても討論を行ってきた。また、昌文研での調査の際には、朴鍾益室長も一部参加し、保存科学室の梁碩真氏が木簡の管理を担当した（所属はいずれも当時）。

さて、釈文の作成は、序章で述べた木簡研究の三段階ではA段階に相当しよう。そうすると「即物的な認識」「感性的な認識」であり、「一義的な回答」が得やすい、ということになる。しかしながら実際には、客観的なデータを取り得るものではなく、B・C段階とも密接に関わる作業であることを強調したい。それは、以下のような釈文を作成する作業そのものからも明らかである。

釈文作成に際して、木簡の赤外線写真は有用であるが万能ではない。確かに、肉眼で全くみえなかった墨痕でも、赤外線カメラによって鮮やかに浮かびあがることのあることは事実である。しかし、赤外線カメラによって、文字そのものが見えてくるわけではない。前節で、データベース用の木簡写真を様々に加工したと述べたように、赤外線による調査でも様々な機械の調整が必要である。例えば、赤外線ランプを当てる角度によっても見え方は大きく異なってくる。文字の一部のように見える黒い箇所が、実は木目による凹みの影で、木簡を九〇度回転したら消えてしまったということも珍しくない。モニターの画像と実物とを絶えず見比べながら、慎重に判断しなくてはならない。

また多くの場合、字画は完全に残っているわけではなく、残画によって文字を判断することとなる。そうなると、赤外線で映し出した映像の濃淡やコントラストをコントロールパネルで調整しながら、どのような筆の動きで文字が書かれたのかを推測することとなる。このように釈文は、多分に「判断」を含んだ作業である。

さらに釈文は、ある程度文字の可能性を限定しながら進められる。数万種類もある漢字を、一文字ずつ可能性を探

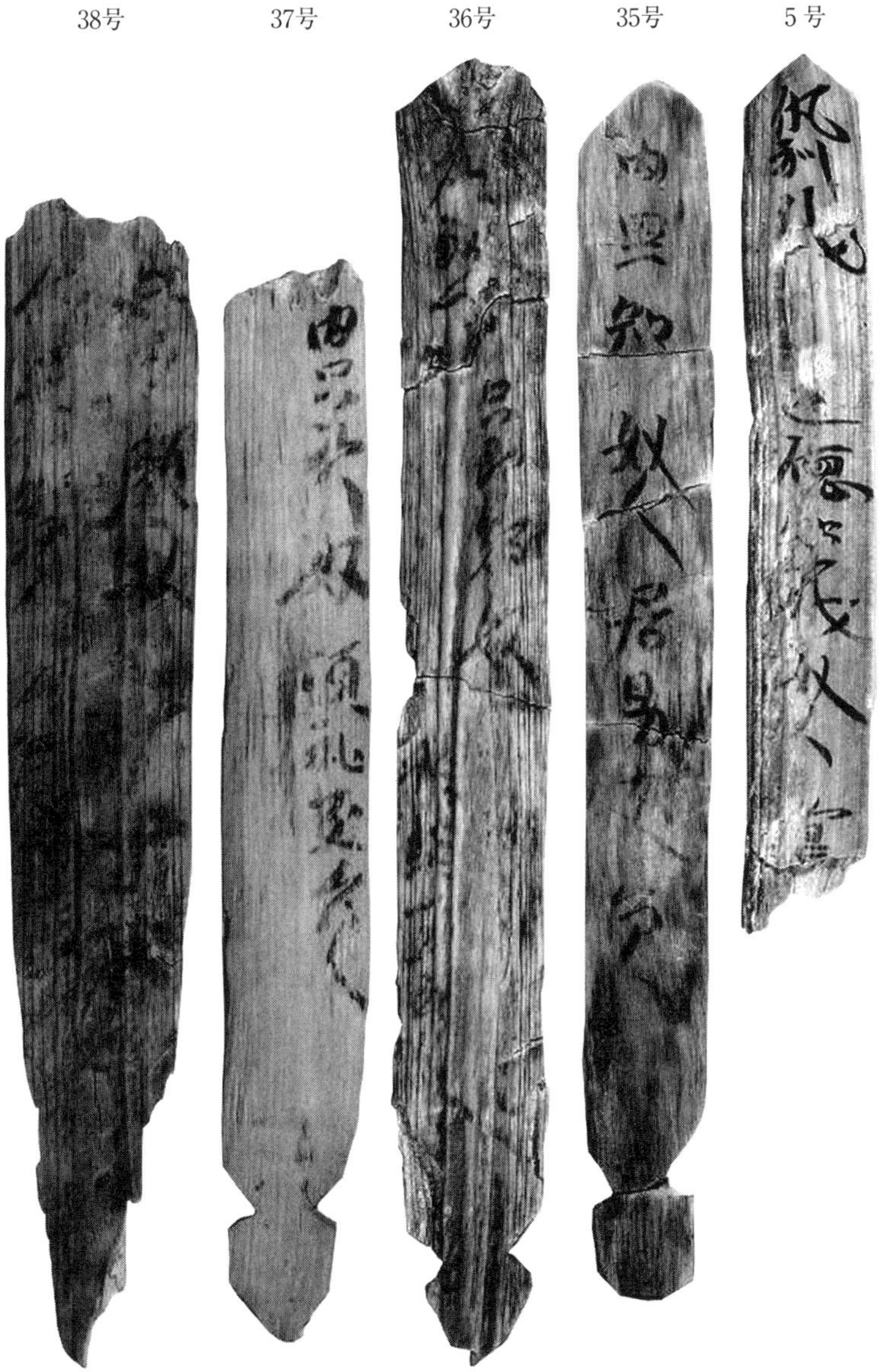

図2　同じ記載様式をもつ城山山城木簡

りつつ確定するのは不可能だからである。もちろん、実際に木簡に書かれる文字はせいぜい数百～数千であろうが、それでも墨痕だけで文字を特定できない場合も多い。そのような場合には、「この箇所にはこうした文字が来るはずである」という予測を立てて釈文することとなる。つまり、墨痕からある文字に確定できるというよりは、極端にいえば「この部分にはこのような意味を持つ文字が来るはずである。この残画はこの文字であると推定しても矛盾はない。したがってこの文字である」という推論である。

ただ、推論による釈文といっても、根拠がないというわけではない。木簡の記載様式を十分に踏まえた上で、この文字はこのように読めると論理的に釈読しているのである。単純な例では、もし木簡に「年」や「月」という文字があれば、その前には干支や数字がくることは容易に予想できる。可能性のある文字が限定できるのである。

城山山城木簡の具体例でみていく。仇利伐という地域から運ばれてきたと考えられる木簡の一部に、共通した記載様式をもつものが見出された。もっとも典型的にみられるのが三五号木簡「内里知奴人居助支負」である。「内里知＋奴人＋居助支＋負」という構造であり、「内里知」「居助支」はいずれも人名と考えられる。そこで、人名の間に挿入されている「奴人」に着目して他の木簡をみると、五号にも「奴人」、三六、三七、三八号には「奴」が見出される。これら五点の木簡を相互に比較した結果、「人名（～知・智）＋奴人＋人名（～支）＋負」という共通した記載様式によるらしいことがわかった。(12)

『古代木簡』に掲載された釈文では、それぞれ、

五号

仇利伐　□徳知一伐奴人□

三五号

内里知奴人居助支負

三六号

乃□□　　只即智奴□□

於□支□

三七号

内只次奴　須礼支□□

三八号

比夕須奴

尓先□支　□□

と釈文されている。しかし、「人名＋奴人＋人名＋負」という記載様式で書かれているという仮説に立つことによって、それまでは十分に判読できなかった文字が推定できるようになる。

まず、三八号の三文字目「須」と読まれてきた文字は、字形をみると確かに右側が「頁」のようにみえる。しかし、記載様式から人名の末尾にくる「知・智」と読みうる可能性を念頭に置いて改めて文字をみると、「彡」にみえた部分は「矢」を、「頁」は「口」と「日」を続けて書いたものであることがわかる。「矢」五画目の右はらいがかなり長く書かれていたため、「頁」の最終画のようにみえていたのである。このように頻繁に使用される文字の場合、崩して書くことが多い。例えば、日本古代の木簡の例では、人名末尾につく「麻呂」「万呂」が簡略化される[13]。崩して書いても読み手にとっては推測が容易なためである。

また、各木簡の最後の文字も読むことができず、しかも二文字あるものと考えられていた。しかし、同じ記載様式をもつ三五号の最後の文字や、仇利伐木簡一七、三三、五七号とも比較した結果、「負」であることを明らかにした。そのほか五号木簡について、最後の文字を「塩」と釈文する見解があったが、[14] 記載様式から奴人の次には人名がくるため、人名の冒頭である可能性が高くなった。

こうした理解に基づいて、釈文を次のように訂正することができた。[15]

五号

「仇利伐　□徳知一伐奴人　□×

三五号

「内里知　奴人　居助支　負　〈」

三六号

「仇利伐　只即智奴　於非支負　〈」

三七号

×内只次奴　須礼支負　〈」

三八号

×　比夕智奴　尒先能支　負

ところで、このような木簡の記載様式に基づいた釈文の背景には、木簡の性格がどのようなものであるかという理解、すなわちB段階の推論的な研究が存在する。つまり、木簡の用途や性格についての仮説があってこそ、A段階の釈文作成において様々な読解の可能性を試行錯誤しうるのである。木簡の調査からA→B→Cの順に認識の段階を踏むとされるが、B段階やC段階の問題意識をもってこそ、A段階の調査で様々な仮説をもとに検討できるのである。

釈文作成という基礎調査においても、記載様式など推論的な理解が必要であることを述べた。次に、木簡を解釈するためには、遺跡の性格を理解することが必要不可欠であり、それには考古学の成果を取り入れなければならないことをみていく。

2　出土状況

そもそも、ある遺跡から木簡が出土するということは、その場所で木簡が不要になり廃棄されたためである。そして、木簡がなぜその場所で廃棄されたのかを理解するためには、製作されてから廃棄されるまでのライフサイクルを明らかにすることが重要となる。中国の簡牘には、文書の伝達経路が書かれているものもあるが[16]、これまで出土した韓国木簡にはそういった事例はない。そのため、木簡の内容以外の情報、主として考古学の成果に頼らざるを得ない。

城山山城木簡のような荷札のライフサイクルをみると、貢進側において内容が記され（製作）、それから受納側、消費側へと移動し、一定期間保管された後、不要になって廃棄されるという経路をたどることになる[17]。製作→移動→保管→廃棄という木簡の動きを復元することが、歴史的な問題を解くためのカギとなりうる[18]。例えば、木簡の製作についてみてみると、城山山城木簡にみられる地名は洛東江の上流域がほとんどであり、これらの地域で木簡が製作されたことはわかるが、州、郡、城・村など地方支配のどのレベルで製作されたのかは明らかになっていない。もし、こうした事実を明らかにすることができれば、貢納が当時どのように負担されていたか、文書行政がどのようになされていたのかを解明するためのカギになるだろう[19]。

以下、共同調査のなされている期間に行われた発掘により、木簡の廃棄状況が明らかとなったことの意義を検討する。

木簡が出土している東門付近の遺構について、これまでの調査結果では低湿地とされてきた。そのため、多くの研究者が、山城が使用されている時に廃棄された木簡であると考えてきた。ところが、二〇〇六年の発掘を担当した李晟準氏により、はじめて堆積の具体的様相が明らかとなった。低湿地と理解されてきた木簡集中出土地点は、自然に堆積したのではなく、人為的に造成されたものであることが判明したのである。

では、なぜ、木簡をはじめ様々な有機物がこの地点に埋め立てられたのか。

同地点は山城のある鳥南山のもっとも深い渓谷部に位置する。そのため、ダムのように渓谷を塞いでいる城壁は、もし排水能力が低いと水が溜まり、その水圧によって崩壊してしまう危険性がある。このような地形的弱点を克服するために、多量の有機物を積んでその上に粘土を固めて旧地表面を形成し、断面L字形に自然岩盤層まで掘った後、城壁を築いた。こうすることで、相当量の水が地表下に染み込んで植物有機物層に吸収され、地下から排水されたと推定される[20]。

城山山城木簡は、山城に駐屯している軍隊を養うために運ばれてきた軍糧につけられていたと理解されてきた。ところが、城壁より木簡が先行するとなると、そのようには考えにくい。一体誰が、どのような目的で消費した食糧であったのだろうか。

咸安には、もともと安羅加耶という国が存在していた。ところが、木簡は記載内容から新羅のものであることが明らかである。したがって、安羅加耶を滅ぼした後に、新羅によって消費された食糧である。また、山城を築く前になんらかの施設が置かれていて、そこで食糧を消費した後、改めて山城を築いた、という可能性も考えられる。しかし、安羅加耶の滅亡と木簡の使用年代にはほとんど差がないと考えられるため不自然であり、山城に先行する施設の痕跡も見つかっていない。そこで想定される可能性は、城壁を築くために動員された人々の食糧として稗や麦が運ばれてきたというものである。

もしそうだとすると、城山山城木簡に年紀のないことが容易に説明しうる。年月が書かれていないのは、様々な地域から一定時期に集中して運ばれたためとの指摘がある(21)。長期保存が前提とされておらず、築城期間に消費することが前提であったため、年月が書かれていないと考えられる(22)。

そして、城山山城木簡が築城に動員された人々の食料であったとすると、六世紀新羅の他の出土文字資料との比較が視野に入ってくる。新羅の石碑には力役動員に関連したものが多く、五五一年の明活山城碑、五九一年の南山新城碑は、地方から徴発されてきた人々が王京に山城を築いた際の記録であり、新羅の地方支配に関する根本資料となっている(23)。城山山城木簡が築城に関わる資料であるとすると、石碑と木簡とを総合して研究することが初めて可能になるのである(24)。

このように、木簡が出土する遺跡、遺構の性格は、木簡の機能や性格を明らかにする上で、欠かすことのできない重要な情報である。

3　調査方法の課題

本節ではこれまで、釈文作成が木簡の用途の理解と密接に関わること、そのためには考古学的な知見が根本的に重要であることを述べた。このような木簡の特性からして、釈文を検討する場には、現場の責任者が同席することが望ましい。文献史学者による木簡調査は書かれた文字に集中しがちだが、調査担当者は遺跡全体のなかで木簡をとらえている。釈文作成段階で立てる仮説の可能性の幅は、遺跡、遺構の性格によりある程度限定される。そうした点について発掘担当者と意見交換しながら、木簡の用途に対する理解を共有して一点一点検討するよう努めるべきである。

しかし、こうした調査を実現するには困難もともなう。釈文の検討には非常に長い時間が必要なためである。一〇〇点近い城山山城木簡の調査には、あらかじめ検討会を行って解釈上の問題点を搾っていたにも関わらず、二〇〇六年の第一次調査で三日間、翌年の第二次調査で二日間の計五日間が必要であった。もし、現地において再度担当者にその問題点を説明し、通訳を行いながら調査したとすれば、さらに長い時間が必要であったろう。共同調査の日程をそのように長くとることは事実上困難である。そのため、これまでの調査では、木簡の全体像についてある程度の見通しを得たところで、結果を担当者に報告するという形式にならざるをえなかった。

そして、釈文作成を共同で行えなかった結果、昌文研側との釈文の統一はできなかった。四年間にわたる共同研究の成果として資料集を刊行したが、二〇〇七年十二月末にまず刊行された韓国語版では、昌文研の釈文が図版部分の各木簡の下段に付せられ、朝文研側の釈文は論考部分にまとめて掲載されている。したがって、研究する場合には、双方の釈文を参照してどちらの釈文に従うか判断しなくてはならないことになる。また、二〇〇九年六月に刊行した日本語版『咸安城山山城木簡』では、朝文研側の釈文のみを掲げている。昌文研側の個別論考では、この釈文を採用していない。木簡の表面観察についても、それぞれの観察が併存している。

釈文の作成過程からその公開にいたるまで、望ましい調査方法は、今後も模索を続けて行かなくてはならない課題となっている。

おわりに

本章で述べてきたことをまとめる。第一節では、昌文研との共同研究による『韓国の古代木簡』の刊行、写真データベースの公開による基礎資料の共有化作業について述べた。第二節では、信頼できる釈文の作成と、考古学調査の成果がもつ重要性について論じた。釈文や考古学調査に重点を置いたのは、これらが完全に「客観的」なデータではないが、ある程度共有しうる成果だからでもある。つまり、本章で扱った朝文研のこれまでの共同調査は、資料を共有するための努力であるといってよい。

では、なぜ資料を共有しなければならないのか。それは、韓国木簡はわずか数百点しか出土していないため、朝鮮史だけでなく広い視野からの研究が不可欠だからである。同時に、韓国木簡を通じて国際的な研究を展開しうると考えるからである。

これまでの韓国木簡研究においても、日本列島の木簡との比較は盛んに行われてきた(25)。それは、中国木簡とは異なって紙木併用時代の木簡であるため、日韓で共通する記載様式のものが多いためである。こうした研究方法は、韓国木簡の用途を推定するために非常に有効であったが、それだけでなく、朝鮮半島から日本列島への文字文化の伝播が、具体的な史料によって裏付けられることにもなった。木簡の使用法ひいては文書行政そのものが、新羅や百済から日本に伝わったと考えられるようになってきている(26)。中国の木簡との比較は、残念ながらこれまでのところ極めて部分的にしかなされておらず、高句麗、新羅、百済などの文字文化がどのように成立していったのかは、今後の課題として残されている。ただ、紀元前一世紀の楽浪木簡が発見されたことにより、同時代の他の漢簡との比較研究など様々な可能性も生まれている(27)。

韓国木簡は、いままで一国史の視点から研究されてきた木簡を、古代東アジアにおける文字文化の伝播など新たな枠組みでの研究素材とする契機となりうる(28)。今後、韓国木簡を視野に入れた研究が、中国木簡、日本木簡に関しても活発になされると期待される。そのためにも、良質な基礎資料を国際的に共有することが必要であり、それには、信頼できる調査が前提となる。
木簡の調査から歴史研究へは、A↓B↓Cという段階を追ってなされると初めに述べたが、C段階の問題意識をもっていてこそB段階の木簡の理解が深まり、さらにはA段階のフィールド調査が重要な意味をもってくる。したがって、国際的な共同調査や研究を実りあるものとするためには、問題意識を共有することこそ重要であると考える。当然、それは決して容易なことではないが、具体的な資料に基づいていることによる対話の可能性があるのではないだろうか。

註

(1) 同研究センターの成果については、『アジア地域文化学叢書』全一〇巻（雄山閣、二〇〇七年）など参照。
(2) 研究成果は、前掲叢書第四巻『韓国出土木簡の世界』にまとめられている。
(3) 二〇一四年五月現在、韓国木簡は、序章の表2で掲げたように全体で約七五〇点、このうち古代の木簡は約五五〇点であり、城山山城木簡はその四割に当たる約二三〇点を占める。一〇〇点以上の木簡が出土した遺跡としては他に陵山里寺址があるが、ほとんどが削屑である。城山山城は、依然として韓国最大の木簡出土遺跡である。
(4) 国立昌原文化財研究所編『学術調査報告第五輯　咸安城山山城発掘調査報告書』（国立昌原文化財研究所、一九九八年）。
(5) シンポジウムでの報告はその後『韓国古代史研究』一九、二〇〇〇年に掲載されている。
(6) 城山山城木簡については、李成市「城山山城新羅木簡から何がわかるか」（『月刊しにか』一一―九、二〇〇〇年）、同「朝鮮の文書行政―六世紀の新羅」（早稲田大学朝鮮文化研究所・大韓民国国立加耶文化財研究所編『日韓共同研究資料集　咸安城山山城木簡』雄山閣、二〇〇九年。初出は二〇〇五年）を参照。
(7) 一九九〇年代までの韓国木簡の出土状況、研究状況については、李成市「韓国出土の木簡について」（『木簡研究』一九、一九九九年）参照。
(8) なお、国立昌原文化財研究所は二〇〇七年十一月に国立加耶文化財研究所と改称しているが、本章では、昌文研で統一した。
(9) 国立昌原文化財研究所編『韓国の古代木簡』（国立昌原文化財研究所、二〇〇四年）。なお、その後、増補し縮刷した改訂版が二〇〇六年に刊行されている。

(10) データベースの公開は、二〇〇八年に終了した。赤外線写真および一部カラー写真は、前掲『咸安城山山城木簡』として公開した。

(11) 一九九〇年代に出土した二四点の木簡については、一一人の釈文が併記されている。

(12) 「奴人」「負」の意味については、様々に論じられているがはっきりしたことはわかっていない。なお、二〇〇六年以降の発掘で出土した城山山城木簡にも同様の記載様式をもつ木簡がみつかっている（本編付章参照）。

(13) 奈良文化財研究所編『日本古代木簡字典』（八木書店、二〇〇八年）一六八頁の「麻呂」「万呂」の項。

(14) 李京燮「城山山城出土荷札木簡の製作地と機能」（『韓国古代史研究』三七、二〇〇五年）一三〇～一三五頁は、塩の貢進を積極的に解釈し、仇利伐を海岸地帯に比定する根拠としている。

(15) 釈文に加えた符号は日本の木簡学会の方法によるもので（「凡例」『木簡研究』二九、二〇〇七年、ⅶ～ⅹ頁）、「　」は木簡の端が原形をとどめていること、くは切込み、×は前後に文字の続くことが内容上推定されることを示す。あくまで便宜上したがったものであり、こうした符号や形式分類なども韓国木簡に則した方法で確立されるべきものである。

(16) 例えば居延簡にみえる詔書の例など（大庭脩「居延出土の詔書冊」『秦漢法制史の研究』創文社、一九八二年）。

(17) 今泉隆雄「門牓制・門籍制と木簡―木簡のライフサイクル」（『古代木簡の研究』吉川弘文館、一九九八年）一四〇～一四一頁。

(18) 木簡の表面観察から、細い松の枝を加工して製作したことや保管状況の一端を明らかにした（橋本繁「咸安城山山城木簡の製作技法」前掲『咸安城山山城木簡』。本編第二章）。

(19) 製作場所については、本編第三章で検討する。

(20) 李晟準「咸安城山山城木簡集中出土地の発掘調査成果―発掘調査方法および遺跡の性格を中心に」（前掲『咸安城山山城木簡』所収）七〇～七二頁。

なお、東城壁区間における排水施設については、近年の発掘でより詳しい様相が明らかになっている（梁淑子「咸安城山山城発掘調査と出土木簡」国立歴史民俗博物館・平川南編『古代日本と古代朝鮮の文字文化交流』大修館書店、二〇一四年）。

(21) 李鎔賢「咸安城山山城出土木簡の性格論―二次報告分を中心に」（『考古学誌』一四、二〇〇五年）一二九～一三〇頁。

(22) 日本の荷札木簡の多くは、貢進した年月が明記されており、「中央政府の倉庫に納ったあとは、いつの年度のどこ産の品物であるかを示す木札としても機能した」とされる（狩野久『日本の美術一六〇　木簡』至文堂、一九七九年）四八頁。

(23) 代表的な研究成果としては、朱甫暾『新羅地方統治体制の整備過程と村落』（新書苑、一九九八年）、同『金石文と新羅史』（知識産業社、二〇〇二年）などがある。

(24) こうした問題意識から、明活山城碑および南山新城碑に検討を加えた（橋本繁「中古新羅築城碑の研究」『韓国朝鮮文化研究』一二、二〇一三年）。

(25) 李成市「韓国出土の木簡について」（前掲誌）、平川南「韓国・城山山城跡木簡」（『古代地方木簡の研究』吉川弘文館、二〇〇三年）。

(26) 舘野和己「日本古代の木簡」（前掲『韓国の古代木簡』）、李成市「古代朝鮮の文字文化　見えてきた文字の架け橋」（平川南編『古代日本　文字の来た道—古代中国・朝鮮から列島へ』大修館書店、二〇〇五年）、三上喜孝「日韓木簡学の現状とその整理状況」（『唐代史研究』九、二〇〇六年）、同『日本古代の文字と地方社会』（吉川弘文館、二〇一三年）。

(27) 尹龍九（拙訳）「平壌出土「楽浪郡初元四年県別戸口簿」研究」（『中国出土資料研究』一三、二〇〇九年）、李成市・尹龍九・金慶浩（拙訳）「平壌貞柏洞三六四号墳出土竹簡『論語』について」（『中国出土資料研究』一四、二〇一〇年）。

(28) 李成市『東アジア文化圏の形成』（山川出版社、二〇〇〇年）、李成市「漢字受容と文字文化からみた楽浪地域文化」（早稲田大学アジア地域文化エンハンシング研究センター編『アジア地域文化学の構築』雄山閣、二〇〇六年）、橋本繁「韓国木簡論—漢字文化の伝播と受容」（『岩波講座日本歴史』第二〇巻、岩波書店、近刊）。

第二章　城山山城木簡の製作技法

はじめに

城山山城木簡は、これまでの研究により五六〇年前後に洛東江上流域の各地から城山山城へ稗や麦などの物資を輸送する際につけられた荷札であることが明らかとなっている。当時の地方支配体制と密接な関わりがあると考えられることから、急速な発展を遂げた六世紀新羅の地方支配と、それを支える文書行政を明らかにしうる画期的な資料群である(1)。

だが、これまでの研究では、木簡に書かれた内容についての検討しかなされていない。木簡がどのように製作され、使用され、城山山城で廃棄されるにいたったのかという全体的なプロセスについては、ほとんど明らかになっていないのが実情である。そうした課題に取り組むためには、文字内容の分析と合わせて、考古遺物として木簡を観察する必要がある。本章では、木簡の表面観察によってえられたデータをもとに、木簡の製作、保管、廃棄についての知見を整理する。

本論に入る前に調査経緯を簡略に述べたい。

早稲田大学朝鮮文化研究所では、国立昌原文化財研究所（以下、昌文研と略す）との間で二〇〇四年三月に共同研究協定を締結し、城山山城木簡の共同研究を実施してきた。その一環として、二〇〇六年八月二十三〜二十五日の三日間に新たな釈文の作成を目的として調査を行った。その際、一部の木簡側面に樹皮の残っていることが、昌文研・保存科学室の梁碩真氏の指摘により明らかとなった。樹皮や髄の存在は、木簡をつくるための材としてどのような木を使用したのか、また、どのような手順で製作したのかに関わる重要な知見であると認識された。しかし、この時の調査は、釈文の作成が主たる目的であったため、樹皮や髄については一部の観察にとどまり全面的な調査は実施できなかった。

そこで、翌二〇〇七年九月六〜七日の二日間、昌文研において城山山城木簡の補足調査を実施し、前年に作成した釈文の再検討を行うと同時に、詳細な表面観察を行った(2)。

一　木簡の製作技法

1　樹皮・髄の確認される木簡

城山山城木簡に使用された木材について、これまで唯一言及しているのは朴相珍氏である。年輪の配列状態に注目し、年輪が放射状（すなわち板目）、接線状（すなわち柾目）のものは比較的大きい木を使用し、中心部に髄があるものは小さな枝あるいは幹を利用して製作したと考えられるとし、前者はたくさんの木簡が必要で同一な目的に使用するときに用いられた方法であろうとする(3)。こうした観察と指摘によって、その木簡がどのような材から製作されたものであるかが、ある程度わかるようになった。

そして、今回の調査によって、髄だけでなく樹皮の残る木簡が数多く確認された。これらの観察結果は、木簡を製作する手順を具体的に明らかにするための重要な資料として注目される。

まず、樹皮が確認されるものをみていくと、二九、三二、四〇、四一、四二、四三、四四、四五、四七、五〇、五五、五七、五九、六一、六八、七四、八〇、八六号の一八点である。いうまでもなく樹皮は木のもっとも外側にあるので、樹皮のある木簡は、元の材の太さが正確にわかる資料である。

これら一八点の木簡の幅をみていくと、二九号が一・九センチ、三二号が一・五センチ、四〇号が二・一センチ、四一号が二・一センチ、四二号が二・六センチ、四三号が二・五センチ、四四号が二・四センチ、四五号が一・七センチ、四七号が一・六センチ、五〇号が一・七センチ、五五号が一・七センチ、五七号が一・七センチ、五九号が二・四センチ、六一号が二・七センチ、六八号が一・六センチ、七四号が二・一センチ、八〇号が一・八センチ、八六号が二・二センチである。したがって、樹皮のある木簡の幅は、一・五〜二・二センチとなる。これらの幅には、出土後の縮小や変形があり、また、形状によっては必ずしも現在の幅そのものが枝の直径とはならないが、おおよそ直径が二センチほどの細い枝を加工して木簡を製作したことになる。

次に、樹皮はないが髄の確認されるものとして、二八、三三、三四、三七、七一、七七、八八号の七点がある。髄がみられることから、それほど大きな木の幹や枝の中心部分とは考えにくく、木簡の現状の幅がおおよそもとの材の直径に等しいと考えられる。

それぞれの幅をみると、二八号は二・五センチ、三三号は三・五センチ、三四号は三・一センチ、三七号は三・五センチ、七一号は一・三センチ、七七号は一・八センチ、八八号は一・七センチである。三三、三四、三七号は仇利伐の木簡であり、幅が三センチを超えるだけでなく長さも長い。樹皮のみられる木簡よりは直径の大きい材を使用していると考えられ、側面を若干切り落としたと想定して、四センチ強程度の幹や枝を使用したと考えられる。

図3　四五号木簡（左側に樹皮が残る）

図4　四三号木簡（中心に髄がある）

図7　四一号木簡（髄のある内側に文字を書く）

図5　四〇号木簡下端（刃跡が確認される）

図6　二八号木簡（穴を避けて文字を書く）

髄はあるが樹皮のついていない木簡は、樹皮の残る木簡と同様に二〜四《チセン》ほどのさほど大きくない枝や幹から製作したと考えられる。

2　製作技法とその痕跡

木簡の観察から推定される木簡製作手順は、次の通りである。

①直径二《チセン》ほどの松の枝を採取する。
②枝の中心に刃を入れて縦に割る。
③外側の樹皮を剝ぎ、刃物で書写面を調整する。内側も荒く調整を加える。
④上下端を切断して適当な長さにする。
⑤穿孔を空けるか切込みを入れる。
⑥文字を書く。
⑦荷物に縛り付ける。

加工手順は多少前後する可能性もあるが、おおよそこのような順序によって製作したものと推定できる。髄が確認されるが樹皮のみられない木簡は、③の工程において側面も樹皮を剝いで調整を加えたと考えられる。

木簡にみえる各工程の痕跡を指摘する。

②の縦割りについては、六五号の表面上部にわずかだが刃の痕跡がみられる。

③の調整については、ほとんどの木簡に痕跡が認められる。なかでも五〇号木簡は、全面に「カットグラス状」の調整痕が明瞭に認められる。

④の上下端の切断については、二通りの技法が確認された。まず、四〇号の下端や五〇号の上端は、切断しようとする箇所に周囲から何度も刃をいれて、そのあと手で折っている。そのため中心部分が繊維にそってえぐられている。四七号では、表面から水平に刃を入れたあと手で折り、繊維のケバを削っている。

⑤の穿孔の空け方について、今回調査した木簡のうち、穿孔のあるものは二八号と六二号であるが、いずれも裏面から表面に向けて穴を空けていることがわかった。書写面とは反対側から空けており、加工者が文字を書く面を意識していたものと想定される。

⑥文字を書いたのは、穿孔を空けた後であると考えられる。二八号をみると、穴を避けて文字を書いている。これは木簡を加工する際にあらかじめ穴を空けており、その後に文字を書いたためと考えられる。木簡を製作する段階から荷札に使用することが想定されていたといえよう。

⑦文字を書いてから荷物に括り付けたと考えられる。三〇号木簡は、切込み部分にまで文字があるにもかかわらず文字が完全に残っているからである。長屋王家で出土した封緘木簡には、ヒモを括り付けてから文字を書いたため、木簡の文字の一部が抜けているものがある(4)。

3　木簡の加工者と書写者

木簡を製作した加工者と、その木簡に実際に文字を書いた書写者とは、異なる可能性が高い。

前項で述べたように、髄のある枝の中心に刃をいれて縦に割った上で、外側を丁寧に整形している。したがって、外側を書写面として意識していたことがみてとれる。ところが、丁寧に調整した外側ではなく、ほとんど調整をほどこしていない内側に文字を書いた例が散見される。四一、四三、五〇、七九号の四点である。また、両面に記載のある木簡のうち、内側から書いている二九号も同様の例といえよう。

木簡の外側であれば調整されていて平滑なため文字を書きやすいが、内側は十分に調整されておらず文字は書きにくい。それにもかかわらず内側に文字を書いているという現象は、木簡の加工者と書写者が同一であれば起こりえないと考えられる。したがって、木簡の加工者と書写者は異なっていたと推測される。必要となるごとに木簡を製作していたわけではなく、ある程度まとめて製作して保管しておき、必要に応じて使用したと推測される。

二　使用痕

1　荷物に括り付けた跡

前節では、木簡が製作されてから文字の書かれるまでを復元した。次に、木簡がどのように使用され、最終的な廃棄に至るかを検討する。

城山山城木簡は荷札である。切込み部分や穿孔にヒモを縛りつけ、荷物に括り付けて使用されたと想定される。そうした使用状況を具体的に物語る痕跡が見出された。

四五号の切込み部分に、ヒモを縛った痕跡がわずかであるがみられた。

また、四八号にも、切込み部分にヒモによると思われる圧痕が観察された。切込みをつくるためにV字形に刃を入れた際に、浅く入ったため切り落とされずに木の繊維の残ってしまった部分が、強い圧力によって圧縮されたものと

図8　四五号木簡

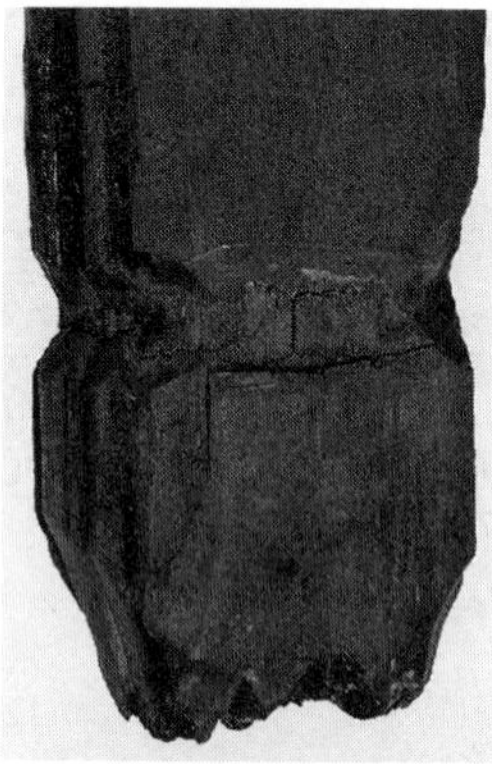

図9　四八号木簡

図10　二九号木簡

図11　畝田ナベタ遺跡出土の五号木簡

考えられる。

また、二九号は、下端に切込みや穿孔がないが、尖端を尖らせていることから、荷物に刺して使用したものと想定される。

2　保管状況——鼠の歯形

稗や麦などの荷を保管している間も、木簡は廃棄されることなくそのまま付けられていたと考えられる。そうした状況をよく物語るのが、二九号の下端部、四二号上端部に残る鼠の歯形と判断される痕跡である。

こうした鼠の齧り痕の例は、日本の木簡でも確認されている(5)。

畝田ナベタ遺跡　第五号木簡

「<否益一石一斗」　170×18×5

この木簡は稲籾につけられた種子札で、「否益」は稲の品種名である。稲籾の「保管施設と鼠の存在に密接な関連を想定でき」るとされている。城山山城木簡においても二点の木簡に鼠の歯形がみられることは、稗や麦などの穀物の保管状況との密接な関係が考えられよう。木簡の使用状況を推測する上で、たいへん興味深い例である(6)。

3　廃棄に関して

稗や麦などが消費された後、付けられていた荷札も不要となり廃棄されたものと考えられる。

城山山城木簡の大部分は完形であり、上下端が欠損している場合も埋蔵時もしくは出土時の破損で、意図的な廃棄痕はあまりみられない。

使用時に折れたと確認されるのは、次の二例のみである。

三八号は、欠損している上端の裏面が繊維にそって剝がれている。これは出土時の欠損ではなく使用していた当時に折れたものと推定される。ただし、刃跡は確認されないので意図的なものかどうかは判断しがたい。

四八号は、表面に刃物の跡があり、裏面が繊維にそって剝がれている。これは刃の痕があることから、意図的なものである。なぜ切断したのかは不明である。

日本の文書木簡の例として、木簡の一部を書き換えて悪用されることを防ぐためにシュレッダーのように細かく割いてから廃棄する例がみられる。しかし、城山山城木簡のように記載内容の単純な荷札の場合はそのような必要もないため、ほとんどがそのまま廃棄されたであろう。

おわりに

以上の検討から城山山城木簡は、松の枝を削って製作したものが数多く含まれると結論付けられる。はじめに述べたように、朴相珍氏は、大量につくる目的の際に板目や柾目の材を利用したとしている。しかし、実際にはそういった用途による使い分けはみられず、同じ荷札という用途であっても、松の枝から作ったものと板目や柾目のものが両方存在することがわかった。おそらく、その時々に入手できた材料を使って、木簡を製作したのであろう。韓国木簡の特徴として、觚や棒状木簡の占める割合の高いことが指摘されており、その理由については、漢代の影響であるとされている。(7)しかし、松の枝を利用していることから考えると、原材料によって規定されたためという側面についても考慮する必要があるのではないだろうか。

今回の城山山城木簡の調査結果は、あくまで六世紀半ばの新羅の地方木簡に対する検討結果であり、これがそのまま新羅木簡一般の特徴として当てはまるとは限らない。王京で使用された木簡と地方で使用された木簡の違い、また、木簡の用途などに考慮する必要がある。例えば、最近明らかにされた月城垓子木簡の調査結果によれば、文字の確認される二六点の木簡のうち、髄のあるものは七点であった(8)。それらは、いずれも棒状の木簡もしくは觚である。城山山城木簡のように付札と推定されるもので髄のあるものは、五号木簡の一点にすぎない。

今後、月城垓子以外にも雁鴨池、陵山里などまとまった数の木簡が出土している遺跡を中心に、木簡製作方法、木取りのデータを蓄積していかねばならない。さらにそうして得られた結果を中国大陸や日本列島で出土している木簡のデータと比較することによって、新羅や百済木簡の特徴を、木簡の製作技法さらには使用状況から明らかにすることができよう。

註

（1） 李成市「朝鮮の文書行政—六世紀の新羅」（早稲田大学朝鮮文化研究所・大韓民国国立加耶文化財研究所編『日韓共同研究資料集　咸安城山山城木簡』雄山閣、二〇〇九年。初出は二〇〇五年）。

（2） 個々の木簡の観察結果については、前掲の『咸安城山山城木簡』図版篇の釈文に付されている。また、国立金海博物館で所蔵している一〜二七号木簡については、同資料集の梁碩真「咸安城山山城出土木簡の製作技法観察」参照。

（3） 一次報告分については、朴相珍「出土木簡の材質分析—咸安城山山城出土木簡を中心に」（『韓国古代史研究』一九、二〇〇〇年）、二次報告分については朴相珍・姜愛慶・青圭娥「咸安城山山城出土木簡の樹種」（国立昌原文化財研究所編『韓国の古代木簡』国立昌原文化財研究所、二〇〇四年）。

（4） 二二三五、二二三六、二二三七号木簡（奈良国立文化財研究所編『平城京木簡二　長屋王家木簡二』二〇〇一年）。

（5） 平川南「畝田ナベタ遺跡出土木簡」（石川県教育委員会・財団法人石川県埋蔵文化財センター『畝田東遺跡群Ⅵ』二〇〇六年）。

（6）国立加耶文化財研究所によるその後の調査で、現在国立金海博物館で所蔵している一七号木簡の下端部分からも同様の截り痕が確認された（梁碩真「咸安城山山城出土木簡の製作技法観察」前掲書）。

（7）尹善泰「韓国古代木簡の出土状況と展望」（前掲『韓国の古代木簡』）三六一〜三六二頁。

（8）姜愛慶「月城垓子出土木簡および木製品の樹種」（国立慶州文化財研究所『月城垓子発掘調査報告書Ⅱ　考察』二〇〇六年）。

第三章　城山山城木簡と六世紀新羅の地方支配

はじめに

六世紀の新羅は、「律令」の制定、仏教の公認、官制の整備、領土の拡大など飛躍的な発展を遂げた。(1) 特に地方支配体制の進展については、五〇三年の冷水里碑から五九一年の南山新城碑にいたるまでの豊富な金石文を利用した多くの研究蓄積がある。(2) これまでの研究により、六世紀にはいまだ県は設置されておらず、地方統治は州—郡—城・村の三段階によりなされたことがわかっており、州郡制と呼ばれている。また、この頃の地方制度には軍事的な色彩が濃厚であり、州、郡、城・村にはそれぞれ軍主、幢主、道使と呼ばれる地方官が中央から派遣されていた。ただし、他方では伝統的な在地の支配秩序が強く残っており、在地首長を「村主」として把握することで城・村の人民に対する支配を実現していたとされている。(3) 近年の研究では、そうした伝統的な支配秩序にたいして、新羅王権がどのように支配力を強めていったかに焦点が当てられている。例えば、村に派遣された道使は、六世紀初めには郡内の一つの村にのみ派遣されたが、半ば以降は郡内の全ての村に派遣され名称も多様化したことや、(4) 明活山城碑（五五一年）の段階では村の役割が大きかったが、南山新城碑（五九一年）段階では「郡」の果たす役割が増大し、自然村落にまで外位所持者が拡大して、中央の行政力がさらに下のレベルにまで浸透したなどと指摘されている。(5)

しかし、このように活発な研究が行われてきたにも関わらず、地方官の職務や州、郡、城・村がそれぞれ地方支配のなかでどのような機能を果たしたのかなど基本的な事実においてすら共通した認識にはいたっていない。

そこで注目される資料が、韓国慶尚南道咸安郡に位置する城山山城から出土した木簡である。城山山城木簡は、一九九〇年代の発掘で二七点出土した後[6]、二〇〇〇年代に入ると発掘の進展にともない点数が急増し、二〇〇三年までの発掘で九五点が新たに出土した[7]。その後も、二〇〇六年に四〇点、二〇〇七年に七六点、二〇〇八年に五点、二〇〇九年に三一点が出土し[8]、二〇一二年にも八点の計二八五点（文字のないもの含む）が報告されている。一つの遺跡から出土した木簡数としては、韓国内で最大である[9]。同木簡にたいするこれまでの研究により[10]、五六〇年頃に洛東江上流域の各地から城山山城へ稗や麦などの物資を輸送する際に付けられた荷札であることが明らかにされた。城山山城木簡は、当時の地方支配体制と密接な関わりのあることが指摘されており、六世紀中頃に成立した広域行政区画の成立と、それを支える州―郡―城・村からなる地方統治体制を前提とした文書行政によって、人々の労働徴発や賦課を管理する方式が導入されていたと想定される[11]。

したがって、具体的に木簡の機能を明らかにすることで、その背景にある地方支配の実態にも迫りうると考えられる。城山山城木簡のような荷札木簡の場合、貢進側で製作されたあと受納側の手にわたり、保管されて最終的に消費された地点で廃棄される[12]。こうした動きの全体像を復元することによって、地方統治とそれにともなう文書行政のなかで州、郡、城・村が具体的にどのような機能を果たしていたのかを推測しうる。こうした観点から、著者はこれまで国立昌原文化財研究所と早稲田大学朝鮮文化研究所の共同調査による成果に基づき、製作技法や保管状況について整理した[13]。また、近年の発掘で、廃棄状況が明確にされつつあり、城壁よりも木簡が先行するという画期的な成果が収められている[14]。本章では、こうした作業の一環として、木簡の製作場所に焦点を絞って検討をくわえる。木簡の書式や筆跡などを比較分析することで、木簡が地方行政のどのレベルで製作されたかを明らかにしたい。

なお、本章での検討は、二〇〇二年までに出土した木簡を主たる対象としている。その後の出土分については、付章において扱う。

一 木簡製作地の研究史

城山山城木簡の製作地に関するこれまでの説として、城山山城内部説、州段階説、郡・村段階説、村段階説がある。それぞれの説に検討を加えていく。

まず、城山山城内部説が根拠としているのは、未完成の木製品および大量の木屑などの治木片や未完成の木簡一点が出土していること、[15] さらに二〇〇二年度の発掘において刀子や筆が出土していることである。[16] 木簡の内容ではなく製作に関わる出土遺物を根拠にしていることは、他の説にはみられない方法論であり重要な視角である。だが、これらの根拠のうち、まず筆については、文字を書いた筆ではなく漆を塗った刷毛である可能性が高い。[17] 刀子についても、木製品一般の製作にも使用されるものであるため、必ずしも木簡の製作に関わるとは限らない。城山山城木簡が、外部から運び込まれた荷札であることの確実な現段階では、内部製作説には従いがたい。

次に、城山山城の外部で製作されたとする諸説を検討していく。

州段階説の根拠とされるのは、書体が全体的に同一であることから「作成した人物の数は一、二名」という点である。その前提に立った上で、木簡に書かれた地名が上州地域にまたがるため、[18]「当時、上州の州治であった甘文」で製作されたのではないかとする。[19] また、大部分の木簡は州で製作されたが、仇利伐木簡のみ大きさ、書式、書体の面で他の木簡と異なる特徴をもっているため仇利伐で作られたとする見解もある。[20] 州製作説の根拠のうち、書体の問題については本論で詳しく述べるが、製作した人物が一、二名とは考えにくい。なぜなら、郡名から始まるもの、郡名がなく村名から始まるもの、人名のみみられるものなど多用な記載様式がみられるからである。もし州で一、二人の手によって製作されたのだとすれば、このように多様な表記がなされるとは考えがたい。

郡・村段階説は、まず木簡全体の性格を物品名の有無によって大きく名簿と付札の二種類にわける。名簿木簡は、同郡・異村の木簡の文字が同筆であることから、郡で製作されたとする。付札木簡は、「郡＋村＋人名＋貢物名」と記載されたものは郡、「村＋人名＋貢物名」か「人名＋貢物名」と記されたものは村で製作され、それぞれ城山山城に送られたとする。[21] 木簡の一部を名簿とすることについては、すでに述べたように成り立ちがたい。書体についても、本論で述べるように、同郡異村のものに異筆とみられるものがある。さらに、木簡に記載された地名表記法のみで製作地を確定するのは安易であろう。郡で製作されたとしても、郡名を省略することは十分に想定しうる。

村段階説は、行政村において村主や文尺層などが、国家の要求した書式に従って記したのであろうとする。[22] また、注目されるのは、本章と同様に木簡の書体に注目した全徳在の研究で、仇利伐、及伐などの地名ごとに書体が異なるため、行政村ごとにつくられたのだとする。[23] しかし、書体については本論で述べるように仇利伐や古阤のなかでもいくつかの書体が併存している。

以上のように、製作地に関して二次報告分が公表されて以降注目されるようになってはいるが、十分な説得力をもつ見解が出されているとはいえない。

そこで本章では、まず地域ごとの特徴を抽出する方法として、これまで注目されてこなかった記載様式の違いを検討する。次に筆跡に注目して、全徳在氏がいうようにある地域のなかで共通しているのか否か論じていきたい。

二　記載様式からみた地域ごとの特徴

まず、城山山城木簡の記載様式を確認すると、基本的な内容は「地名＋人名＋物品名」である。地名には、「村」だけ書かれたものと、村名の上にさらに「仇利伐」「古阤」「仇伐」などの地名が書かれたものがある。「村」よりも上位にあたるこれらの行政単位は、「郡」であると考えられる。[24] 以下、この郡名ごとに木簡の記載様式を検討して、その特徴を明らかにしていく。次頁に木簡の一覧表（表3）を掲げる。[25]

仇利伐（忠清北道沃川郡周辺）[26] 木簡は、仇利伐と明記されているものだけで一、三、四、五、三三、三四、三六号の七点がある。これらに共通してみられる特徴として、すでに指摘されている通り、他の木簡に比較して大形であることと、仇利伐までを大きく書いてそれ以下を小さく書く記載様式の二点を指摘できる。さらに、欠損などにより仇利伐という地名が確認できなくても、文字を片側に小さく書いたり二行書きしている一七、三五、三七、三八、五七号の五点も、仇利伐木簡であると推定される。これら、合計一二点を観察すると、「稗」「一石」などの物品名や数量がないこと、「負」がみられること、[27]「奴人」「奴」がみられることの三点を特徴として指摘できる。「負」や「奴人」「奴」は、仇利伐木簡の全てにみられるわけではないが、仇利伐以外の木簡には全くみられない。[28] このように、仇利伐木簡は他地域の木簡とはかなり異なる特徴をもっている。

では、その他の木簡については、地域ごとの特徴がみられるだろうか。

古阤（慶尚北道安東）の木簡は、二〇、二八、二九、三一号の四点がある。共通する特徴として、物品が「稗一石」もしくは「稗發」と表記されていることと、表裏両面に記載されるという二点を指摘できる。

表3 城山山城木簡分類表

木簡番号	記載内容					表裏	行	法量	樹種	備考
	郡名	村名	人名	物品	数量					
仇利伐										
一	仇利伐	上彡者村／	乞利			○	△	(237)×30×9	松	
三	仇利伐	上彡者村	波婁				△	(236)×44×7	松	
三四	仇利伐	上彡者村	波婁				△	290×31×10	松	
三三	仇利伐	肪谷村	仇礼支	負			◎	293×35×7	松	
四	仇利伐		仇陁智一伐 尓利□支				◎	228×38×9	松	
五	仇利伐		□徳知一伐 奴人□					(203)×31×6	松	
三六	仇利伐		只即智奴 於非支	負			△	296×38×7	松	
一七		×前谷村	阿足只	負			△	(167)×34×5	松	
三七			×内只次奴 須礼支	負			△	(244)×35×8	松	
三八			×比夕智奴 尓先能支	負			◎	(267)×47×7	松	
三五			内里知 奴人 居助支	負				276×33×6	松	
五七			弘帝斐利	負				(278)×17×6	松	
古阤										
二〇	古阤	伊骨利	阿那／仇酒支	稗發				(126)×22×5	松	
二八	古阤	伊骨利村	阿那□智 卜利古支／	稗發				240×25×7	松	
二九	古阤	新村 那村／	智利知一尺 豆于利智	稗	一石			209×19×8	松	

三一	古阤	一古利村	末那／毛□次卩智	稗	一石			212×29×5	松	
仇伐										
七	仇伐	干好□村	卑尸	稗	一石			205×28×4	松	
五二	仇伐		阿那古只	稗	一石			(199)×27×5	松	
鄒文										
三九	鄒文	比尸河村	尓利牟利					172×24×5	松	
五四	鄒文	□□□村	次□本		一石			193×21×4	松	
甘文										
二	甘文城	下麦甘文本波□□／新村□利兮□				○		(197)×20×6	松	
一〇	甘文	本波□□且利村伊竹伊						(227)×26×5	松	
六五	甘文	尓□×／阿□□×				○		(54)×(19)×6	松	
夷津支										
二二		夷津支	女那尓利知×					(104)×20×4	松	
三〇		夷津支	阿那古刀羅只豆支／	稗		○		187×22×10	松	
四五		夷津	阿那休智	稗				(160)×17×7	松	九五号と接合
城・村で記載が始まるもの										
八		及伐城	□刀巴	稗				208×28×7	松	
四二		及伐城	立□	稗	一石			181×26×7	松	
七四		及伐城	只智	稗	一石			145×21×6	松	
八〇		及伐城	□伊	稗	一石			147×18×5	クリ	
一三		陳城	巴兮支	稗				159×22×7	松	

四一		陳城	巴兮支	稗				162×21×5	松	
一一		烏欣弥村	下兮	稗	一石			177×17×5	松	
一二		上□村	居利支	稗				175×16×5	松	
四四		上□村	居利支	稗				158×24×7	松	
一四		大村	伊息智一伐					160×25×10	松	
二一		屈仇□支村	□□□／	稗	一石	○		(127)×26×5	松	
三二		上弗刀弥村／	加万波□	稗	一石	○		158×15×5	松	
四〇		阿卜智村	尓能及		一			193×21×10	松	
四三		陽村	文尸只					(149)×25×5	松	
四六		及□城	鄒□□□支					161×22×3	ノグルミ	
五三		大村	主舡夷					(181)×25×6	モミ	
六二		小□答支村／	×□□妻	稗	一石	○		(94)×19×7	松	六六号と接合
八五		伊失兮村	×					(107)×22×5	松	
城・村がみられるもの										
六〇		巴弥兮城下□×／巴弥兮村×				○		(87)×29×7	松	
一五		×□家村	□□□					(159)×18×9	松	
七八		×□村	登尓支					(145)×25×5	松	
物品名か数量がみられるもの										
九			竹尸□牟干支	稗	一			186×25×8	松	
一六			×言斯只		二石			(179)×19×3	松	
一八			□□□□□支	稗				(211)×25×9	松	

四七		可初智□須		麦	一石			(192)×16×6	松	
四八			×□	鉄	十六			(160)×28×13	松	
五〇			□□□□支	稗	一石			(155)×17×7	松	
五六			□□□□□支	稗				(164)×24×7		
五九			厄密□智私／□利乃文□支	稗		○		132×24×9	松	
六一			大節屯家□夫鄒只□／□	稗	一石	○		(95)×27×3	松	七五・九〇号と接合
六三			×□叔予□支／×鄒	稗		○		(126)×15×4	ヤナギ	
六四			小伊伐支人□×／□	稗	一石	○		(101)×20×6	松	
六七		×加礼□×／×刀		稗		○		(35)×19×3	松	
七一			×利次	稗	一石			(72)×13×3	ヤナギ	
七二			×□一伐	稗				(83)×16×5	松	
七三			×伐	稗	一石			(115)×26×7	松	
七九		伊伐支□利須		稗				(124)×18×5	松	
八一			×伊伐支		一石			(71)×18×4	松	
八六			密鄒加尓支		一石			(115)×22×8	松	
九四				稗	一			(57)×20×4	松	
その他										
六			王私烏多伊伐支□負支					200×28×6	松	
二三			知上干支					(80)×25×5	松	
二四			×□尓□□					(117)×36×5	松	
六八			居珎□乙支					(127)×16×7	松	

六九			千竹利					(83)×26×5	モミ	
七〇			千竹利					(97)×27×5	モミ	
七六			×未知居兮×					(79)×27×6	松	
七七			須伐本波居須智					(122)×18×9	松	
八二			×智支					(74)×21×3	松	
八三			召□伐×					(89)×29×9	松	
八四			麻卩支					(127)×35×9	松	
八八			□□□□支□					(93)×17×4	ヤナギ	
八九			×于利沙□×					(55)×19×5	松	
九二			□知支					(110)×31×7	松	

註　記載内容……／は記載面が表から裏に移ることを示す。×は木簡が欠損しているが上下に内容の続くことを示す。釈文は、確定していない文字はすべて□で表記した。

表裏……○のあるものは、表裏両面に記載のあることを示す。

行……△は一行であるが途中から片側に寄せて小さく書くもの、◎は途中から二行に書くものを示す。

法量……数字の単位はミリ。（　）付きの数字は、欠損のあることを示す。


仇伐（慶尚北道義城）の木簡は、七、五二号の二点である。どちらも物品名＋数量を「稗一石」と表記する。二〇〇七年の発掘で三点新たに出土しているが、同様である。

鄒文（慶尚北道義城付近）[29]の木簡は三九、五四号の二点である。特徴は、物品名が省略されていることである。

甘文（慶尚北道金泉市開寧面）[30]木簡は二、一〇、六五号[31]の三点であるが、六五号木簡は上端のみである。二、一〇号ともに木簡の末尾に物品名がみられないこと、「本波」がみられるという二点を指摘できる。

夷津支（現在地不明）は二二、三〇、四五号の三点で、物品名のみで数量が書かれていないのが特徴である。

そのほか及伐城（慶尚北道栄豊郡順興面）の木簡は、郡ではなく城レベルのものだが、八、四二、七四、八〇号の四点がある。記載様式がいずれも「及伐城＋人名＋稗一石」（ただし九号は「稗」のみ）であり、片面にのみ記載し、下端に切込みがあるという三点が共通する。

以上の検討から、一つの郡の木簡数は数点にすぎないが、その限られた資料による限りでも、表裏の記載、物品名の表記法、形状などは郡ごとに特徴が認められるといってよいだろう。

では、木簡の製作地は郡であったといえるのであろうか。次節でさらに検討を加える。

三　筆跡からみた村ごとの特徴

仇利伐、古阤、仇伐の木簡には、複数の「村」がみられる。村単位での特徴の有無を木簡の筆跡に注目して検討していく。

1　仇利伐木簡

筆跡の違いをみるために、仇利伐木簡のうちでも、ほぼ完形で文字の残りのよい六点を主たる検討対象とする。一、三、三四号は上彡者村、三三号は肪谷村、そして四、五号は仇利伐とあるだけで村名がないものである。村名のないものは一見奇異に感じられるが、新羅における郡は、城・村を管轄するだけでなく独自の領域をもっていたのである(32)。

まず、六点の木簡に共通する「利伐」を比較していく。

「利」第一画の「ノ」を比較すると、上彡者村の木簡では垂直に近い縦方向に入れられている一方、それ以外の木

図12　仇利伐木簡の「利伐」字形比較

一号　三号　三四号　三三号　四号　五号

図13　仇利伐木簡の「村」字形比較

一号　三号　三四号　三三号　一七号

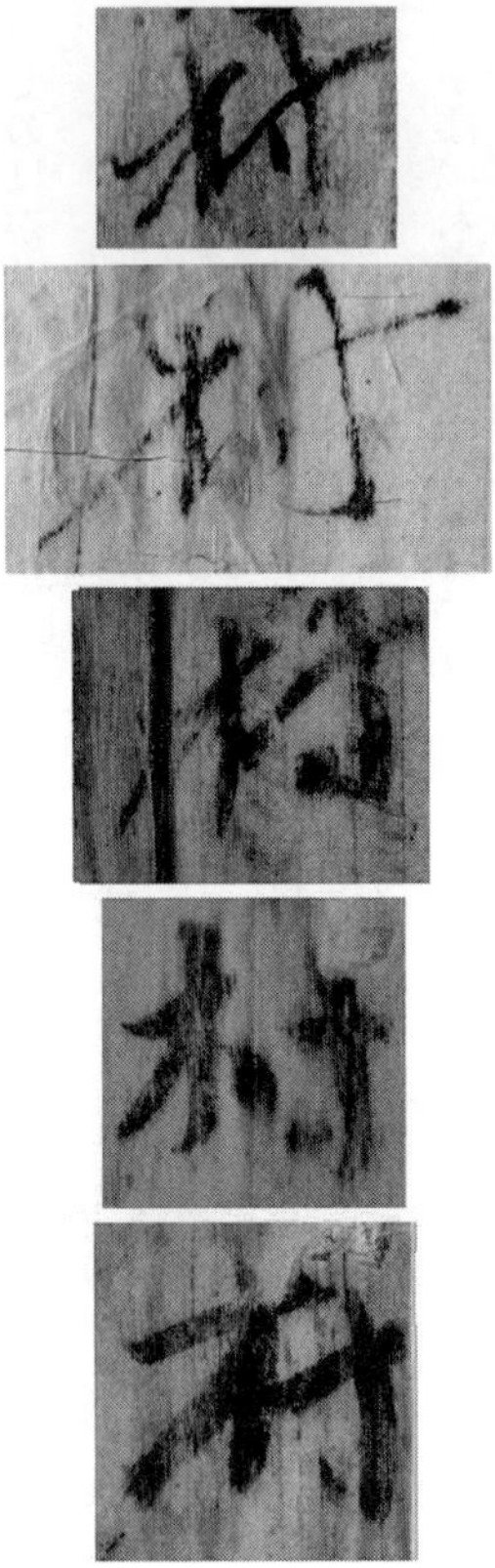

簡では水平に近い横向きという違いがある。「伐」の人偏を比較すると、上彡者村の木簡では第二画が垂直に下ろされた「イ」のように書かれるのに対し、三三号木簡は第一画と第二画の筆画が連続していて第二画が左に湾曲して書かれているという違いがある。四・五号は欠損のため不明である。

次に、「村」を比較する。

上彡者村の木簡は、第一画と第二画、第三画と第五画の筆画が連続して勢いよく書かれており、第四画の右はらいは省略されている。それに対し肪谷村の三三号は、一画一画が独立して書かれており、第四画も太くしっかりと書かれている。前谷村の一七号は、第四画が省略されていることは上彡者村と共通するが筆の動きに勢いがなく、上彡者村とも肪谷村とも異なった特徴をもつ。

以上の三字の検討から、「上彡者村」木簡の三点は共通した特徴をもち、それ以外のものとは筆跡が異なる。さらに、冒頭の書き出しを比較してみても、「上彡者村」のものは木簡の上端から若干の間をあけて書き出しているが(33)、それ以外の三点は上端近くから書き出ている。これらの違いから、仇利伐木簡の書き手は、少なくとも上彡者村とそれ以外とでは異なっていたと判断される(34)。また、上彡者村以外のものについても、「村」字の比較によれば肪谷村と前谷村で筆跡が異なることから、それぞれ異なる書き手により製作された可能性が高い。

2　古阤木簡

二〇〇四年までに出土した古阤木簡はわずか四点にすぎないが、二〇、二八号は「伊骨利村」、二九号は「新村」、三一号は「一古利村」と、三つの村名がみられる。

まず、伊骨利村の二点は、木簡の長さは異なっているが、文字の割付けや筆跡は酷似しており、同一人物の手によ

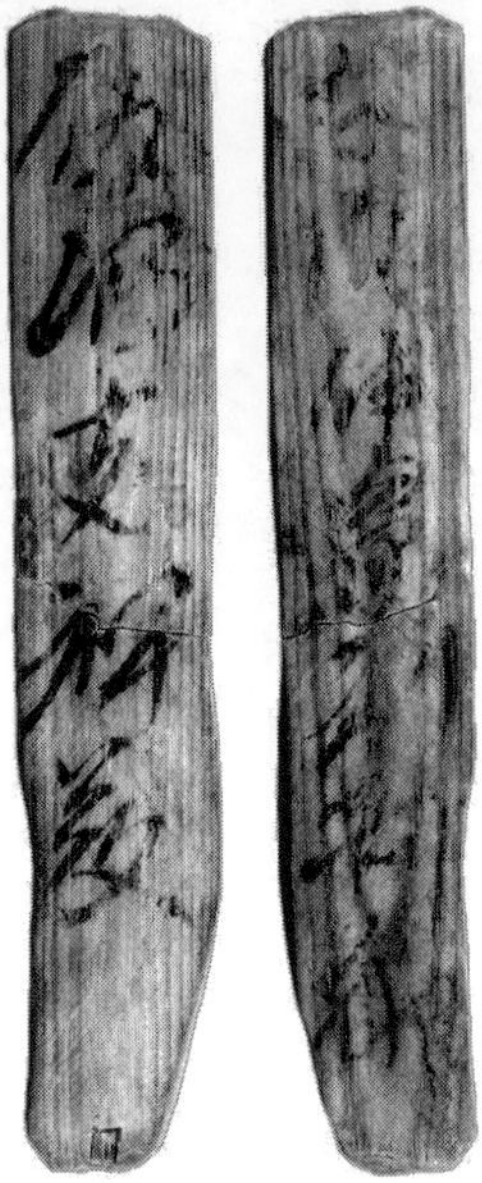

図14　二〇号木簡

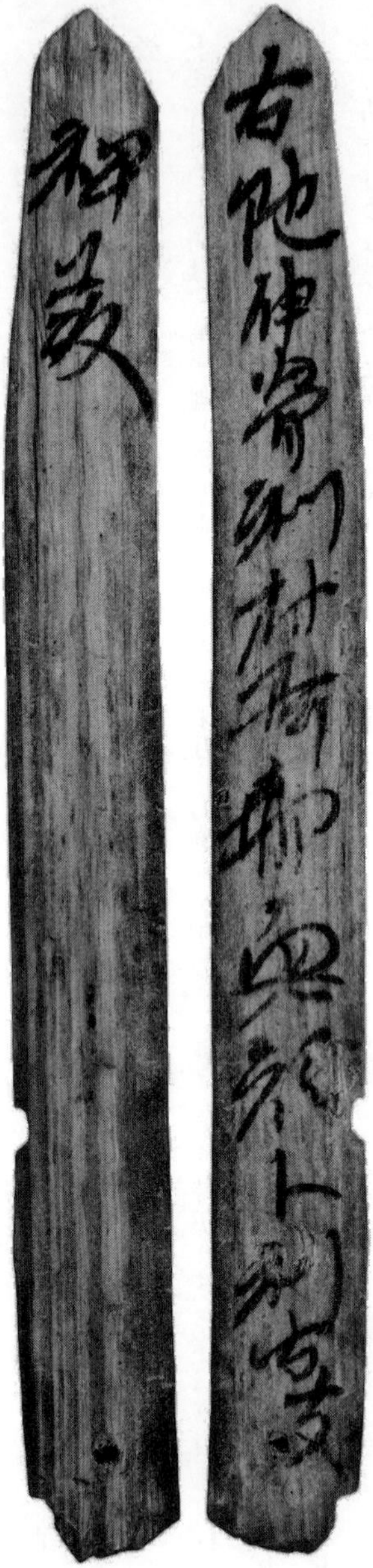

図15　二八号木簡

るとみられる。物品名を「稗發」と表記するのも、この二点にのみみられる記載法である。[35]

新村の二九号は、書風がかなり異なる。表面第四字「村」は、第一画と第三画を連続して書いている上に、第二画の上方に偏っていて、二八号、三一号の「村」とは大きく異なる。また、表面七字目の「知」や表面五字目、裏面四字目「智」の第一画を「フ」に近い特異な書き方をしており、三一号の「智」と大きく異なる。

三一号の一古利村については、二〇、二八号の伊骨利村木簡と同筆か否か判断し難い。「利」「村」を見る限りでは伊骨利村木簡と似るが、文字は全体的に大きく書かれている。さらに物品名の表記も「稗發」と「稗一石」で異なる。ところで、一古利村と伊骨利村は同じ村の異表記であるという指摘もあり、[36]その可能性も否定できない。その場合、同じ村の木簡を異なる書き手が書いたため表記を異にしたとも想定されるが、同じ碑文の中で異表記される例もあり、[37]必ずしも別人が書いたという証拠にはならない。

伊骨利村と一古利村の筆跡の別は判断が難しいが、新村木簡と異なることは明白であるので、古阤郡においても複数の書き手の存在が想定される。

3　仇伐木簡

七号は「于好□村」、五二号は「仇伐」である。この二点の木簡に共通する文字である「仇」「伐」「稗」「石」の四字は、同筆であると判断される。さらに、共に下端に穿孔があったと考えられ、法量もほぼ同一である。したがって、仇伐木簡は、村を越えて同じ書き手により製作されたものといえよう。

これらの検討の結果、仇利伐木簡からは、村ごとに書き手が異なった可能性が想定された。また、古阤木簡からも郡内部に複数の書き手がいた可能性が高い。また、同一村での異筆はこれまでのところみられない。したがって、文

図16　二九号木簡

図17　三一号木簡

書行政において村ごとになんらかのまとまりをもっていたと考えられる。そこで、可能性としては、村において木簡が製作された可能性と、郡において木簡が製作されたが村ごとに異なる書き手が担当したという二通りが想定できる。だが、仇伐木簡の検討結果からは、村を越えて同筆であったとみられるので、村段階で製作されたとは考えられない。また、古阤の二九号木簡において、表面の最後の二文字が「那村」という釈文で間違いないとすれば、一つの木簡に「新村」と「那村」という二つの村名があることになり、やはり村段階とは考えられない。[38]したがって、木簡の製作は、村ではなく郡であった可能性が高い。

以上、二節にわたる考察により、書式からは郡ごとに特徴のあることが、また筆跡からは郡ごとに複数の書き手がいたことが推測されるが、木簡を製作していたのは郡であった可能性が高い。

四　郡における木簡の製作者

では、このような郡における木簡製作を担ったのは、どのような人々であったろうか。地方における文字の書き手については、明活山城碑（五五一年）や南山新城碑（五九一年）に「書写人」や「文尺」という役職名をもつ地方民がみられる。いずれの碑も、王京を防禦する山城を築くために全国から地方民を動員した際の記録である。これらの比較を通じて、六世紀後半に漢字文化が広く地方社会に広がっていったことが読み取れる。[39]

以下の表4、5は、明活山城碑と南山新城碑の歴名部分をまとめたものである。表の上端のA～Dは、それぞれの人物の役割を表わしている。Aは、王京から派遣された地方官であり、邏頭や道使などの官職をもっている。B～Dは地方民であり、Bは郡レベルの責任者、Cは城・村レベルの責任者、Dは城・村レベルの技術者である。

表4　明活山城碑歴名表

区分	役名	職名	出身	人名	官位	等級
A	上人	邏頭	本波部	伊皮尓利	吉之	一四
B	郡中上人		烏大谷	仇智支	下干支	⑦
		匠人		比智休	波日	⑩
				抽兮	下干支	⑦
				立叱兮	一伐	⑧
				為尖利	波日	⑩
	書写人			須欣利	阿尺	⑪

表5　南山新城第二碑歴名表

区分	役名	職名	出身	人名	官位	等級
A		阿旦兮村道使	沙喙	勿生次	小舎	一三
		仇利城道使	沙喙	級知	小舎	一三
		答大支村道使	牟喙	所叱□知	大烏	一四
B	郡中上人		沙尸城	本西利之	貴干	④
			久利城	首□利之	撰干	⑤
		匠尺	沙尸城	可沙里知	上干	⑥
		文尺		美叱□之	一伐	⑧
C	阿大兮村作上人			所本之	上干	⑥
		工尺		可尸□之	一伐	⑧
		文尺		得毛□之	一尺	⑨
D	面石捉人			仁尓之	一伐	⑧
	□石捉人			□□叱兮之	一尺	⑨
	不石捉人			□安尓之	彼日	⑩
	小石捉人			兮利之	彼日	⑩

まず、明活山城碑では、Aの地方官およびBの郡レベルの地方民の責任者については書かれているが、C、Dの城・村レベルの責任者、技術者については書かれていない。出身地名も「烏大谷」しか碑文には書かれておらず、碑文にみられる人々は、末尾に記されている「書写人」も含めて、全てこの烏大谷（郡）の出身者であったと考えられる。明活山城を築いた段階では、地方の郡を単位として人々を動員したことになる。そして、書写人は、他の郡でも同じように存在したと考えられよう。したがって、六世紀半ばには、全国の郡レベルに、文字の書き手が存在していたと考えられる[40]。

それでは、四〇年後の南山新城碑の段階ではどうだろうか。

表5にみられるように、南山新城碑では、文字を書くことを担当したと推定される「文尺」が、Bの郡レベルの「美吐□之・一伐」だけでなく、その下位であるCの城・村レベルにも「得毛□之・一尺」の存在することが確かめられる。明活山城碑から南山新城碑の四〇年間に、文字を書きうる人々が、郡レベルからさらに下位の城・村レベルにまで広がっていったととらえられよう。

そして、明活山城碑の「書写人」は、碑文を作る際に書写を担当したという、あくまで臨時的な役名であるのにたいして、南山新城碑の「文尺」は、日常的な職名を意味するものと考えられる[41]。つまり、南山新城碑の郡や城・村レベルの「文尺」は、日常的に文書行政を担っていたものと想定される。六世紀の後半、新羅の地方社会における漢字の書き手は、郡から城・村レベルへと広がりをみせ、さらに、日常的な行政を担うようになっていったのである。

城山山城木簡の力役動員体制や文書行政は、明活山城碑にみられるものと共通すると理解される。すなわち、郡を単位に動員されており、木簡にみられる稗などの物資は、日常的な租税貢納ではなく、単発的な力役動員にともなうものである。城山山城木簡を製作したのは、明活山城碑にみられる「書写人」のような人々であったと考えられよう。

おわりに

城山山城木簡の記載様式や筆跡に注目して検討を加えた結果、木簡が製作されたのは郡レベルであったと結論付けられた。稗などの物資は、村を通じて郡に集められ、郡において木簡が製作されて、それぞれの荷に付けられたと推測したい。

本文でも触れたように、近年の発掘で木簡の出土点数が倍増しており、また、現在進められている発掘により今後さらに増加することが確実視される。したがって、郡や村における文書行政の役割を明らかにするためには、それらも含めて再度検討する必要がある。だが、「仇利伐」や「古阤」など郡レベルが地方支配で重要な役割を果たしていたことは動かないであろう。

これまで、南山新城碑にみられるような全国的な力役動員は、五八四年の調府設置とそれにともなう地方再編により初めて可能であったとされてきた[42]。ところが、城山山城の検討からは、それよりも前に整えられていたことになる。そもそも調府は、稟主から分離設置されたものであり、それまでは稟主が税の収取に関わる機能を果たしていたと推定される[43]。稟主の成立年代は、『三国史記』職官志では五六五年に典大等が置かれた時点のようにみえるが、実際にはそれ以前、法興王代にはすでに成立していたと考えられる[44]。文書行政による全国的な支配がどこまで遡るかは、今後さらに慎重に検討を進めていかねばならないが、従来考えられていたよりも早く、六世紀半ばには稟主組織のもとである程度整えられていたと考えられる。

そして、同じ六世紀半ばに、新羅の領域統治も急速に整備されていった。『梁書』新羅伝によると、地方には五二の「邑勒」がみられるだけで、それらを束ねる広域的行政単位は確認できない[45]。それが赤城碑（五四五＋α年）にいたると、「鄒文村」が「高頭林城」に統属していた可能性があり、すでに広域支配が行われはじめていた[46]。明活山城碑（五五一年）において初めて「郡」が確認され[47]、五五二年に広域的支配を担う上州が設置されるなど[48]、地方制度が整備されていったのである。

このような稟主による力役動員体制の整備と、広域支配を担う州や郡の設置は、別個になされたものではなく一連のものとみることができよう。城山山城木簡が製作されたのは、五五二年に現在のソウル地域を占領し、五六二年には加耶を滅亡させるなど、新羅が急速に領土を広げていった時期であった。そして、同時に赤城碑にみえる年齢による人民の把握など、(49)急速に文書行政が広がっていった時期でもあった。領域支配が急速に膨張し複雑化していくなかで、支配の体系化、効率化を目指して、稟主組織の整備と地方統治の再編が同時に進められたのではないだろうか。城山山城木簡は、このような六世紀半ばの新羅における文書行政による地方支配体制について物語る貴重な資料である。

城山山城木簡をめぐっては、身分制度とも関わる「奴人」の実態や、地方民に与えられた外位の役割など、なお残された重要な課題が少なくない。今後も『三国史記』『三国遺事』などの文献史料や、他の地域から出土した木簡、南山新城碑など同時代の金石資料との比較を進めることにより、六世紀新羅の国家体制に迫りうると期待される。

註

（1）六世紀における新羅、高句麗、百済の国家体制整備の全体像については、武田幸男「六世紀における朝鮮三国の国家体制」（井上光貞ほか編『東アジア世界における日本古代史講座四』学生社、一九八〇年）など参照。

（2）この時期の新羅の地方支配制度に関する研究は膨大なため、本章では個別の問題に関わる部分のみ触れていく。これまでの研究成果については、東国大学校新羅文化研究所編『新羅金石文の現況と課題』（新羅文化祭学術論文集二三）（慶州市新羅文化宣揚会、二〇〇二年）所収の諸論文や文昌魯「新羅中古期地方統治組織研究の動向と課題」（『震檀学報』一〇三、二〇〇七年）など参照。

（3）木村誠「新羅郡県制の確立過程と村主制」（『古代朝鮮の国家と社会』吉川弘文館、二〇〇四年。初出は一九七六年）。このほか石上英一は「新羅の六世紀の税制は（中略）伝統的支配秩序に依存して収取・徴発された」とする（「日本古代における律令制支配の特質と展開」『歴史学研究別冊一九七三年度大会特集』一九七三年）。山尾幸久も、新羅王権による労働力徴発は、村落の族長による労働力の組織に依存しているとしている（「朝鮮三国の軍区組織―コホリのミヤケ研究序説」朝鮮史研究会編『古代朝鮮と日本』龍渓書舎、一九七四年）。

（4）姜鳳龍「金石文と村落文書を通してみた新羅の村制」（前掲『新羅金石文の現況と課題』）。

(5)　朱甫暾「明活山城作城碑の力役動員体制と村落」（『金石文と新羅史』知識産業社、二〇〇二年。初出は一九九二年）。
(6)　国立昌原文化財研究所『咸安城山山城　発掘調査報告書』（国立昌原文化財研究所、一九九八年）。
(7)　国立昌原文化財研究所『咸安城山山城Ⅱ　発掘調査報告書』（国立昌原文化財研究所、二〇〇四年）。なお、これらの木簡については、国立昌原文化財研究所編『韓国の古代木簡』（国立昌原文化財研究所、二〇〇四年）にカラー写真と赤外線写真が原寸大で掲載されている。
(8)　国立加耶文化財研究所『咸安城山山城Ⅳ』（国立加耶文化財研究所、二〇一一年）。二〇〇九年までに出土した木簡については、『韓国木簡字典』（国立加耶文化財研究所、二〇一一年）にも赤外線写真が収録されている。
(9)　二番目に出土点数が多い陵山里寺址は一四五点であるが、削屑が一二五点を占めている。新羅木簡で二番目に点数が多い雁鴨池木簡は、文字のあるものは六〇点ほどにすぎない。
(10)　一次報告分を中心とした研究史については、李京燮「咸安城山山城木簡の研究現況と課題」（『新羅文化』二三、二〇〇四年）が争点ごとに詳しくまとめている。城山山城木簡の全般的な性格については、李成市「城山山城新羅木簡から何がわかるのか」（『月刊しにか』一一—九、二〇〇〇年）、李鎔賢「咸安城山山城出土木簡」（前掲『韓国の古代木簡』）などを参照。
(11)　李成市「東アジア辺境軍事施設の経営と統治体制—新羅城山山城木簡を中心に」（浦野聡・深津行徳編『古代文字史料の中心性と周縁性』春風社、二〇〇六年）、李成市「朝鮮の文書行政」（早稲田大学朝鮮文化研究所・大韓民国国立加耶文化財研究所編『日韓共同研究資料集　咸安城山山城木簡』雄山閣、二〇〇九年。初出は二〇〇五年）。
(12)　今泉隆雄「門牓制・門籍制と木簡—木簡のライフサイクル」（『古代木簡の研究』吉川弘文館、一九九八年）。
(13)　橋本繁「咸安城山山城木簡の製作技法」（前掲『咸安城山山城木簡』。本編第二章）。
(14)　李晟準「咸安城山山城木簡集中出土地発掘調査成果—発掘調査方法および遺跡の性格を中心に」（前掲『咸安城山山城木簡』）、梁淑子「咸安城山山城発掘調査と出土木簡」（国立歴史民俗博物館・平川南編『古代日本と古代朝鮮の文字文化交流』大修館書店、二〇一四年）。
(15)　朴鍾益「咸安城山山城発掘調査と木簡」（『韓国古代史研究』一九、二〇〇〇年）二一五頁。
(16)　朴鍾益「咸安城山山城出土木簡の性格検討」（『韓国考古学報』四八、二〇〇二年）一五四頁。国立昌原文化財研究所『咸安城山山城Ⅱ』（前掲書）一一〇～一一一頁。朴鍾益「咸安城山山城の発掘調査と出土木簡の性格」（朝鮮文化研究所編『韓国出土木簡の世界』雄山閣、二〇〇七年）二一四～二一五頁。
(17) 二〇〇六年八月に実見調査を行った際の平川南氏のご教示による。
(18) 朱甫暾「咸安城山山城出土木簡の基礎的検討」（前掲『金石文と新羅史』。初出は二〇〇〇年）。
(19) 李鎔賢「咸安城山山城出土木簡と六世紀新羅の地方経営」（『国立博物館東垣学術論文集』五、二〇〇三年）五七頁、同「咸安城山山城出土木簡」（前掲書）三七六頁。
(20) 李京燮「城山山城出土荷札木簡の製作地と機能」（『韓国古代史研究』三七、二〇〇五年）一二七頁。
(21) 金在弘『新羅中古期村制の成立と地方社会構造』（ソウル大学校大学院博士論文、二〇〇一年）一三二～一四一頁。二次報告分についても同様な見解が示されている（金在弘「咸安城山山城出土木簡と村落社会の変化」（『国史館論叢』一〇六、二〇〇五年）。
(22) 尹善泰「新羅中古期の村と徒」（『韓国古代史研究』二五、二〇〇二年）一五五頁。
(23) 全徳在「咸安城山山城木簡の内容と中古期新羅の収取体系」（『歴史と現実』六五、二〇〇七年）。
(24) 仇利伐、仇伐などを行政村、その下に見える「村」を自然村とする見解もある（尹善泰「新羅中古期の村と徒」前掲誌、一五五～一五七頁、全徳在「咸安城山山城木簡の内容と中古期新羅の収取体系」前掲誌、二三二～二四〇頁）。ここではごく簡単に批判を加えると、木簡に書かれた村を行政村と定義するために全徳在があげているのは、第一に地方官の派遣されたことが金石文や文献に確認される村、第二に『三国史記』地理志に県や郡などとしてみられる城や村、第三に「地名＋～村＋人名」という表記の場合、最初の地名という三点である。第一の点は、金石文や文献に残された記録はごく一部でしかないので、資料にみられないことが地方官の派遣されなかった証拠とはならない。第二の点についても、中古期の行政村が統一新羅時代の県に相当するとはいえ、地理志に地名がみられないことが六世紀に行政村ではなかったことの証拠とはならないだろう。この原則にしたがうと、同じ「～村＋人名」という表記の木簡でも、文献史料などに村名がみられる場合は行政村、みられない場合は自然村となり不自然である。第三の点については、最初の地名が郡ではないとする理由とはならない。上位行政単位を行政村とみるのか、郡とみるかによって地方制度の評価が大きく左右されるので詳しく検討する必要があるが、別稿にゆずりたい。
(25) 表で掲げた釈文は、早稲田大学朝鮮文化研究所による共同調査による成果によった。参加者は、李成市、平川南、三上喜孝、安部聡一郎、著者である。この釈文については、前掲『咸安城山山城木簡』に掲載されている。
(26) 以下の地名比定は、主に朱甫暾「咸安城山山城出土木簡の基礎的検討」（前掲書）による。

(27)　この「負」が何を意味するかについて、李銖勲「咸安城山山城出土木簡の稗石と負」(『地域と歴史』一五、二〇〇四年)三二頁は、「荷物」という意味であるとして、穀物などではない他の種類の物品ではないかとする。また、李鎔賢「咸安城山山城出土木簡」(前掲書)三七二頁は、穀物の収穫単位ではないかとする。いずれも決定的な論拠はなく、その正確な意味は未詳とせざるをえない。

(28)　李京燮は、この「奴人」が、新たに新羅領内に編入された地域の集団的隷属民をさす語であり、新たに新羅領土となった旧加耶の人という意味であるとする(「城山山城出土荷札木簡の製作地と機能」前掲誌、一三二〜一三五頁)。しかし、仇利伐木簡のすべてに奴人と書かれているわけではなく、さらに、書式上、人名と人名の間に奴人がくることから、そのような解釈は成り立ちがたい。なお、奴人に注目した論文として、朴鍾益「咸安城山山城」(国立昌原文化財研究所編『改訂版　韓国の古代木簡』国立昌原文化財研究所、二〇〇六年)、朴宗基「韓国古代の奴人と部曲」(『韓国古代史研究』四三、二〇〇六年)などが発表されている。

(29)　赤城碑(五四五+α年)に「鄒文村幢主」が見られる。鄒文の地名比定は、武田幸男「真興王代における新羅の赤城経営」(『朝鮮学報』九三、一九七九年)一九頁に従う。

(30)　李鎔賢は、「甘文」が一次報告分の二点三ヵ所にみられることと、五五七年以降、この地に上州の州治が置かれたことを根拠に、州段階で木簡が製作されたと主張する(李鎔賢「咸安城山山城出土木簡と六世紀新羅の地方経営」前掲誌、五七頁)。しかし、二次報告分からは甘文木簡がわずか一点、二〇〇六〜二〇〇七年の発掘でも二点しかみつかっておらず、甘文が木簡製作に関して特別な役割を果たしていたとする推定は当たらない。

(31)　六五号木簡は、報告書で「(前面)□□□/(後面)甘六尓□」と釈文されているが、後面とされている面の一、二文字目は「甘文」と読むことができる。

(32)　木村誠「新羅郡県制の確立課程と村主制」(前掲『古代朝鮮の国家と社会』)。初出は一九七六年)。

(33)　三号木簡は、現状では間を開けずに上端からすぐ書き出しているようにみえるが、これは上端が欠損しているのであり(梁碩真「咸安城山山城出土木簡の製作技法観察」前掲『咸安城山山城木簡』八一頁)、本来は上端から離して書き出していたと推定される。

(34)　上彡者村のものは、「仇利伐上彡者村」までは共通しているが、人名部分(「波婁」「乞利」)が異筆である(李成市「韓国木簡研究の現況と咸安城山山城出土の木簡」『韓国古代史研究』一九、二〇〇〇年、九五頁)。したがって、村名までを書いた木簡をまとめて製作しておいて、あとから人名を追記したという段階的な作成過程が想定できる。

(35) 李京燮「城山山城出土荷札木簡の製作地と機能」(前掲誌) 一四〇頁は「麥」と読むが無理であろう。字形からは「發」がもっとも近いと判断される。「稗發」の意味について李銖勲「咸安城山山城出土木簡の稗石と負」(前掲誌) 二九頁は「稗を発送する」という意味であると解釈している。

(36) 李京燮「城山山城出土荷札木簡の製作地と機能」(前掲誌) 一四〇～一四一頁。なお、李京燮は、木簡を古阤郡や一古利村段階で製作していればこのような異表記がなされるはずはないとして、州製作説の根拠の一つとする。しかし、次註で述べるように同一の碑文のなかで異表記される例もあり、根拠とはなりえない。

(37) 例えば、南山新城第Ⅱ碑には「阿大兮村」と「阿旦兮村」、「久利城」と「仇利城」という異表記がある。

(38) ただし、同じ古阤新村の一三五号木簡に「古阤新村呵鄒那利」(表面)「沙□」(裏面) とあり、一九号木簡の該当部分は「那村」ではなく「那利」で、「(人名)+那利+(人名)」という共通する記載様式である可能性がある。「那利」の意味については未詳であるが、後述する「奴人」のように、人名と人名の間に何らかの語句の入る事例が城山山城木簡に散見される。例えば、一六二号木簡は「仇伐阿那内欣買子」(表面)「一万買稗一石」(裏面) とあり、「内欣買 (人名)+子+一万買 (人名)」と解釈しうる。もしそうであれば、「那利」は前後の人物の関係性を表すものである可能性がある。

(39) 両碑の理解および比較については、橋本繁「中古新羅築城碑の研究」(『韓国朝鮮文化研究』一二、二〇一三年)。

(40) なお、明活山城を築く際に建てられた碑は、本碑以外に慶州・雁鴨池で出土した碑片が発見されているが、前半部分しか残っていないため、書写人については不明である (朱甫暾「雁鴨池出土碑に対する考察」前掲『金石文と新羅史』。初出は一九八五年。橋本繁「中古新羅築城碑の研究」前掲誌)。

(41) 六世紀の新羅碑文においては、一人の人物が役名と職名を同時に帯びていることがあること、また、内容を解釈する際に役名と職名の区別が重要であることについては、橋本繁「浦項中城里碑の研究」(『朝鮮学報』二二〇、二〇一一年) で強調した。

(42) 朱甫暾「南山新城の築造と南山新城碑第九碑」(前掲『金石文と新羅史』。初出は一九九四年) 二六五～二六六頁。かつて尹善泰は、城山山城木簡が力役動員に関わるという前提のもと、南山新城碑と同様の体系に基づくことから、調府設置の五八四年以降でなければならないと推定したほどである (尹善泰「咸安城山山城出土新羅木簡の用途」『震檀学報』八八、一九九九年、二二頁。ただし、その後の論文では、木簡の年代を五六一年前後と修正している。尹善泰「新羅中古期の村と徒」前掲誌、一四八頁)。

(43) 李基白「稟主考」(『新羅政治社会史研究』一潮閣、一九七四年。初出は一九六四年)。

(44)　木村誠「六世紀新羅における骨品制の成立」(前掲『古代朝鮮の国家と社会』。初出は一九七六年)。
(45)　武田幸男「中古新羅の軍事的基盤―法幢軍団とその展開」(西嶋定生博士還暦記念論叢編集委員会編『東アジア史における国家と農民』山川出版社、一九八四年)。
(46)　武田幸男「真興王代における新羅の赤城経営」(『朝鮮学報』九三、一九七九年)。
(47)　朱甫暾「明活山城作城碑の力役動員体制と村落」(前掲書)。
(48)　李成市「新羅六停の再検討」(『古代東アジアの民族と国家』岩波書店、一九九八年。初出は一九七九年)。
(49)　李基白「丹陽赤城碑王教事部分の検討」(『韓国古代政治社会史研究』一潮閣、一九九六年。初出は一九七八年)。

付章　研究動向

はじめに

第三章では、二〇〇二年以前に出土した木簡を主たる検討対象とした。その後、城山山城木簡の点数は倍以上に増加している。そこで、付章として、二〇〇六年以降に出土した木簡の特徴についていくつか指摘を行い、研究動向について簡単に触れる。また、新出木簡を含めた全体の釈文を掲げ（資料1）、改めて分類表（資料2）を作成する。なお、木簡の記載内容が非常に多様であることが明らかとなり、一つの表とすることが困難となったため、表を三つに分けた。表6は奴人や負など他の木簡にはみられない内容をもち点数も多い仇利伐木簡、表7は「〜城下」「〜那」「本波」など共通する記載内容をもつ地域の木簡、表8はそれ以外の記載内容が単純であったり断片的な木簡を対象とする。第三章の結論ともいえる郡ごとの特徴には、若干の修正や補訂が必要ではあるが、これらの表から、仇利伐、甘文、古阤、夷津支など地域ごとに木簡の記載様式が異なるという枠組みについては、より明白になったといえよう。

一　新出木簡の特徴

二〇〇六年度以降の発掘により出土した木簡は、文字があるものだけで一〇〇点を超え[1]、それまでに出土した九四点を上回る。点数の増加によってより緻密な検討が可能となっただけでなく、これまでみられなかった記載様式をもつ木簡が注目される。

まず、人名のない「地名＋物品（＋数量）」という記載様式である。一三二号「丘伐稗」、一七三号「丘伐稗一石」、一五九号「伊失兮村稗一石」、一六一号「栗村稗一石」の四点が確認された[2]。これまで、城山山城木簡には必ず人名が記されていると考えられていたため、これら村名のみの木簡をどう理解するかは、負担単位を考える上で重要な手がかりになると考えられる。

さらに、一〇〇号「甘文城下麦本波大村毛利只（表面）一石（裏面）」など、「〜城下＋物品」で始まる木簡が新たに四点確認された。これまでのところ、甘文城、夷津支城の木簡にのみみられる。正確な意味は不明であるが、物品名を最後に書くこれまで知られた記載様式とは大きく異なる。

荷札以外の木簡として注目されるのは、一二七号「□二□丁十二　村（表面）」「丁廿二益丁四　村（右側面）」である。具体的な用途は不明であるが、村ごとに「丁」を動員していたことを示すとみられる。地方支配における村の役割を推測する手がかりとなろう。

二〇〇九年度には、これまでにない文書木簡と考えられるものが複数出土している。

二一九号

・此負刀寧負盗人有
・□□□□

210×27×4

片面の記載内容が釈読し難いため全体の内容は不明であるが、盗人のあったことを報告する文書木簡である可能性があろう。さらに、二二一、二二三号も、書写面が四面の觚であり荷札とは考えにくい。

二二一号

・□□〔六月カ〕中□□□□□村主敬白之□□〔西刮カ〕城□之
・□□智□□□□□□大城従人丁卒日
・□遣□日来此□丁受来有□□
・卒日活之人此人嶌□城置不行遣之白

250×34×28

未釈の文字が多く全体的な文脈は理解し難いが、注目されるのは第一面の「村主敬白」である。宛所は不明であるものの、村主がなんらかの報告を行っている文書木簡と考えられる。河南・二聖山城出土の戊辰年（六〇八）木簡には「須城道使村主前」とあり、南漢城道使が須城道使と村主に宛てた文書木簡と考えられる。このように、地方の有力者である村主は、王京から派遣される道使などの地方官とともに文書のやりとりを行っていた。力役動員においても、村主が一定の役割を果たしていたのであろう。

城山山城木簡は、二〇年近い研究蓄積がある。しかし、重要な点において見解が対立したままであるなど、今後の研究課題も多い(3)。

二　近年の研究動向

木簡の性格については、当初、名簿説、荷札説、その両方という説などが出された。『韓国の古代木簡』により二〇〇二年に出土した木簡が公表されると、荷札とする説が有力となり、税貢進など地方支配と密接な関わりがあることが指摘された(4)。現在は、荷札の内容をより詳細に理解することで、地方支配の実態に迫ろうという努力が進められている。

もっとも注目されているのは、税負担の実態や身分制とも関わる「負」「奴人」である。「負」に関しては、穀物の収穫単位(5)や穀物以外のなんらかの物品であるという理解(6)が示された。「奴人」については、蔚珍鳳坪碑との比較から、新羅に新たに編入された服属民との見解がいち早く示された(7)。その後、高麗時代の部曲につながる集団的隷属民であるという説(8)や、個人の身分を表すもので下級従者を意味するという説などが出されたが(9)、いずれも共通理解とはならなかった。

二〇〇六、二〇〇七年の発掘において、さらに多くの「負」や「奴人」と書かれた木簡が出土し、研究成果が出されている。すなわち、「負」は字義通り「負担」もしくは「背負う」という意味であり(10)「奴人」は個人に属する下級従者であるという説(11)、「負」は運送者を表す公的な行政用語で「奴人」は集団隷属民として物資を運搬する徭役を負担させられたとする説(12)であるが、従来の対立は克服されていない。

そもそも奴人と負は、ほとんどが仇利伐の木簡にのみみられる。そして、一〇点に達する奴人、奴と記された木簡は、表6にみられるようにいずれも「仇利伐＋人名＋奴人＋人名＋負」という共通する記載様式で書かれている。仇利伐のなかで村名のないものだけにみられるという地域的な偏りがみられるのである。また、奴人、奴は必ず「負」とセットでみられるが、「負」は「仇利伐＋村名＋負」という記載様式でも五点出土している。「負」や「奴人」の意味を明らかにするためには、より木簡に則した研究が必要であろう。

木簡と地方支配との関わりについては、木簡にみられる「村」を行政村とみるか自然村とみるかで見解が分かれている。自然村とする理解は、それまでの金石文研究による成果に基づいて当初から主張されてきた(13)。近年出土した木簡を踏まえた自然村説では、「大村」や「新村」などという村名は行政村の名称とは考えにくいことなどを根拠にあげる(14)。一方、行政村とする立場からは、なぜ木簡に自然村名まで記さねばならないのか、また行政村のみを記すものと自然村のみを記すものなど記載方法が統一されていないのはなぜかという疑問を指摘し、「〜村」の上につく仇利伐や古阤は郡名とする(15)。

地方支配のどのレベルで木簡が製作されたのか、どのようにして城山山城に運ばれてきたのか、最終的に消費されるまでに木簡がどのような機能を果たしたかについては、不明な点が多い。木簡の内容だけでなく、木簡の記載様式や書体にも注目する必要があろう(16)。

その他、「上干支」「一伐」などの外位についても早くから注目されてはいるが、唯一の専論においても外位の分化過程を論じるに留まっている(17)。外位の記された木簡は荷札ではなく名簿木簡であるという見解もあり、これは外位所持者は租税を免除されたはずだという理解に基づいている(18)。しかし、これは逆に、外位を所持する有力者も負担を課せられていたことが、城山山城木簡によって判明したとすべきであろう。城山山城木簡に基づいて外位の機能を再考することが求められている。

また、二〇〇六年以降に出土した木簡の検討を通じて、尹善泰が新たな外位として「急伐尺／及伐尺」について指摘している[19]。

一四九号

及伐城文尸伊急伐尺稗一石　　156×20×5

二一八号

・正月中功思成古戸沙阿尺夷喙

・羅兮阿及伐尺并作前除酒四斗瓮　　208×(13)×7

一四九号木簡は、「及伐城（地名）・文尸伊（人名）・急伐尺・稗一石（物品名）」という記載内容であり、他の木簡同様に稗の荷札である。二一八号は、「正月に、功思成（地名）・古戸沙（人名）・阿尺（官位）と夷喙（地名カ）・羅兮阿（人名）・及伐尺の二人が并（一緒に）作った前除酒四斗の瓮」と解釈され、酒の付札とみられる。人名の後についている「急伐尺」および「及伐尺」、さらに、五二四年に建立された蔚珍・鳳坪碑の「居□尺」も、同じ外位の異表記であるというのである。

この時期の新羅の人名記載様式からすると、「急伐尺」「及伐尺」が外位に相当することは間違いない。ただ、尹善泰は、これ以外の史料にはみられないことから短い期間に消滅してしまった外位とみているが、一一等の外位体系と「急伐尺／及伐尺」がどのような関係にあるかを明らかにする必要があるだろう。

そこで鳳坪碑に注目してさらに検討を加えたい。「居□尺」がでてくるのは、叛乱を起こした居伐牟羅、男弥只村などの在地有力者に刑罰を与える箇所である。これまでは、「居□尺」を人名と捉えて、次のように解釈されていた。

職名	人名	刑罰
①阿大兮村使人	奈尓利	杖六十
②葛尸条村使人	奈尓利	
③	居□尺	
④男弥只村使人	異□	杖百
⑤	於即斤利	杖百

②③の人物の刑罰は、①の奈尓利への「杖六十」が適応されたため省略されたとされる[20]。一方、「居□尺」を外位に相当すると考えた場合には、次のように整理できる。

職名	人名	刑罰
①阿大兮村使人	奈尓利	杖六十
②葛尸条村使人	奈尓利	居□尺
③男弥只村使人	異□	杖百
④	於即斤利	杖百

「職名＋人名＋刑罰」と整然と記されていることになり、この理解が正しいとすれば、「居□尺」は外位に相当し、かつ、なんらかの刑罰でもあると解釈すべきことになる。その場合、参考になるのが、秦漢時代の身分序列である。司寇、隷臣妾などは、犯罪者を爵制的身分序列のマイナス級に貶めることを第一義的制裁とする刑罰であり、労役へ

優先的に徴発される対象とされたという。(21) 現段階ではあくまでも仮説に過ぎないが、急伐尺もこのようないわば「マイナスの外位」として、労役などの負担がともなったのではないだろうか。

このように、近年の調査、研究によって、ようやく地方支配や外位など新羅史の課題に取り組むことが可能になってきたといえる。(22) これまでの豊富な碑文研究との本格的な比較研究が必要となっており、もしそれに成功すれば新羅史像をより立体的に描き出すことができるだろう。

註

(1) 国立加耶文化財研究所『咸安城山山城Ⅳ』(国立加耶文化財研究所、二〇一一年)。なお、以下の号数は後掲の釈文による。

(2) 一六四号も説明会資料では「真村稗石」と釈文されているが、二文字以降の釈文を訂正すべきために除外した。

(3) 木簡の概要については李鎔賢「咸安城山山城出土木簡」(朝鮮文化研究所編『韓国出土木簡の世界』雄山閣、二〇〇七年。初出は二〇〇四年)など参照。研究史については、李京燮「咸安城山山城木簡の研究現況と課題」(『新羅文化』二三、二〇〇四年)、全徳在「咸安城山山城木簡の研究現況と争点」(『新羅文化』三一、二〇〇八年)など参照。

(4) 李成市「朝鮮の文書行政―六世紀の新羅」(早稲田大学朝鮮文化研究所・大韓民国国立加耶文化財研究所編『日韓共同研究資料集　咸安城山山城木簡』雄山閣、二〇〇九年。初出は二〇〇五年)。

(5) 李鎔賢「咸安城山山城出土木簡」(前掲書)二二三頁。

(6) 李銖勳「咸安城山山城出土木簡の稗石と負」(『地域と歴史』一五、二〇〇四年)三一～三七頁。

(7) 李成市「韓国木簡研究の現況と咸安城山山城出土の木簡」(『韓国古代史研究』一九、二〇〇〇年)九九～一〇〇頁。

(8) 朴宗基「韓国古代の奴人と部曲」(『韓国古代史研究』四三、二〇〇六年)。

(9) 朴鍾益「咸安城山山城の発掘調査と出土木簡の性格」(前掲『韓国出土木簡の世界』。前掲『咸安城山山城木簡』再録)。

(10) 全徳在「咸安城山山城木簡の研究現況と争点」(前掲誌)。

(11) 朴鍾益「咸安城山山城出土負銘木簡の検討」(『古印刷文化』一五、二〇〇八年)。

(12) 金昌錫「新羅中古期の奴人と奴婢―城山山城木簡と「鳳坪碑」の分析を中心に」(『韓国古代史研究』五四、二〇〇九年)。

(13) 朱甫暾「咸安城山山城出土木簡の基礎的検討」(『韓国古代史研究』一九、二〇〇〇年)、尹善泰「新羅中古期の村と徒」(『韓国古代史研究』二五、二〇〇二年)。
(14) 全徳在「咸安城山山城木簡の研究現況と争点」(前掲誌)一六〜一七頁。
(15) 李銖勳「新羅中古期行政村・自然村問題の検討」(『韓国古代史研究』四八、二〇〇七年)。
(16) 橋本繁「城山山城木簡と六世紀新羅の地方支配」(工藤元男・李成市編『東アジア古代出土文字資料の研究』雄山閣、二〇〇九年。本編第三章)が、郡・村ごとの記載様式、書風の違いに注目して、文書行政における郡・村の具体的な役割を検討している。
(17) 金義満「咸安城山山城出土木簡と新羅の外位制」(『慶州史学』二六、二〇〇七年)。
(18) 尹善泰「新羅中古期の村と徒」(前掲誌)一五二頁。
(19) 尹善泰「咸安城山山城出土新羅荷札の再検討」(『史林』四一、二〇一二年)。
(20) 武田幸男「新羅・蔚珍鳳坪碑の教事執行階層と受刑者」(『朝鮮学報』一九一、二〇〇四年)。
(21) 鷹取祐司「秦漢時代の刑罰と爵制的身分序列」(『立命館文学』六〇八、二〇〇八年)。
(22) 近年の研究動向については、李京燮「咸安城山山城出土新羅木簡研究の流れと展望」(『木簡と文字』一〇、二〇一三年)に詳しい。

資料1　咸安・城山山城木簡釈文

本釈文は、二〇〇九年までの発掘で出土した城山山城木簡を対象とする。木簡番号は、一～九七号までは『韓国の古代木簡』、一〇〇号以降は『韓国木簡字典』による。（　）内は、一～九七号では『韓国木簡字典』の号数、一〇〇号以降は各年度の説明会資料における号数である。

本釈文は、一～九七号までは『咸安城山山城木簡』のものに基づくが、一部、その後の調査により改めた箇所がある。一〇〇号以降については、説明会資料や『韓国木簡字典』の写真資料および実見調査によるものであり、早稲田大学朝鮮文化研究所および国立歴史民俗博物館による共同調査の成果が反映されている。

一次報告分

一号（一三号）

・「仇利伐上彡者村

・「『乞利』

(237)×30×9

二号（一七号）

・「甘文城下麦甘文本波□□　∨」

・「　新村□利兮□　∨」

197×20×6

三号（一号）

仇利伐上彡者村『波婁』

(236)×44×7

四号（二五号）

「仇利伐仇阤智一伐／尓利□支　∨」

228×38×9

五号（二六号）

「仇利伐　□徳知一伐奴人　□×

六号（七号）

「王私烏多伊伐支□負支　∨」

(203)×31×6

七号（一〇号）

「仇伐干好□村卑尸稗一石　○」

200×28×6

八号（一一号）

「及伐城□刀巴稗　∨」

205×28×4

九号（一四号）

「竹尸□〔師カ〕牟レ干支稗一　∨」

208×28×4

一〇号（六号）

「甘文本波□□且利村伊竹伊

186×25×8

一一号（八号）

「烏欣弥村卜兮稗一石　∨」

(227)×26×5

一二号（九号）

「上□村居利支稗　∨」

177×17×5

一三号（二〇号）

「陳城巴兮支稗　∨」

175×16×5

一四号（二四号）

「大村伊息智一伐　∨」

159×22×7

一五号（二三号）

□家村□□□　∨」

160×25×10

一六号（一八号）

×言斯只二石」

(159)×18×9

一七号（一五号）

×前谷村　阿足只負

(179)×19×3

一八号（一二号）

「呵蓋□支稗　<」

(167)×34×5

一九号（一六号）

「□」

211×25×9

二〇号（二一号）

・「古阤伊骨利阿那

・「仇酒支稗発

(160)×33×6

二一号（二七号）

・「屈仇□支村□〔倦カ〕□□

・「　　　稗一石

(126)×22×5

二二号（二二号）

「夷津支末那尓利知

(127)×26×5

二三号（三号）

×知上干支　<」

(104)×20×4

二四号（二号）

×□尓□□　○」

(80)×25×5

（二五〜二七号　墨痕なし）

(117)×36×5

二次報告分

二八号

・「古阤伊骨利村阿那□〔魚カ〕智卜利古支○」

・「　稗発　　　　　　　　○」

二九号

・「古阤新村智利知一尺那□」

・「　豆于利智稗一石　　　」

240×25×7

三〇号

209×19×8

・「夷津支阿那古刀羅只豆支∨」
・「　稗　∨」
187×22×10

三一号
・「古陁一古利村末那∨」
・「毛□〔羅カ〕次戸智稗一石∨」
212×29×5

三二号
・「上弗刀弥村∨」
・「加万波□〔字カ〕稗一石∨」
158×15×5

三三号
「仇利伐　肪谷村 仇礼支　負∨」
293×35×7

三四号
「仇利伐　上彡者村　波婁∨」
290×31×10

三五号
「内里知　奴人　居助支　負∨」
276×33×6

三六号
「仇利伐　只即智奴 於非支負∨」
296×38×7

三七号
×内只次奴　須礼支負∨」
(244)×35×8

三八号
×比夕智奴 尓先能支　負
(267)×47×7

三九号
「鄒文比尸河村尓利牟利∨」
172×24×5

四〇号
「阿卜智村尓能及一∨」
193×21×10

四一号

「陳城巴兮支稗　∨」

162×21×5

四二号

「及伐城立□〔龍カ〕稗一石　∨」

181×26×7

四三号

「陽村文尸只　∨」

149×25×5

四四号

「上□村居利支稗　∨」

158×24×7

四五号

「夷津阿那休智稗　∨」

196×17×7

四六号

「及□城鄒[辶]□□支　∨」

161×22×3

四七号

可初智□〔内カ〕須麦一石　∨」

(192)×16×6

四八号

×□鐵十六　∨」

(160)×28×13

四九号

□〔三カ〕［　　　　］（六〜七字カ）　∨」

(196)×29×8

五〇号

呵蓋□□支稗一石　∨」

(155)×17×7

五一号

（墨痕あり）

203×31×13

五二号（五一号）

「仇伐阿那吉只稗一石

(199)×27×5

五三号（五二号）

大村主舡夷　」

(181)×25×6

五四号（五三号）

「鄒文□□□村次□本一石　」

193×21×4

五五号（五四号）

古阤□□〔村カ〕□□

(153)×17×5

五六号（五五号）

呵蓋□〔行カ〕□□〔尓カ〕支稗

(164)×24×7

五七号（五六号）

「弘帝斐利　負

(278)×17×6

五八号

（墨痕なし）

184×25×9

五九号（五七号）

・「戹蜜□〔日カ〕智私　」

・「□〔勿カ〕利乃文□〔茂カ〕支稗」

132×24×9

六〇号（五八号）

・「巴弥兮城下□×

・「巴弥兮村×

(87)×29×7

六一号（五九号）

・大節屯家□〔城カ〕夫鄒只□

・□〔出カ書カ〕稗一石

(224)×27×3

六二号（六〇号）、六六号と接続

・「小□〔毛カ〕答支村　○」

・[　]妻稗一石　○」

六三号（六一号）

147×19×7

・×□叔予□〔尺カ卩カ〕支　＜」

・×鄒稗　＜」

(126)×15×4

六四号（六二号）

・「小伊伐支人□〔得ヵ〕×

・「□□稗一石

(101)×20×6

六五号（六三号）

・「甘文尓□×

・「阿□□×

(54)×(19)×6

六六号（六二号と接続）

六七号（六四号）

・×加礼□×

・×刀稗

(35)×19×3

六八号（六五号）

居珎□〔尺ヵ只ヵ〕乙支

(127)×16×7

六九号（六六号）

「千竹利

(83)×26×5

七〇号（六七号）

「千竹利　∨」

(97)×27×5

七一号（六八号）

×利次稗一石　∨」

(72)×13×3

七二号（六九号）

×□一伐稗　∨」

(83)×16×5

七三号（七〇号）

×伐　稗一石」

(115)×26×7

七四号（七一号）

「及伐城只智稗一石　∨」

145×21×6

七五号（六一・九〇号と接続）

七六号（七二号）

×未知居兮×　(79)×27×6

七七号（七三号）

須伐本波居須智　(122)×18×9

七八号（七四号）

×□村登尓支　＜」　(145)×25×5

七九号（七五号）

伊伐支□利須稗　＜」　(124)×18×5

八〇号（七六号）

「及伐城□〔前カ〕伊稗一石　＜」　147×18×5

八一号（七七号）

伊伐支一石」　(71)×18×4

八二号（七八号）

×智支　＜」　(74)×21×3

八三号（七九号）

「召□〔卩カ〕伐×　(89)×29×9

八四号（八〇号）

麻戸支　(127)×35×9

八五号（八一号）

「伊失兮村×　(107)×22×5

八六号（八二号）

密鄒加尓支一石　(115)×22×8

八七号（八三号）

「□〔八カ〕×　(99)×22×4

八八号（八四号）

「□〔道〕□〔毛〕□〔堉カ〕□支□　(93)×17×4

八九号（八五号）

×于利沙□×　(55)×19×5

九〇号（六一・七五号と接続）

九一号（八六号）

（墨痕あり）　(96)×16×4

九二号（八七号）

□〔兮カ〕知支　(110)×31×7

九三号（八八号）

□[　]　(64)×16×8

九四号（八九号）

□〔稗カ〕一　<」　(57)×20×4

九五号（四五号に接続）

九六号（九〇号）

□　(31)×29×6

九七号（九一号）

□〔戸カ〕　○」　(67)×19×4

二〇〇六年出土木簡

一〇〇号（一号）

・「甘文城下麦本波大村毛利只　<」

・「一石　<」　246×26×6

一〇一号（四号）
・「<夷津本波只那公末□稗
(252)×28×14

一〇二号（六号）
「陽村文戸只稗　<」
170×23×5

一〇三号（八号）
・「勿利村倦益尓利<」
・「　稗一石　　　<」
161×16×8

一〇四号（一〇号）
「仇利伐□智奴　□□□支負　<」
221×27×5

一〇五号（一一号）
「好□鉄六入　<」
172×32×9

一〇六号（一六号）
「呵蓋尓□□利稗　<」
245×30×7

一〇七号（一九号）
・□□白□
・□□□
150×17×8

一〇八号（二五号）
「王私烏多伊伐支卜烋　○」
(75)×(14)×8

一〇九号（二七号）
×末甘村 借刀利支　負　○」
235×38×8

一一〇号（一五号）
□　□石
(180)×36×7

一一一号（三一号）
・(文字あり)
・吉西支負
145×17×5

一一二号（二八号）

（文字あり）

一一三号（三六号）

（墨痕あり）

140×13×5

一一四号（二九号）

（文字あり）

(82)×25×2.5

一一五号（三号）

・「阿那只□□□□

・「古□□□□

201×19×5

一一六号（五号）

「仇利伐□□□□支負　＜」

(182)×20×7

一一七号（七号）

・「買答村古光斯弥于＜」

290×44×9

・「　稗一石　＜」

179×26×7

一一八号（九号）

・「次〃支村知弥留　＜」

・「　稗一石　＜」

122×16×6

一一九号（一一号）

器尺□□

202×22×13

一二〇号（一七号）

「鄒文村内旦利□〔貞カ〕＜」

151×25×7

一二一号（二四号）

「仇利伐　比夕智　奴　先能支　負　○」

324×32×6

一二二号（二六号）

大□□

75×20×5

一二三号（三〇号）

・「古陁伊骨村阿那　＜」

・「仇利酒支稗発　＜」

134×23×5

一二四号（三二号）

「□□利村□□□稗一石　＜」

208×17×7

一二五号（三五号）

・□□□

・□□

70×31×7

一二六号（三七号）

□□〔利カ〕□麦一石

81×20×5

一二七号（四〇号）

・「＜　一〔刻線〕、丁廿二益丁四一〔刻線〕　村　（正面）

・「＜　大二□丁十一　村□　（左側面）

・　（墨痕）　（右側面）

(265)×20×12

二〇〇七年度

一二八号（一号）

□竹烋弥支稗一石　＜」

(176)×25×4

一二九号（四号）

「呵蓋次尓利□尓稗　＜」

208×21×8

一三〇号（五号）

「□只夫支一石　＜」

115×17×8

一三一号（六号）

・「仇伐末那消禾奴　＜」

・「弥次□稗一石　＜」

198×20×5

一三二号（七号）

「丘伐稗　」

142×28×7

一三三号（八号）

〔仇利伐カ〕
□□□仇阤知一伐奴人　毛利支負　＜」

262×32×4

一三四号（九号）

・本□〔碌カ〕破者□伊古舌

・文書稗一石

166×18×2

一三五号（一〇号）

・「古阤新村呵鄒那利

・「沙□

204×21×6

一三六号（一一号）

・「古阤一古利村末那

・「□利夫稗一石

167×25×5

一三七号（一二号）

・「□〔伊カ〕伐支烏利礼稗一石

136×9×6

一三八号（一三号）

「真尓密奴那智一石　＜」

234×20×6

一三九号（一四号）

・「古阤一古利村末那仇□

・「稗一石

212×25×4

一四〇号（一五号）

「勿思伐豆只稗一石　＜」

152×21×4

一四一号（一六号）

「呵蓋尓欣弥支稗　＜」

161×18×4

一四二号（一七号）

・「古阤一古利村末那

・「乃兮支稗一石

184×24×5

一四三号（一一八号）
「仇利伐□□只村 阿伐支負
250×28×6

一四四号（一一九号）
赤伐支村尓羅支　＜
156×20×5

一四五号（一二〇号）
仇利伐□□智奴人 □□
320×41×8

一四六号（一二一号）
□豆留只一石　＜」
134×21×6

一四七号（一二二号）
「呵蓋奈□利稗　＜」
165×16×6

一四八号（一二三号）
「及伐城文戸伊稗一石　＜」
157×19×8

一四九号（一二四号）
「及伐城文戸伊急伐尺稗一石　＜」
156×20×5

一五〇号（一二五号）
・「古阤一古利村阿那弥伊□□＜」
・「稗一石　＜」
217×20×5

一五一号（一二六号）
□□〔古心カ〕□村□□□稗一石
178×21×5

一五二号（一二七号）
仇利伐郝豆智奴人 □支負　＜」
219×39×8

一五三号（一二八号）
・「巾夫支城夫酒只　＜」
・「稗一石　＜」
135×20×6

一五四号（二九号）

・「波阤密村沙毛　∨」

・「　稗一石　∨」

149×25×5

一五五号（三〇号）

・「夷津支末那石村末□□□〔支尺仇カ〕∨」

・「　麦　∨」

183×20×8

一五六号（三一号）

「仇利伐　仇阤知一伐　奴人　毛利支　負　∨」

244×30×6

一五七号（三二号）

・「伊□　□　∨」

・「　∨」

205×22×6

一五八号（三三号）

・「古阤一古利村末那沙見　∨」

・「日糸利稗一石　∨」

199×24×6

一五九号（三四号）

「伊失兮村稗一石　∨」

152×15×5

一六〇号（三五号）

・「□〔北カ〕彡利村　∨」

・「須〃只稗一石　∨」

166×22×5

一六一号（三六号）

「栗村稗一石

141×20×4

一六二号（三七号）

・「∨仇伐阿那内欣買子　」

・「∨一万買稗一石　」

139×17×5

一六三号（三八号）

・「□　□村□　∨」

・「　稗一石　∨」

一六四号（三九号）　113×17×3

真尓冂

一六五号（四〇号）　254×20×9

「巾夫支城弥即支稗一　＜」

一六六号（四一号）　152×20×7

・「冂　凵□即□□　＜」

・「居利負　＜」

一六七号（四二号）　198×36×7

・「及伐城登奴稗一石　＜」

一六八号（四三号）　221×17×5

「伊伐支村□只稗一石　＜」

一六九号（四四号）　195×23×9

・「夷津支城下麦王私巴弥兮村　＜」

・「　弥次二石　＜」

一七〇号（四五号）　327×34×12

「甘文城下□〔租カ〕米十一斗石喙大村卜只次持□＜」

一七一号（四六号）　347×29×13

・「小伊伐支村能毛礼

・「　稗一石

一七二号（四七号）　110×20×3

「弥得智□仇以稗一石　＜」

一七三号（四八号）　201×15×7

「＜丘伐　稗一石」

一七四号（四九号）　139×27×4

□尓利稗　＜」

86×18×8

一七五号（五〇号）

・「［　］村［　］

・「□

174×18×4

一七六号（五一号）

「前□　□□□〔只戸支カ〕稗一石　∨」

155×19×5

一七七号（五二号）

・「鄒文前那牟只村　∨」

・「伊□習　∨」

165×19×5

一七八号（五三号）

「仇利伐習肪村／牟利之負　∨」

288×32×7

一七九号（五四号）

「赤伐支呵村助尺支稗　∨」

176×25×10

一八〇号（五五号）

「仇利伐今弥次負　∨」

254×38×10

一八一号（五六号）

「屈斯旦□今部牟者足〔只カ〕稗

160×22×4

一八二号（五七号）

・「古阤本波豆□□□□　∨」

・「勿大兮　∨」

169×14×4

一八三号（五八号）

・「伊智支村慧礼　∨」

・「　稗　∨」

124×19×5

一八四号（六一号）

・「買答村物礼利　○」

・「斯珎于稗一石　○」

154×23×5

一八五号（六四号）
・「上弗刀弥村　○」
・「敬麻古稗一石　○」
121×21×5

一八六号（A）
蘇智密村□
96×16×12

一八七号（B）
稗一石
71×35×8

一八八号（D）
伊□□□□
120×27×7

一八九号（E）
□支負稗
105×27×4

一九〇号（F）
・□
・稗
91×16×6

一九一号（G）
牟□
53×18×4

一九二号（H）
69×19×3

一九三号（I）
□□稗一石
53×18×4

一九四号
189×22×8

一九五号
「□〔甘カ〕□□□只伐□原石」
212×16×8

一九六号
「□□〔仇利カ〕伐村□□　」
220×38×8

一九七号（T三〇四号）

・夷津支城下麦烏□支□
・□□二石

230×24×10

一九八号

「□□〔皮カ〕□〔史カ〕於□〔労カ〕尸兮　」

310×22×8

一九九号

之毛羅稗　＜」

127×16×8

二〇〇号

・「麻旦□〔斯カ〕村　＜」
・「　麻古稗一石　＜」

150×23×3

二〇一号

□□稗一石

175×16×5

二〇二号

□□□村□〔古カ〕斯　＜」

160×23×7

二〇三号

「仇利伐　評本礼支　負＜」

243×39×4

二〇四号

仇利伐□□智□□支負　○

291×38×4

二〇五号

244×29×8

二〇六号

137×19×5

二〇七号

智負　＜」

104×32×5

二〇八号

・「仇利伐　＜」
・「□□答村　伊西礼支　負　＜」

286×46×8

二〇九号

・「□　∨」

・「　稗一石　∨」

145×21×6

二一〇号

120×28×6

二一一号

「及伐城日沙利稗一石　∨」

168×27×8

二一二号

「仇利伐□□智奴人
□□支負　∨」

219×26×6

二一三号

152×19×3

二一四号

「及伐城文尸□稗一石∨」

164×27×4

二一五号

「呵蓋奈

83×32×3

二一六号

・「古阤一古利村本波　∨」

・「□〃支稗発　∨」

160×22×8

二一七号

206×26×9

二一八号

・「正月中功思成古尸沙阿尺夷喙　∨」

・「羅兮阿及伐尺并作前除酒四斗瓮∨」

208×13×7

二一九号

・「∨此負刀寧負盗人有」

・「∨□□□□　」

210×27×4

二二〇号

「□支村烏多支米一石∨」　203×21×12

二二一号

・「□□〔六月カ〕中□□□□□村主敬白之□□□〔西刮カ〕城□之∨」
・「□□智□□□□□□□大城従人丁卒日　∨」
・「□遣□日来此□丁受来有□□　∨」
・「卒日活之人此人嶌□城置不行遣之白　∨」　250×34×28

二二二号

157×18×10

二二三号

（四面に文字あるが釈読できず）　293×12×18

二二四号

豆□村⊓　150×29×7

資料2 分類表

表6 仇利伐

号数	仇利伐村名	人名	外位	奴人	人名	負	備考
①仇利伐＋人名＋奴人＋人名＋負							
五	「仇利伐	□徳知	一伐	奴人	□×		
三六	「仇利伐	只即智		奴	於非支	負	二行
三七	×	内只次		奴	須礼支	負	右寄
三八	×	比夕智		奴	尓先能支	負	二行
一二一	「仇利伐	比夕智		奴	先能支	負	右寄
一五二	「仇利伐	郝豆智		奴人	□支	負	二行
一〇四	「仇利伐	□智		奴	□□□支	負	右寄・ヤナギ
一四五	「仇利伐	［　］智		奴人	［　］		二行
二〇四	「仇利伐	［　］智			［　］支	負	右寄
二一二	「仇利伐	□□智		奴人	□□支	負	二行
一三三	「□□□	仇陁知	一伐	奴人	毛利支	負	
一五六	「仇利伐	仇陁知	一伐	奴人	毛利支	負	
②仇利伐＋人名＋人名							
四	「仇利伐	仇陁智	一伐		尓利□支		二行

③人名＋奴人＋人名＋負								
三五			「内里知		奴人	居助支	負	
④仇利伐＋人名＋負								
一一六	「仇利伐					□□□□支	負」	右寄
一八〇	「仇利伐					今弥次	負	
二〇三	「仇利伐					評本礼支	負	
⑤人名＋負								
五七						「弘帝斐利	負」	
⑥仇利伐＋村名＋人名＋負								
一七	×	前谷村				阿足只	負	右寄
三三	「仇利伐	肪谷村				仇礼支	負	二行
一〇九	×	末甘村				借刀利支	負	二行
一七八	「仇利伐	習肪村				牟利之	負	二行
一四三	「仇利伐	□□只村				阿伐支	負	二行
二〇八	仇利伐／	□□答村				伊西礼支	負	表裏
⑦仇利伐＋村名＋人名								
一	「仇利伐	上彡者村／				乞利		右寄・表裏
三	「仇利伐	上彡者村				波婁		右寄
三四	「仇利伐	上彡者村				波婁		右寄
⑧欠損により記載様式不明								
一一二			×／			吉西支	負	表裏・サクラ

一六六			□即□□／居利				負	表裏
一八九						×支	負稗	
二〇七						×智	負	

表7　甘文・夷津支・古阤・仇伐・鄒文・須伐

号数	地名+城下	物品名	地名	村名	～那	部名?		村名	人名	数量
二	「甘文城下	麦	甘文			本波	□□／	新村	□利兮□」	
一〇			「甘文			本波	□□	且利村	伊竹伊」	
一〇〇	「甘文城下	麦				本波		大村	毛利只／	一石」
一七〇	「甘文城下	□米十一斗石				喙		大村	卜只次持□	
六〇	「巴珎兮城下	×／						巴珎兮村×		
一六九	「夷津支城下	麦					王私	巴珎兮村／	弥次	二石
一九七	「夷津支城下	麦						鳥□支□／	□□	二石
二二			「夷津支		末那				尓利知×	
三〇			「夷津支		阿那				古刀羅只豆支／	稗」
四五			「夷津		阿那				休智	稗」
一〇一			「夷津			本波			只那公末□	稗
一五五			「夷津支		末那			石村	末□□□／	麦」
二〇			「古阤	伊骨利	阿那／				仇酒支	稗発」
二八			「古阤	伊骨利村	阿那				□智卜利古支／	稗発」
一二三			「古阤	伊骨村	阿那／				仇利酒支	稗発」

三一			「古阤	一古利村	末那／				毛□次尸智	稗一石」
一三六			「古阤	一古利村	末那／				□利夫	稗一石」
一三九			「古阤	一古利村	末那				仇□／	稗一石」
一四二			「古阤	一古利村	末那／				乃兮支	稗一石」
一五〇			「古阤	一古利村	阿那				弥伊□□／	稗一石」
一五八			「古阤	一古利村	末那				沙見／日糸利	稗一石」
二一六			「古阤	一古利村		本波／			□〃支	稗発」
二九			「古阤	新村					智利知一尺那□／豆于利智	稗一石」
一三五			「古阤	新村					呵鄒那利／沙□	
一八二			「古阤			本波			豆□□□□／勿大兮」	
七			「仇伐	于好□村					卑尸	稗一石」
五二			「仇伐		阿那				吉只	稗一石」
一三一			「仇伐		末那				消禾奴／弥次□	稗一石」
一六二			「仇伐		阿那				内欣買子／一万買	稗一石」
三九			「鄒文					比尸河村	尓利牟利」	
五四			「鄒文					□□□村	次□本	一石」
一二〇			「鄒文村						内旦利□」	
一七七			「鄒文		前那			牟只村／	伊□習」	
七七			須伐			本波			居須智	

表8　その他の荷札一覧

号数	城・村名	人名	物品	数量
及伐城　九点				
八	及伐城	□刀巴	稗	
四二	及伐城	立□	稗	一石
七四	及伐城	只智	稗	一石
八〇	及伐城	□伊	稗	一石
一四八	及伐城	文尸伊	稗	一石
一四九	及伐城	文尸伊急伐尺	稗	一石
一六七	及伐城	登奴	稗	一石
二一一	及伐城	日沙利	稗	一石
二一四	及伐城	文尸□	稗	一石
呵蓋　八点				
一八	呵蓋	□支	稗	
五〇	呵蓋	□□支	稗	一石
五六	呵蓋	□□□支	稗	
一〇六	呵蓋	尒□□利	稗	
一二九	呵蓋	次尒利□尒	稗	
一四一	呵蓋	尒欣弥支	稗	
一四七	呵蓋	奈□利	稗	
二一五	呵蓋	奈×		
伊伐支				
七九	伊伐支	□利須	稗	
八一	伊伐支			一石
一三七	□伐支	烏利礼	稗	一石
一六八	伊伐支村	□只	稗	一石
六四	小伊伐支	人□×／［　］×	稗	一石
一七一	小伊伐支村	能毛礼／	稗	一石
六	王私烏多伊伐支□負支			
一〇八	王私烏多伊伐支卜烋			
城・村で記載が始まるもの				
一一	烏欣弥村	卜兮	稗	一石
一二	上□村	居利支	稗	
四四	上□村	居利支	稗	
一三	陳城	巴兮支	稗	
四一	陳城	巴兮支	稗	
一四	大村	伊息智一伐		
五三	大村	主舡夷		
一五	□家村	□□□		
二一	屈仇□支村	□□□／	稗	一石

三二	上弗刀弥村／	加万波□	稗	一石
一八五	上弗刀弥村／	敬麻古	稗	一石
四〇	阿卜智村	尓能及		一
四三	陽村	文尸只		
一〇二	陽村	文尸只	稗	
四六	及□城	鄒□□□支		
六一	大節屯家□	夫鄒只□／□	稗	一石
六二	小□答支村／	［　］妻	稗	一石
七八	×□村	登尓支		
一〇三	勿利村	倦益尓利支／	稗	一石
一一七	買答村	古光斯珎于／	稗	一石
一八四	買答村	物礼利／斯珎于	稗	一石
一一八	次〃支村	知弥留／	稗	一石
一二四	□□利村	□□□	稗	一石
一四〇	勿思伐	豆只	稗	一石
一四四	赤伐支村	尓羅支		
一七九	赤伐支呵村	助尺支	稗	
一五一	□□□村	□□□	稗	一石
一五三	巾夫支城	夫酒只／	稗	一石
一六五	巾夫支城	弥即支	稗	一
一五四	波陁密村	沙毛／	稗	一石

一六〇	□彡利村	須〃只	稗	一石
一六三	［　］村	□／	稗	一石
一八三	伊智支村	慧礼／	稗	
一八六	蘇智密村	□		
二〇〇	麻旦□村／	麻古	稗	一石
二〇二	□□□村	□斯		
二二〇	□支村	烏多支	米	二石

地名＋物品のみの記載様式

一三二	丘伐		稗	
一七三	丘伐		稗	一石
一六一	栗村		稗	一石
八五	伊失兮村	×		
一五九	伊失兮村		稗	一石

物品名や数量の記載があるもの

九		竹尸□牟干支	稗	一
一六		×言斯只		二石
四七		可初智□須	麦	一石
四八		×□	鉄	十六
五九		厄蜜□智私／□利乃文□支	稗	
六三		×□叔予□支／×鄒	稗	
六七		×加礼□×／×刀	稗	

七一		×利次	稗	一石
七二		×□一伐	稗	
七三		×伐	稗	一石
八六		密鄒加尓支		一石
九四			稗ヵ	一
一〇五		好□	鉄	六入
一二六		□□□	麦	一石
一二八		□竹烋弥支	稗	一石
一三〇		□只夫支		一石
一三四	本□破者□伊古舌／支書		稗	一石
一三八		真尓密奴那智		一石
一六四		真尓		
一四六		□豆留只		一石
一七二		弥得智□仇以	稗	一石
一七四		□尓利	稗	
一七六		前□□□□	稗	一石
一八一		屈斯旦□今部牟者足	稗	
一八七			稗	一石
一九〇		[　　]／	稗	
一九三		□□	稗	一石
一九九		之毛羅	稗	
二〇一		[　　]	稗	一石
二〇九		[　　]／	稗	一石
その他				
二三		知上干支		
六八		居弥□乙支		
六九		千竹利		
七〇		千竹利		
七六		×未知居兮×		
八二		×智支		
八三		召□伐×		
八四		麻卩支		
八九		×于利沙□×		
九二		□知支		
一一五	阿那只□□□□／古[　]			

Ⅱ 『論語』木簡

第一章 朝鮮半島出土『論語』木簡と新羅の儒教受容

はじめに

本章では、これまで韓国内で出土した二点の『論語』の書かれた木簡(以下、『論語』木簡)について検討していく。なお、平壌の貞柏洞三六四号墳からも『論語』を書いた竹簡が出土しているが、紀元前の楽浪郡のものであるため検討の対象とはしない(1)。

これらの『論語』木簡以外に儒教の典籍を記した木簡は朝鮮半島では出土していない。『論語』木簡は、単に古代朝鮮半島における『論語』の受容状況を明らかにするだけでなく、広く儒教受容の実像に迫るための貴重な一次資料である。そしてそれは、中国文明がどのように受容され、変容されるのかを具体的に示す実例といえよう。

第一節では、『論語』木簡が出土した遺跡についての概況と出土状況を整理した上で、木簡の釈文を提示し、原形の復元を試みる。第二節では形状の特徴から木簡の具体的な用途を推定する。最後に第三節では、『論語』木簡の使用された具体的な場を明らかにし、新羅社会における『論語』学習の意義を検討していきたい。

一　遺跡概要と木簡の復原

1　金海鳳凰洞出土木簡

（1）　遺跡の概要と木簡の年代

二〇〇一年に釜山大学校博物館が行った慶尚南道金海市鳳凰洞地区の発掘において、『論語』の一節が書かれた角材状の木簡が出土した。典籍の書かれた木簡が出土したのは、韓国ではこれが初めてである。同遺跡の性格について、はっきりしたことはわかっておらず、木簡の出土地点も、特定の遺構ではなく試掘トレンチの低湿地であった。そのため、年代については共伴した土器から推定されているものの、正報告書のなかですら六〜八世紀とする見解と六世紀後半〜七世紀初めとする見解が併存している。(2) 以下、本書では、六〜八世紀という広い年代幅を前提に考察を加える。

木簡の出土した金海には、加耶諸国の一つである金官加耶国があり、四世紀には洛東江下流域を中心に盟主的な地位を築いていた。その後、五三二年に新羅に降伏し、金官郡が置かれた。新羅が百済と高句麗を滅ぼし三国を統一すると、支配体制を整えていくなかで六八〇年に金官小京を設置した。景徳王代に金海小京と改称され、新羅末期にいたるまで小京としていた。すなわち、『論語』木簡の推定年代である六〜八世紀は、金海が新羅の郡もしくは小京であった時期に相当する。

出土地である鳳凰洞は、金官加耶国の中心地であったと考えられる地域である。出土地点の東南にある鳳凰台と呼ばれる丘陵には、二～六世紀にかけての大規模な生活遺跡があり、金官加耶国の支配階層が居住していたとされている(3)。また、北に五〇〇《メートル》ほど離れた所に位置する大成洞古墳群は、王族の墳墓と推定される(4)。鳳凰台と、その西側を流れる海盤川との間に湿地帯が形成されており、木簡はここから出土した。新羅の郡や小京が置かれていた時期における同地域の様相は明らかではないが、おそらく金官加耶国時代と同様、中心的地域であったものとみられる。

（2）木簡の釈文

出土した木簡は、断面が正方形に近い角材状の形状をしており、上下端は欠損している。現存長は二〇・九《センチ》、幅は一・五～一・九《センチ》である。木簡の表面は、刃物で丁寧に削られており、四面全てに墨で文字が書かれている(5)。これまで公表されている釈文には、以下のものがある。

現地説明会資料釈文(6)

Ⅰ　違之何如子曰清矣曰仁矣乎曰

Ⅱ　我不欲人之加諸我也吾亦欲無加語人

Ⅲ　子謂子産有君子之道四《?》焉其行

Ⅳ　判読中

東野治之氏釈文(7)

Ⅰ　不欲人之加諸我吾亦欲无加諸人□（子カ）

Ⅱ　[　]子謂子産有君子道四□（焉カ）　其行

吉川弘文館 新刊ご案内

〒113-0033・東京都文京区本郷7丁目2番8号　振替 00100-5-244（表示価格は税別です）
電話 03-3813-9151（代表）　ＦＡＸ 03-3812-3544　http://www.yoshikawa-k.co.jp/

2014年7月

今はまだ〝戦後〟か？
それとも〝新たな戦前〟か？

これからの日本の平和と安全を考えるための格好の手引書

Q&Aで読む日本軍事入門

前田哲男・飯島滋明編

これからの日本の平和と安全はどうなるのか。太平洋戦争から今日まで、日本の軍事に関わるさまざまな疑問を、ジャーナリスト・軍事専門家・憲法学者ら気鋭の執筆者が平易に解答する。教科書にはない歴史が語られ、〝新たな戦前〟への警鐘を鳴らす、若い世代に向けた格好の手引書。

A5判・二五二頁／二二〇〇円

憲法9条
集団的自衛権
自衛隊
安保条約
秘密保護法
領土問題…。

暦のはじまり、日食・月食、二十四節気、陰陽師…。

日本史を学ぶための〈古代の暦〉入門

細井浩志著

《暦》を知れば、日本史はもっと面白い

A5判・二六四頁／二九〇〇円

日本史を理解する上で、暦の知識は欠かせない。その誕生や太陽暦・太陰暦などの基本事項、中国から導入・運用された暦の歴史を詳述。また、日食などの天体現象や二十四節気など、図版やコラムを交え解説した入門書。

人と地域が織りなす「世に一つの歴史譚《ものがたり》」

『内容案内』送呈

全ページカラーで読み解く、まったく新しい〈歴史探訪〉シリーズ

ひと 人をあるく

好評刊行中

A5判・並製・平均一六〇頁　各二〇〇〇円

●5月〜7月発売の3冊

長宗我部元親と四国

津野倫明著

四国を制覇した戦国武将長宗我部元親。その強さの秘訣とは何だったのか。武力と調略を使い分けて、敵対勢力を巧みな外交で取り込んだ冷静なセンスに着目し、覇業を追体験。土佐の史跡を辿り、新たな元親像に迫る。

一六〇頁

豊臣秀吉と大坂城

跡部　信著

戦国乱世から泰平の世へ大転換をうながした天下人秀吉。百姓からの異常な出世、大名統制の経営戦略、海外出兵など、強烈な個性をもった生涯を活写。謎の巨城〝豊臣大坂城〟の軌跡をたどり、独裁的権力の特質に迫る。

一六〇頁

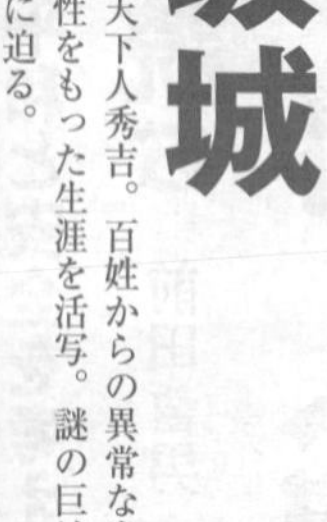

高杉晋作と長州

一坂太郎著

急進的な攘夷運動の急先鋒として、幕末の動乱期を駆け抜けた高杉晋作。暴走、迷走を繰り返した長州藩で何を考え、何を目指して戦ったのか。萩や京都、江戸などを訪ね、奇兵隊の軌跡を辿り、晋作の波瀾の生涯を描く。

一六〇頁

既刊の11冊

桓武天皇と平安京 井上満郎著

奥州藤原氏と平泉 岡本公樹著

親鸞と東国 今井雅晴著

日蓮と鎌倉 市川浩史著

足利尊氏と関東 清水克行著

徳川家康と関ヶ原の戦い 本多隆成著

赤穂浪士と吉良邸討入り 谷口眞子著

徳川吉宗と江戸城 岡崎寛徳著

坂本龍馬と京都 佐々木　克著

西郷隆盛と薩摩 松尾千歳著

勝海舟と江戸東京 樋口雄彦著

本シリーズの特色

◆歴史の専門出版社としての信頼と実績を活かし結集させた総力企画

◆政治家・武将・僧侶・芸術家など、多様な分野の人物をラインナップ

◆テーマにふさわしい執筆陣による、詳細かつ正確なわかりやすい記述

◆人と地域をキーワードに読み解く、画期的な内容構成

◆本文理解を助ける、振り仮名・豊富な図版・詳細な注記

迎賓館

東京駅丸ノ内側出口ドーム

ここだけは見ておきたい

東京の近代建築Ⅰ

A5判・一六〇頁

小林一郎著

皇居周辺・23区西部・多摩

一八〇〇円

独特の〝手のぬくもり〟がある明治・大正・昭和のたてものが、いま姿を消しつつある。建築観察の達人がナビゲーターとなり、皇居周辺と東京西部に残るすぐれた近代建築を巡り、その魅力を紹介する「まち歩き」ガイド。〈続刊〉Ⅱ23区東部・下町…8月刊行予定

駒沢給水塔

聖　橋

中世史料との対話

村井章介著

歴史学は史料との対話である。多様な史料にいかに接近し過去に迫るのか。史料の諸形態を整理し、緻密な解析と斬新な読みによって中世社会と人物を描き出す。さらに、外国史料との比較を試み、編纂という営みにも言及する。四六判・三五二頁／三三〇〇円

靖国神社と幕末維新の祭神たち

明治国家の「英霊」創出

吉原康和著

四六判

二二八頁

二三〇〇円

終戦記念日になると内外から注目される靖国神社だが、もともと対外戦争の戦没者を祀る施設ではなかった。創建当初から国家目標だった志士たちの合祀過程を、維新の勝者と敗者の視点から探り、靖国祭神の実像に迫る。

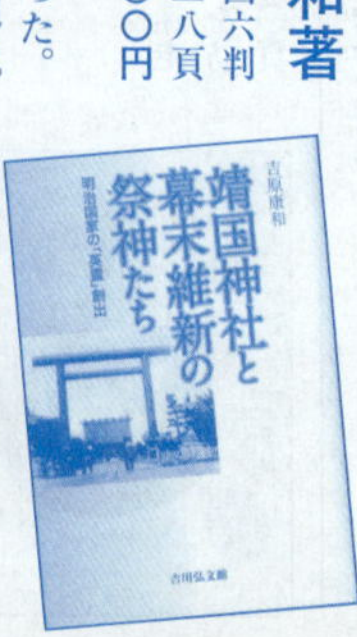

二・二六事件と青年将校（敗者の日本史⑲）

筒井清忠著

雪が舞う帝都を震撼させた二・二六事件。蹶起した青年将校たちの〝昭和維新〟はなぜ失敗し、彼らは敗者とされたのか。計画から実行・鎮圧、後世の影響までを克明に再現。近代日本史上最大のクーデター事件の真実に迫る。

四六判・二七二頁・原色口絵四頁／二六〇〇円

戦争に隠された「震度7」 1944東南海地震 1945三河地震

木村玲欧著

太平洋戦争末期、東海地方を襲った二つの巨大地震。戦時報道管制下、中部日本新聞は地元新聞社として何をいかに伝え、その役割を果たしたのか。被災者たちの体験談を紹介し、防災教育の促進と意識向上を呼びかける。

A５判・二〇二頁／二〇〇〇円

消されたマッカーサーの戦い 日本人に刷り込まれた〈太平洋戦争史〉

田中宏巳著

敗戦直後、アメリカが創り出した〈太平洋戦争史〉は、マッカーサーの島嶼戦が除外されたため、ＧＨＱ内部に対立を招いた。この確執から生じた「マッカーサーレポート」を検証し、今も残る太平洋戦争史の呪縛を解く。

四六判・二五二頁／二八〇〇円

津波災害と近代日本

北原糸子著

幕末の安政東海・南海地震津波や、近代の明治・昭和三陸津波に、人々はいかに立ち向かい、後世へ何を残し伝えたのか。被災から復興までの現実をさまざまな資料をもとに復元し、困難を克服するための道筋を探り出す。

A５判 三〇四頁 原色口絵四頁 四八〇〇円

歴史文化ライブラリー

●14年5月～7月発売の6冊

四六判・平均二二〇頁　全冊書下ろし

人類誕生から現代まで／忘れられた歴史の発掘／常識への挑戦／学問の成果を誰にもわかりやすく／ハンディな造本と読みやすい活字／個性あふれる装幀

378 南朝の真実 忠臣という幻想 〈好評2刷〉

亀田俊和著

「不忠の足利氏、忠臣ぞろいの南朝」―こうした歴史観は正しいのか。皇統が二つにわかれた南北朝時代の、皇位や政策をめぐって頻発した内乱と、複雑に絡みあう人物相関を詳述。本当の忠臣は誰か、新たな視点で描く。

二三四頁／一七〇〇円

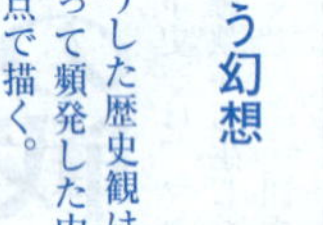

379 昭和天皇退位論のゆくえ

冨永　望著

昭和天皇が譲位し、昭和が早く終わる可能性は四回あった。天皇の戦争責任に端を発した退位問題はいかに巻き起こり、論議されたのか。日本社会における天皇の位置づけを考え、戦後日本人が選択しなかった道を探る。

二二四頁／一七〇〇円

380 老人と子供の考古学

山田康弘著

縄文時代に、尊敬すべき「老人」はいたのか。子供たちはどのような社会的位置にあったのか。豊富な人骨出土事例から、縄文社会の実態に迫る。墓制から古くより現代にまでつながる思想である縄文的死生観を考える。

二七二頁／一八〇〇円

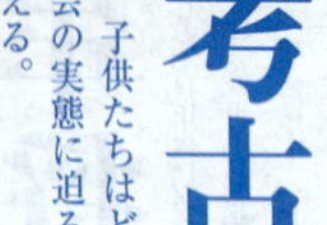

381
「自由の国」の報道統制
大戦下の日系ジャーナリズム

水野剛也著

日米開戦後、アメリカの日本語新聞は激減した。言論・報道の「自由の国」で何が起こったのか。日系人収容施設で発行された新聞の実態に迫り、日系人ジャーナリズムへの報道統制から、戦時民主主義下の「自由」を考える。

二〇八頁／一七〇〇円

382
検証 長篠合戦

平山　優著

武田騎馬軍団を、織田・徳川の三千挺の鉄炮隊が三段撃ちで撃破。近年、その通説が揺らいでいる。両軍の鉄炮装備、武田騎馬衆の運用、兵農分離軍隊の実態など、合戦の諸問題を徹底検証。長篠合戦の真相に迫る話題作。

二五六頁／一八〇〇円

383
海軍将校たちの太平洋戦争

手嶋泰伸著

悲惨な結末に至ったアジア・太平洋戦争。国家のエリートだった海軍将校たちはなぜ無謀な戦争を実行したのか。「合理的」な決定を目指すも、結果的に犠牲を生んだ彼らの思考に迫り、現代にも通じる組織のあり方を考える。

二〇八頁／一七〇〇円

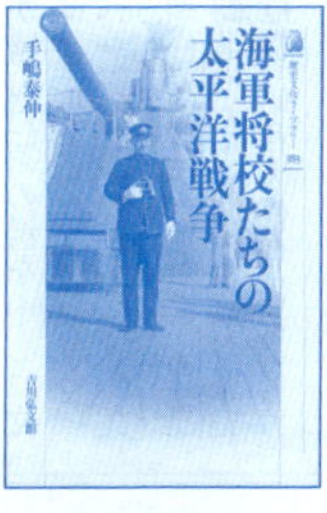

374
大工道具の文明史
日本・中国・ヨーロッパの建築技術

渡邉　晶著

二二二頁／一七〇〇円

375
落書きに歴史をよむ

三上喜孝著

二四〇頁／一七〇〇円

376
神や仏に出会う時
中世びとの信仰と絆

大喜直彦著

二二二頁／一七〇〇円

377
海外戦没者の戦後史
遺骨帰還と慰霊

浜井和史著

二四〇頁／一八〇〇円

読みなおす日本史

毎月１冊ずつ刊行中　四六判

悪党

小泉宜右著

二三四頁／二二〇〇円（解説＝新井孝重）

鎌倉時代後期、荘園や流通拠点に現れた体制に逆らう集団であった悪党。年貢や関銭を横領し、武装して幕府や荘園領主、朝廷や寺社本所と抗争を続けた彼らの発生場所、出自、活動の実態を描き、歴史的役割を考える名著。

戦国武将と茶の湯

米原正義著

二四〇頁／二二〇〇円（解説＝竹本千鶴）

文武両道の信念のもと、真の武士をめざした各地の武将は、戦さに明け暮れながらも広い教養を身につけ、この時代の文化を牽引した。彼らが嗜んだ茶の湯を中心に文化活動を追い、地方にもたらした経済効果にも言及する。

大佛勧進ものがたり

平岡定海著

一九六頁／二二〇〇円（解説＝横内裕人）

民衆の寄付＝勧進によって造立・再建された東大寺大仏。天平期の創建から鎌倉・江戸期の修復まで、行基《ぎょうき》・重源《ちょうげん》・公慶《こうけい》ら各時代に立ち上がった勧進僧を中心に苦難の歴史を辿る。寺領を失った近代の危機、昭和大修理にも言及。

奄美諸島編年史料

奄美諸島の歴史を知り、日本列島の歴史を知る。
人と自然が共生する奄美の歴史を知るための基礎史料集。

石上英一編

『内容案内』送呈

古琉球期編　上

Ａ５判・四四〇頁／一八〇〇〇円

喜界島、大島、加計呂麻島、請島、与路島、徳之島、沖永良部島、与論島からなる奄美諸島は、南西諸島中部に位置し、日本と琉球の文化・社会の展開に重要な役割を果たしてきた。その奄美諸島の歴史文化遺産を記録し理解するための史料集。上巻は、大島の琉球への朝貢開始と伝える一二六六年から島津氏の奄美諸島制圧の一六〇九年三月までを収録する。

〈続刊〉古琉球期編　下＝12月発売予定

難波宮と都城制

中尾芳治・栄原永遠男編

Ａ５判・三六八頁／一二〇〇〇円

発掘開始から六〇年にわたる研究の軌跡と最新の成果を示す、難波宮研究の集大成。考古学を中心に文献史学・建築史学も取り入れ、都城制を考察し、難波宮の姿を今に蘇らせる。史跡の調査・保存略年表などの付録も収載。

源頼朝文書の研究　研究編

黒川高明著

Ａ５判・二八四頁／九〇〇〇円

頼朝が発給した四〇〇通近く残る文書には、真偽の定まらないものも多い。料紙や筆跡・花押等の原本調査の知見に基づき疑わしき問題を追究。鎌倉殿の権限や草創期の幕府機構など、文書論の観点から究明した論集。

Ⅲ　□〔三〕己□〔之〕无□（慍カ）色舊令尹之改必以告新令
Ⅳ　逵〔違〕之何如子曰清矣□〔曰〕仁□〔矣〕乎□〔曰〕未

国立中央博物館特別展図録『統一新羅』釈文(8)

Ⅰ　×不欲人之加諸我也吾亦欲無加諸人子×
Ⅱ　×文也子謂子産有君子之道四焉其行×
Ⅲ　×三巳之無色舊令尹之政必以告新令×
Ⅳ　×違之何如子曰清矣曰仁矣乎曰未知焉得仁□□□□□×

現地説明会資料の段階では、もっとも墨の残りが悪い第Ⅳ面（実際には第Ⅲ面）が判読中とされていた。その後、赤外線写真が公表されたことにより(9)、釈文することが可能となった。次に掲げた試釈は、東野治之氏、中央博のものと大きな違いはないが、可能な限り日本の木簡学会の方式に則って表記した。なお、中央博の釈文で第Ⅳ面を二三字あるように釈読しているが、これはおそらくなんらかの誤解、誤植によるものであろう。

試釈

Ⅰ　×不欲人之加諸我吾亦欲无加諸人子×　（表面）
Ⅱ　×□□〔文也カ〕子謂子産有君子道四焉其×　（左側面）
Ⅲ　×巳□□□色舊令尹之政必以告新×　（裏面）
Ⅳ　×違之何如子曰清矣□仁□□曰未知×　（右側面）
（209）×19×19

内容は、すでに指摘されているように、四面とも『論語』の公冶長篇である。注釈部分は書かれておらず、本文のみが書かれている。テキストの特徴として、第Ⅰ面の七字目「我」と八字目「吾」の間に「也」が抜けていること、第Ⅱ面九字目「子」と一〇字目「道」の間に「之」がないことが指摘できる。このような助辞が脱落するといった特徴は、中国南北朝時代の北朝系のテキストによくみられるという。(10)また、第Ⅰ面一一字目が、「無」ではなく略字の「无」になっているが、こういった例は、正倉院のいわゆる新羅村落文書等にもみえる。

文字の書き方は全般的に丁寧であり、文字の大きさや割付けもほぼ一定で、一つの面に一三～一五字書かれている。字体はおおむね楷書体であるが、一部に行書風の書体もある。特に第Ⅰ面にある「欲」の字の、「谷」の書き方が特徴的であり、第一画と第二画を続けて書き、第三画、第四画を続けて横一画にする。

（3）　原形の復元

本木簡は、上下端がともに欠損している。木簡の用途を推定するに先立ち、原形の復元を行いたい。本木簡の復元については、すでに東野氏が次のような見解を示している。

この木簡は上下を折損しており、前後になお文があったことは疑いないが、その欠損部を現在の文字から概算すれば、約六三―六五字分ほどとなろう。そうなると、この木簡は、もと九〇㎝に及ぶ長大なものであったことになる。(11)

非常に長大なものであったという結論については異論はないが、復元過程が簡略であり、また、復元長にも相違があるので、改めて復元を試みたい。

まず、木簡の第Ⅰ～Ⅳ面それぞれに書かれた字句は、この順番通りに『論語』公冶長篇に現れる。つまり、書写する際に、一つの面を書き終わったら木簡を右に回転させ、左隣の面に続けて書いていったと考えられる。原形の可能性としては、テキストを抜き書きした可能性と、『論語』本文全体を書き写した可能性の二つが想定される。

そこで、ある面の一文字目から次の面の一文字目までが、『論語』本文で何文字になるかを数えると、第Ⅰ面一字目の「不」から第Ⅱ面一字目の「文」までが九一字である。[12] 同様に第Ⅱ面一字目「文」から第Ⅲ面一字目「已」までが七九字、第Ⅲ面一字目「已」から第Ⅳ面一字目「違」までが七七字である。すなわち、九一、七九、七七字となり、多少の幅はあるものの、ほぼ一定とみなしえよう。したがって、本木簡の原形は、テキストを抜き書きしたものではなく、全体を忠実に書き写したものであった可能性が高い。

そして、この文字数は、原形の一面の文字数とみなしうる。最大で九一字が書かれていたことになるが、これは現存する一つの面の文字数一三〜一五字の六〜七倍になる。現存する木簡には、ほぼ一定の割付けで文字が書かれているので、木簡の長さも六〜七倍が必要ということになる。つまり、原形の長さは、現存長二〇・九センチの六倍である一

図18　金海木簡復元図（白黒反転部分が実際に出土した箇所）

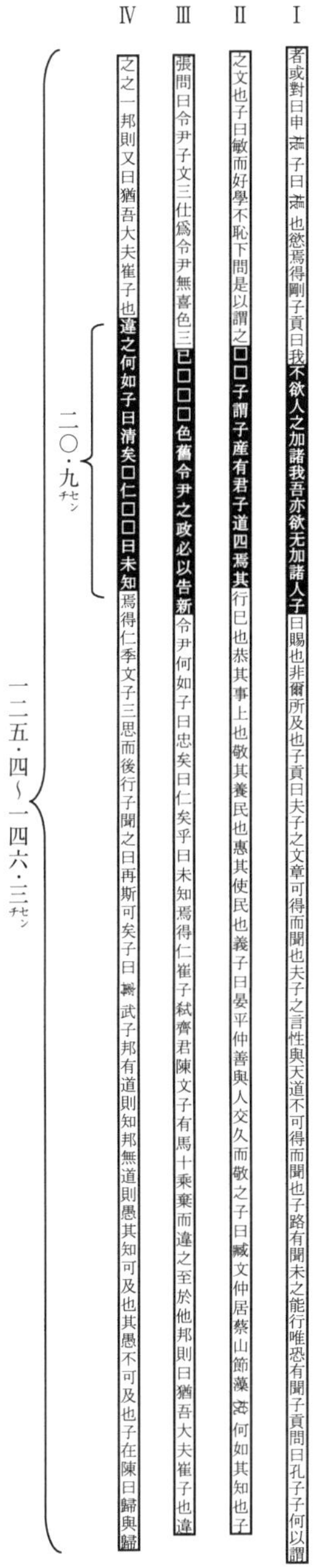
Ⅰ
者或對曰申棖子曰棖也慾焉得剛子貢曰我不欲人之加諸我吾亦欲无加諸人子曰賜也非爾所及也子貢曰夫子之文章可得而聞也夫子之言性與天道不可得而聞也子路有聞未之能行唯恐有聞子貢問曰孔子子何以謂
Ⅱ
之文也子曰敏而好學不恥下問是以謂之□□子謂子產有君子道四焉其行巳也恭其事上也敬其養民也惠其使民也義子曰晏平仲善與人交久而敬之子曰臧文仲居蔡山節藻梲何如其知也子
Ⅲ
張問曰令尹子文三仕爲令尹無喜色三已□□□色舊令尹之政必以告新令尹何如子曰忠矣曰仁矣乎曰未知焉得仁崔子弑齊君陳文子有馬十乘棄而違之至於他邦則曰猶吾大夫崔子也違
Ⅳ
之之一邦則又曰猶吾大夫崔子也違之何如子曰清矣□仁□□曰未知焉得仁季文子三思而後行子聞之曰再斯可矣子曰甯武子邦有道則知邦無道則愚其知可及也其愚不可及也子在陳曰歸與歸
二〇・九センチ
一二五・四〜一四六・二センチ

二五・四チセンから、七倍の一四六・三チセンという非常に長大なものであったと復元される。しかも、これは文字の書かれた部分のみの長さであり、上下端に文字の書かれていない余白の部分があったとすれば、さらに長いものであったことになる。本木簡は、少なくとも一・三メートルを超える非常に長大な木簡であったと推測される。

2 仁川桂陽山城出土木簡

（1） 木簡出土地点と年代

桂陽山城は、仁川市北区桂山洞と金浦郡桂陽面防築里の境界にある桂陽山（海抜三九四・九メートル）に位置する。主峰から東側に二三〇メートルほど離れた中腹に石築による城壁があり、周囲は五八七メートルである。北側には漢江が、南側には富平、東側には富川の平野が眺望できる地点にあたる。

鮮文大学校考古研究所では、二〇〇三年から発掘を行っており、二〇〇五年度の発掘で一点の木簡が出土したことが同年六月に報じられた[13]。木簡の出土した遺構は、東門址の内側にある第一集水井であり、城内でもっとも低い地点にあたる。木簡は、最下層である第Ⅶ層の底面の南側壁面に近い場所から出土した[14]。木簡の出土した集水井の護岸石築の上部から出土した瓦には、「主夫吐」という銘文の入ったものがある。主夫吐とは、『三国史記』地理志によれば高句麗から新羅時代にいたる郡名（四七五～七五七年）であり、桂陽山城は高句麗や新羅の郡と密接な関係があると推測される。

この地は交通の要衝にあたり、古代朝鮮三国の激しい争奪戦が行われた。当初は百済がこの地を掌握していたが、四七五年に百済の都であった漢城が高句麗によって陥落させられると高句麗によって支配される。五五一年には新羅と手を結んだ百済によって奪い返されるが、新羅は一転して百済を攻撃してこの地を奪取し、その後滅亡にいたるまで支配する。したがって、百済、高句麗、新羅の三国が入れ替わりこの地域を支配したのであり、木簡の年代によってその性格はまったく別のものとなる。

木簡の年代について発掘報告書は、四〜五世紀頃の漢城百済時代とする。その根拠とされるのは、木簡と一緒に出土した円底短頸壺の年代が四〜五世紀頃の百済のものであること、木簡の書体が魏晋代に流行した写経体と密接な関係があること、木簡と同じ層で収集された木材の測定年代が西暦四〇〇年頃と四八〇年頃であるという三点である。(15) もし、この推定が正しければ、本木簡は韓国内で出土した木簡としてはこれまでより二世紀も遡って最古のものとなる。しかし、三つの根拠のうち、書体については、年代推定の根拠とはなりえないと思われる。なぜなら、朝鮮半島で使用された書体が、同時代の中国と必ずしも共通したものであるとは限らないからである。また、古代朝鮮の肉筆資料が豊富に残されているわけではないので、書体によって年代を確定することは困難である。円底短頸壺の年代推定について検証することはできないが、もしそうだとしても、同じ層から四〜五世紀のものが出土しているからといって、木簡の年代がそれと同じ年代であるとは必ずしもいえないのではないだろうか。木材の年代についても同様である。

本章では、木簡の年代については留保し、四世紀は木簡の上限をあらわすものとし、下限としては、統一新羅まで下る可能性も念頭にいれておきたい。築城が百済時代であったとしても、城内から出土した遺物には、統一新羅のものも含まれているからである。本木簡は、三国〜統一新羅の遺物であるという大まかな把握のみで考察を進めていきたい。

（2） 木簡の釈文

まず、報告書の釈文を掲げる。太字の部分が肉眼で確認できる文字、括弧内は『論語』から補った文字である。[16]

Ⅰ 二章「（子謂子）**賤君子**（哉若）**人**（魯無君子者斯焉取斯）」

Ⅱ 五章「（子使漆雕開仕對曰）**吾斯之未能信子説**」

Ⅲ 七章「（孟武伯問……求也千室之邑百乘之家可使爲之宰）**也不知其仁也赤也**（何如）

Ⅳ 八章「（子謂子貢曰女與回也孰愈對曰賜也何敢望回回也問一以知）**十**（賜也聞一以知二）

Ⅴ 九章「（子曰……於予與改是……）」

一〇章「**子曰吾**（未見剛者）」

樹種は、マツという分析結果がでている。[17]

次に掲げる試釈は、カラー写真や実測図、赤外線写真を参照して作成したものである。[18]

試釈

Ⅰ ×賤君子□若人□×

Ⅱ ×吾斯之未能信子□×

Ⅲ ×□不知其仁也求也×

Ⅳ ×□×

Ⅴ ×□子曰吾×

現存長は一三・八センチで、上下端は欠損している。各面の幅は上端部でみると第Ⅰ面が一五・九ミリ、第Ⅱ面が一八・五ミリ、第Ⅲ面が一一・九ミリ、第Ⅳ面が一八・七ミリ、第Ⅴ面が一四・〇ミリと一定しておらず、もっとも幅の狭い第Ⅲ面ともっとも幅の広い第Ⅳ面とでは六・八ミリの差がある。

第Ⅰ面の「賎君子」の三文字は、カラー写真からも十分確認できるほど墨の残りがよい。しかし、それ以下の部分については確認できない。「若人」は赤外線写真による。

第Ⅱ面は全体的に墨の残りがよく、カラー写真から文字を確認することができる。八文字目は、上部のごく一部しかみられない。

第Ⅲ面は全体に墨の残りがよい。第一字目は、木の欠けている部分にあたる。次の公冶長篇の第八章にみえる語句である。

子曰、由也、千乘之國、可使治其賦也、不知其仁也、求也何如、子曰、求也、千室之邑、百乘之家、可使爲之宰也、不知其仁也、赤也何如

孟武伯と孔子が問答している場面で、「其の仁を知らざるなり。求や何如」と「其の仁を知らざるなり。赤や何如」という同じ表現が出てきている。第七文字目を説明会資料では「赤」と読んで後者の傍線部分にあてているが、残画からは「求」のほうが適当であると判断され、前者の傍線部分にあたると思われる。

第Ⅳ面はもっとも墨の残りが悪く、一字も釈していない。ただ、上部に「亅」という字画がみられ、「回」の異体字「囘」の一部ではないかと思われる。

第Ⅴ面も中間部の表面に傷があって墨の残りが悪い。下端の三字は、カラー写真では確認できないが、赤外線写真でははっきり「子曰吾」と読みうる。

（3） 木簡の復元

これまでに出された復元案として、李亨求氏は、次のように述べている。

桂陽山城・集水井出土木簡（觚）は、全体推定長さ二五センチ前後の五角木柱に儒教経典である『論語』の名文を書いており、ちょうど今日の我々が小さな聖書を手に持ち歩いてするように、暗唱したり人生の座標としたのであろう。(19)

全体が二五㌢前後としているので、原形の半分程度が出土していることになる。しかし、そのようには考えにくい。試釈をもとに、金海木簡と同様に復元を行う。

次に掲げるのは、公冶長篇の冒頭から一一章までに、実際に木簡で確かめられる文字を白黒反転で示し、木簡では確かめられないが書かれていたと推測される文字に傍線を引いたものである。

第Ⅰ面から第Ⅴ面に書かれた文字が、ほぼ等間隔で現れていることがわかる。そこで、木簡の各面に書かれた文字が、どの程度の間隔で現れるのかみていく。木簡の第Ⅰ面第一字（以下、Ⅰ一のように表記する）「賤」から、Ⅱ一「吾」までの原文の文字数は、七六字である。同様にして第Ⅱ面以下をみていくと、Ⅱ一「吾」からⅢ二「不」までが七一字、第Ⅳ面は残念ながら特定できないので、Ⅲ六「也」からⅤ六「子」までをみると一五四字であり、これを二で割れば七七字である。つまり、ある面の文字と次の面の同じ位置にある文字との間隔は、七一～七七字であることがわかる。李亨求氏のいうように『論語』の適当な文章を抜き出して各面に書いたとすれば、このように一定の間隔で現れるということはありえない。したがって、この木簡は、『論語』公冶長篇の本文全体を木簡に書き写していったものと推定される。

ところで、木簡の一つの面にはもともと七一～七七字が書かれていたことがわかれば、もとの木簡全体の長さを推定することが可能である。墨痕の残りがもっともよい第Ⅱ面で一文字あたりの大きさを計算する。Ⅱ一「吾」の筆画下端からⅡ七「子」の筆画下端までの距離を説明会資料の実測図によって測ると一〇四ミリという数字が得られ、これを六で割れば文字一字の大きさが平均約一七・三ミリと求められる。これを一面の文字数である七一〜七七字にかけると、木簡のもとの長さは、文字の書かれた部分だけでも一二二・八〜一三三・二センチあったと計算できる。(20) 文字のない余白を想定すればさらに長かったと考えられ、一メートル三〇センチ以上の長大な木簡であったと推定できる。

以上の復元案に対しては、報告書による次のような批判がある。

長さが一五〇センチにもなる松の棒を求めることも難しいが、これを直径が二センチ以下で五面を治木するということは、さらに不可能であろう。実際に直径二センチほどの木の枝を五〇センチ以上の五面体の稜形木柱に削ったならば、松の節によって木柱が折れてそれ以上の大きさは作りがたい(21)。

こうした批判にたいしては、すでに反論がなされているが(22)、再度確認する。

まず、二〇〇九年の国立扶余博物館で開かれた特別展「木のなかの暗号　木簡」での観察により、木簡の中央に枝

図19　公冶長篇の冒頭から一一章まで（白黒反転部分が実際に木簡で確かめられる文字）

公冶長第五子謂公冶長可妻也雖在縲紲之中非其罪也以其子妻之子謂南容邦有道不廢邦無道免於刑戮以其兄之子妻之子謂子賤君子哉若人魯無君子者斯焉取斯子貢問曰賜也
何如子曰女器也曰何器也曰瑚璉也或曰雍也仁而不佞子曰焉用佞禦人以口給屢憎於人不知其仁也焉用佞也子使漆雕開仕對曰吾斯之未能信子説子曰道不行乘桴浮于海從我者
其由也與子路聞之喜子曰由也好勇過我無所取材孟武伯問子路仁乎子曰不知也又問子曰由也千乘之國可使治其賦也不知其仁也求也何如子曰求也千室之邑百乘之家可使爲之
宰也不知其仁也赤也何如子曰赤也束帶立於朝可使與賓客言也不知其仁也子謂子貢曰女與回也孰愈對曰賜也何敢望回回也問一以知十賜也聞一以知二子曰弗如也吾與女弗如
也宰予晝寢子曰朽木不可雕也糞土之牆不可杇也於予與何誅子曰始吾於人也聽其言而信其行今吾於人也聽其言而觀其行於予與改是子曰吾未見剛者或對曰申棖子曰棖也慾焉

表9 『論語』木簡復元対照

	金海鳳凰洞	仁川桂陽山城
書写面	四面	五面
内容	『論語』公冶長篇	『論語』公冶長篇
原形一面文字数（推定）	七六~九一字	七一~七六字
復元木簡一本の文字数	三三〇字程度	三七〇字程度
復元全長	一二五・四~一四六・三センチ	一二二・八~一三三・二センチ

の髄が認められた。したがって、マツの枝から製作したと考えられる。一五〇センチを超えるマツの枝を見出すことは容易であり、直径二センチほどの枝の表面を削って四面や五面の書写面を作ることも、決して困難とは思えない。また、韓国木簡には、マツの枝を利用した木簡が広く見られる。城山山城木簡の多くは、二~四センチほどの枝を半分に割って木簡を製作していることがわかっている。[23] すなわち、枝を利用した木簡製作は、韓国木簡の製作技法として広くみられるものである。

さらに、桂陽山城から出土したもう一点の木簡も、傍証となる。

桂陽山城出土二号木簡

□□□子□□□　493×25

全体の四分の一程度が断面五角形に整形されていて、墨痕が残っている。残りの部分は、断面円形に整形されている。本来は、『論語』木簡と同様に全体的に五面であったが、下端部を残して円形に整形し直したのであろう。この木簡も、樹種はマツである。

墨痕は、わずか一文字しか釈読されていないが、「子」はいうまでもなく『論語』に多用される文字であり、本木簡も『論語』を書いた可能性は十分にある。こうした五〇センチの木簡が存在していることは、一メートルを超える長大な木簡が存在したことの証左となろう。

以上の考察の結果、本木簡は、金海鳳凰洞出土の論語木簡と非常に形状が類似していることが明らかになった。復元を比較すれば表9の通りである。

二　用途の推定

1　習書説の検討

前節において木簡の復元を行った。次に、このように長大な木簡を何に用いたのか、用途の推定を行いたい。すでに引用したように李亨求氏は、桂陽山城出土木簡の用途について、手で持ち歩いて使用したと推測している。しかし、復元長が一メートルを超えることから、持ち歩いていたとは考えにくい。出土地点付近において使用されたものと考えるべきであろう。

注目されるのは、東野氏の見解である。金海出土の木簡の用途について、「もともとこのような形で全篇が書けるはずはなく、また四面に文字があって編綴することもできないから、これは『論語』の習書とみなければならない」としている[24]。習書とは、文字や文章の習得（手習い）のために書かれたものをいう[25]。そして、このような角材状の木簡に『論語』の習書を書く例が日本においても出土していることから、古代の日本列島と朝鮮半島において、角材状の木簡に習書を行う文化が共通して存在したと論じており[26]、この習書説に従う見解が多くみられる[27]。そこで、まずはこの習書説を検討していく。

習書説にたいする疑問として、まず、一メートルを超えるような長大な木簡は、手習いのために文字を書くものとしては不向きであると思われる。習書するのであれば、短い木簡に書いた方が手元で扱いやすいだろう。したがって、わざわざ書写しにくい長大な木簡を用いたのは、それなりの必然性があったからと考えるべきであろう。

東野氏は、また、習書と推定する根拠の一つとして、「このような形で全篇書けるはずはない」としている。そこで、実際に『論語』全篇を本木簡と同様の木簡に書くことを想定し、それが可能であったかをみていきたい。

表9に掲げたように、金海出土木簡の原形の一面には七六〜九一字が書かれており、四面すなわち一本には三三〇字程度書かれていた。同じように、仁川出土木簡の一面には七一〜七六文字書かれており、五面すなわち一本には三七〇字程度書かれていた。公冶長篇は全体で八七八字であるので、篇全体を書写するためには、いずれも木簡三本で十分ということになる。そして、『論語』全体の文字数は、テキストによって多少の増減はあるが約一万六〇〇〇字であり(28)、単純にこの総文字数を一本の木簡の文字数で割ると、金海木簡は四八・一九となるので四九本、仁川木簡では四三・二四となるので四四本でそれぞれ『論語』全体を書写することが可能である。ただし、篇が替わる際に、そのまま続けて書くのではなく、次の新たな簡に移って篇の冒頭を書き始めた可能性も想定される。その場合、金海木簡であれば六〇本、仁川木簡であれば五二本で『論語』全体を書くことができる。

さて、このように長大な木簡が五〇〜六〇本もあると、非常にかさばってしまうのではないかと思われる。そこで、実際に全篇を木簡に書き写したものをなんらかの容器に入れて保管していたと想定してみたい。

金海木簡を例にとって計算していく。まず、断面積を四平方センチ（二センチ×二センチ）、木簡の総本数を六〇として計算してみると、総断面積は二四〇平方センチになる。これは、箱を想定した場合、例えば、縦一二センチ×横二〇センチ以上の大きさであれば納めることが可能である。また、壺を想定した場合、口径一八センチであれば、断面積が二五四・三四平方センチ（半径九センチ×九センチ×円周率）となり、やはり六〇本すべてを入れることが可能である。

要するに、『論語』全篇を本木簡と同様の木簡に書写したとしても、それほど無理な想定であるとは思われない。六〇本の木簡に『論語』全篇が書かれていたという想定は、十分に蓋然性があるといえよう。次に項をかえて形状の特徴について検討したい。

2　形状と用途

東野氏は、習書と推定するもう一つの理由として、「四面に文字があって編綴することもできない」からとしている。

本木簡のように、書写面が三面以上ある棒状の木簡は、古代中国において「觚」と呼ばれた。確かに觚は、習書に使用された例も多くみられる。大英図書館のスタイン・コレクションには、文字の練習に用いたと思われる大量の觚の削屑があるという(29)。だが、この觚と呼ばれる形状の木簡は、通常の板状の木簡では収まらない長文を書く場合に多く用いられた(30)。漢代の例では、居延から出土した木簡には「檄書」として多く觚が使用されており、教諭の書や、軍書がみられるという(31)。そして、敦煌から出土した木簡の中には、子供が文字を覚えるための教科書である『急就篇』の書かれた断面三角形の觚がある。この觚は、上部を三角に切り上げて穴をあけ、そこに紐を通して下げ、回しながら覚える仕組みになっている(32)。これら觚に書かれた『急就篇』については、次のような指摘がある。

これらの觚について頭部を残すものを観察すると觚頭を削平して孔を穿ち、その下に章題を記し、本文を書いていることから、個々の觚は元来紐を通して綴られていたものと推定される。当時の書籍としての形態を留めるものと推察することが可能である。このため、これらに書かれた文字は、習書の遺品とは見做し得ないのである。

古代当時『急就篇』は觚に書かれるのが常であった(33)。

このように、中国古代において觚に書物を書写した実例がある以上、四面に文字があって編綴できないので習書であるとする東野氏の見解には従い難い。

3　書写材料と用途

以上、二項にわたり『論語』木簡が習書であるという根拠について検討したところ、いずれも十分な説得力をもたないことがわかった。むしろ、公冶長篇の一部だけではなく、『論語』全体を書写したものである蓋然性が高いと思われる。

もしこの推測が正しいとすると、すでに紙が使用されていたと考えられる時期において、なぜ紙ではなく木に典籍全体が書写されたのかという疑問が生じる。木簡、竹簡に典籍を書く例は、中国では数多くみられ、実際に『論語』はじめ、『孫子』『老子』など多様な典籍が出土している。[34] しかし、それは紙が書写材料として広く使用される以前のことであり、紙と木が併用されるようになる魏晋以降では、木や竹に典籍が書かれることはなくなる。[35] また、新羅と同様に紙木を併用する古代日本においても、やはり典籍全体を書き写した例はみられない。[36] 木簡の使用が中国から日本に伝えられた時、すでに中国が一般には冊書を必要としない魏晋以後の紙木併用期に入っていたためと考えられている。[37]

つまり、紙木併用期にも関わらず『論語』全体を書写しているこれらの木簡は、かなり特異なものであり、なにか特別な使用法を前提としていると考えられる。

そこで、このように紙が存在するにも関わらず木簡に典籍を書いた例を探すと、かなり時代の下る資料ではあるが、朝鮮時代の経書筒があげられる。[38] これは、儒教の経典の一節を書いた竹簡を筒に詰め込んだものであり、任意の簡を引き出してそれを暗唱するために用いたものである。朝鮮時代であれば、当然、紙の使用は一般的であったにも関わらず竹簡に典籍を書写しているのは、暗誦用の道具として使用したためであろう。つまり、何十回、何百回も手にとって見ることを目的としているので、より丈夫な書写材料である竹を用いたと思われる。金海出土『論語』木簡も、経書筒のように暗誦の道具として繰り返し使用することを前提としていたため、木に全文を書写したのではないだろうか。

4　長大さと用途

前項までの考察において、觚という特殊な形態と木に典籍全体を書いたという特徴から、『論語』木簡は暗唱に用いられたと推測した。ところで、さきに習書説にたいする疑問として、書写しにくい長大な木簡を用いたのは、それなりの必然性をもっていたはずだと指摘した。本項ではこの長大さという点に着目して、本木簡のさらに具体的な使用方法を推定していきたい。

まず、中国古代においては、木簡の長さに意味があり、「春秋は二尺四寸、孝経は一尺二寸、論語は八寸」などというように、書物により使用する木簡の長さが異なっていた。また、律令は三尺の簡に書かれたらしく、居延漢簡には令の目録が書かれた約七〇センチの木簡がある。(39)しかし、一メートルを超えるような木簡は、中国では西域以外には出土例がみらない。(40)ここでは出土例も多く、用途も確実な日本の例を参照して考察していきたい。

日本における長大な木簡の例として、告知札、帳簿、物忌札があげられる。

（1）告　知　札

告知者が、自己の遺失物について道路を行き来する不特定の人々に触れ、その回収を計ったものである。平城京東三坊より出土したものの法量は、一〇〇〇×七三×九、八七六×五〇×七と非常に長大である。(41)

（2）帳　　簿

大型の木簡に帳簿の記載をしたものである。(42)

伊場遺跡出土の帳簿木簡は、表裏に三ないし五行にわたって七段以上に人名と「椋」または「屋」の数量を記載している。法量は、（二一六五）×（六二）×一〇である。(43)

藤原宮跡出土の帳簿木簡は、ある荘の弘仁元年（八一〇）の獲稲数を記し、続けてそのなかからの種々の支出を詳細に書き上げたものである。法量は、九八二×五七×五である。(44)

滋賀県鴨遺跡出土の帳簿木簡は、貞観十五年（八七三）九月十七日から十月十日頃までの稲の苅員を一日ごとにしるした「日記」であり、上部に穿孔があり、どこかに掛けて使用したものと思われる。法量は、一六六五×（六四）×一三である。(45)

奈良県山田寺宝蔵跡より出土した帳簿木簡二点は、いずれも宝蔵に収められた経典の貸借を記録したもので、宝蔵のいずれかの部分に結び付けられ、長期にわたって使用されたと推定される。法量は、それぞれ（一〇七五）×三と、（八三五）×（八六）×四である。(46)

（3）物　忌　札

「今日物忌不可出入」　1560×径25

大分県飯塚遺跡より出土した木簡で、年代は九世紀頃である。自然木の枝の上端に面取りして文字を記したもので、下端は尖っている。形態からして、物忌を行っている邸宅の戸口などに立てられ、出入りを制限したものと推定される。

「今日物忌　此処不有預入而他人輙不得出入」　1104×43×7

長岡京左京三条三坊一町より出土した木簡で、飯塚遺跡のもの同様、下端が尖っている。やはり、邸宅の出入り口に立てられたものとされる(47)。

以上、日本における長大な木簡は、いずれも手元で見るためのものではなく、穴を開けて吊るすか、あるいは下端を尖らせて突き刺すなどして、離れたところから見ることを前提にしたものであった。したがって、長大であるという特徴をもつ韓国出土『論語』木簡も同様に、手元で見るために使用したのではなく、離れたところから見ることを前提としていたと考えられよう。

この推測と、前項で行った『論語』を暗誦するために用いたものであるという推測とを考え合わせると、本木簡は、複数の人が同時に『論語』を暗誦するために用いられたのではないだろうか。そして、そのような場所として、学校のような場所が想定されよう。

三　新羅における『論語』学習

1　新羅国学と『論語』

前節において、主に形状に着目することにより、『論語』木簡が学校のような場所で複数の人間が同時に『論語』を暗誦するために用いたものであると推測した。本節では、さらに具体的にどのような場面で使用されたのかを検討したい。

新羅における『論語』の受容を示す史料は、次に掲げる『三国史記』巻三八・職官志の国学規定に関する記事のみである(48)。内容の区分にしたがって、(A)〜(D)の符号を付した(49)。

國學、屬礼部、(A)神文王二年置、景德王改爲大學監、惠恭王復故。卿一人、景德王改爲司業、惠恭王復稱。卿位與他卿同。博士【若干人數不定】助教【若干人數不定】大舍二人、眞德王五年置、景德王改爲主簿、惠恭王復稱大舍、位自舍知至奈麻爲之。史二人、惠恭王元年加二人。(B)教授之法、以周易・尚書・毛詩・禮記・春秋左氏傳・文選、分而爲之業、博士若助教一人、或以禮記・周易・論語・孝經、或以春秋左傳・毛詩・論語・孝經、或以尚書・論語・孝經・文選、教授之。(C)諸生讀書、以三品出身、讀春秋左氏傳、若禮記、若文選而能通其義、兼明論語・孝經者爲上、讀曲禮・論語・孝經者爲中、讀曲禮・孝經者爲下、若能兼通五經・三史・諸子百家書者、超擢用之、或差算學博士若助教一人、以綴經三開九章六章教授之。(D)凡學生、位自大舍已下至無位、年自十五至三十皆充之、限九年、若朴魯不化者罷之、若才器可成而未孰者、雖踰九年許在學、位至大奈麻・

奈麻、而後出學。

まず、（A）は制度に関する規定である。神文王二年（六八二）に国学が設置され、景徳王代に大学監と名称が改められ、その後、恵恭王代には再び国学に戻された。設置年代については、大舎二人が真徳王五年（六五一）に置かれていることから、この時には国学の最初の体裁が整ったと考えられる。この時期に国学が整えられたのは、七世紀後半における中央行政組織の拡充により、官僚の養成、輩出が必要であったためである(50)。

ついで、（B）は教授法の規定である。博士もしくは助教が、「礼記・周易・論語・孝経」「春秋左氏伝・毛詩・論語・孝経」「尚書・論語・孝経・文選」のいずれかを教えるとされている。『論語』は『孝経』とともに必修であった(51)。

（C）は学生の評価についての規定である。上中下の三段階の評価があり、『論語』『孝経』と『春秋左氏伝』もしくは『礼記』もしくは『文選』を修めたものが上、『曲礼』『論語』『孝経』を修めたものが中、『曲礼』『孝経』のみを修めたものは下、とされている。上、中の評価を得るためには『論語』の修得が必要であった。この部分は、実は七八八年に定められた読書三品科の規定である。すなわち、『三国史記』巻一〇・新羅本紀・元聖王四年（七八八）春条に、

始定讀書三品、以出身、讀春秋左氏傳、若禮記、若文選而能通其義、兼明論語・孝經者爲上。讀曲禮・論語・孝經者爲中。讀曲禮・孝經者爲下。若博通五經三史、諸子百家書者超擢用之。前祇以弓箭選人、至是改之。

とある。読書三品科とは、国学の学生を対象にした制度で、新羅史上における唯一の官吏登用に関する規定であって、国学卒業の際の成績評価法でもある(52)。

最後に（D）は、学生に関する規定であり、官位が大舎以下無位の者で、年齢が一五～三〇歳の者が入学可能であった。在学は、原則として九年に限り、卒業生には大奈麻⑪または奈麻⑩の官位が与えられた、とされている(53)。

新羅における『論語』に関する直接的史料は、これ以外に残されていない。そのため、現存の史料に基づく限り、『論語』学習者として想定されるのは国学の学生ということになる。(54) 金海出土木簡の考古学的な推定年代は六～八世紀であり、桂陽山城出土木簡も統一新羅時代の可能性もあるので、六八二年に設置された国学は年代的にも合致する。また、逆に、国学に関連する木簡であるとするならば、両木簡の年代の上限は、国学の設置された七世紀末とすることができよう。

それでは、国学で学んでいたのはどのような階層の人々であったのだろうか。国学に入学した身分については、上掲史料には明記されていないため、これまで様々な説が提起されている。それらは、等しく国学を卒業した際に与えられる大奈麻、奈麻という官位に注目している。

これまでの主な説をみていくと、まず李基白氏は、原則的に王京人、それとせいぜい小京人が入学した程度であろうとする。奈麻になりえない四頭品や、大奈麻以上にはなりえない五頭品にとって大きな魅力があったとは考えられず、また、逆に真骨にとって大奈麻は低すぎるので、結局、六頭品が中心であったと推測している。(55) 李基東氏は、六頭品だけでなく、それ以下の頭品も入学したとしている。(56) 一方、木村誠氏は、大奈麻は五頭品、奈麻は四頭品が進みうる上限であり、国学は骨品制の規定のなかで官位を昇進させる絶好の機会であったため、入学者の大半は五、四頭品の人々であったとする。(57) 田美姫氏は、六頭品のなかにも関心をもつ者はいたであろうが、五頭品が多数であったと推測し、大奈麻の重位制が九重大奈麻まであったことは、五頭品にとって官位上の限界が大きく意識されていたことを示唆するとしている。(58) 李喜寛氏は、奈麻、大奈麻は卒業生に与えられる官位ではなく、九年以上在学して官位が奈麻、大奈麻にいたった人物は退学させられるという規定であるとする。したがって、国学に入学したのは真骨を含むすべての骨品身分層であったが、特に真骨と六頭品を対象にしたとする。(59)

以上のように研究者ごとに大きく見解が異なるのは、卒業者に与えられた官位のみを根拠に論じているためである。多くの論者が六頭品以下の低い身分の者が対象であったとする点では、共通している。それにたいして、李喜寛氏のみが真骨も対象としたとする。その根拠は、「位至大奈麻・奈麻、而後出学」という部分が、その前にある在学規定の「若才器可成而未孰者、雖踰九年許在学」という部分にかかるものとみなして、「九年を越えて在学を許された者も、位が大奈麻や奈麻に至ると退学させられる」と解釈したところにある。しかし、在学に関するそのような特殊な規定が、これだけのわずかな史料に残されているという推定には疑問を感じる。やはり、大奈麻、奈麻は国学の卒業生に与えられる官位であったと考えるのが妥当であろう。

そして、これまで指摘されている通り、一七等官位の上位五位を独占する真骨にとって、第一〇位の大奈麻と第一一位の奈麻は低すぎる官位であると思われる。したがって、国学には、およそ六〜四頭品の人々が入学したと考えるのが穏当であろう。

そして、大奈麻、奈麻の官位であれば、中央においては卿、大舎などの中級官職に、地方官の場合は、州長官である都督と小京長官である仕臣を除いた全ての官職に就くことが可能である。要するに国学は、六〜四頭品の人々を対象に、中級以上の官吏の養成を目的としており[60]、そこから輩出された官僚は、国王への権力集中を目指す新羅中代王権と結合していったのである[61]。

さて、国学における試験や学習法についての規定は不明であるが、やはり日本や唐と同様に、まずは経典を暗唱することが必要であったと考えられる。日本の学令では、

凡學生、先讀經文、通熟、然後講義。毎旬放一日休暇、休暇前一日、博士考試、其試讀者、毎千言内、試一帖三言、毎二千言内、問大義一條。

と規定されており、学生はまず経典の素読を習い、暗唱できる程度になってから文章の講義を受けることになっていた。そして、一〇日ごとに一日の休みがあり、休みの前日に博士が試験を行う。その試験では、暗記については一〇〇〇字ごとに三字を伏せてその字を答えさせ、二〇〇〇字ごとに一ヵ所の意味を答えさせた。新羅国学においても、同様に、まずは『論語』などのテキストを暗誦することが要求されたと考えられる。『論語』木簡はまさにそのような暗唱のために使用されたのではないだろうか。

以上、本木簡を国学と関連付けて考察を加えてきた。ただし、国学はあくまで新羅王京に設けられた学校であり、金海や仁川で出土した木簡との直接の関係は考えられない。それでは、金海や仁川から出土したということと、国学とはどのように結び付けることができるであろうか。

2 地方での『論語』学習

『三国史記』や『三国遺事』などの文献史料に、小京はじめ州や郡など新羅の地方における教育機関についての史料は全くみられない。金海や仁川で学習用の『論語』木簡が出土したことと国学とをどのように関連付けて考えることができるだろうか。

まず、金海において『論語』木簡が出土したことの意味を検討していく。出土地である金海についてはすでに第一節で述べたが、再度、その沿革をまとめたい。五三二年に金官加耶国が新羅に降伏すると金官郡が置かれた。時期は不明であるがのちに加耶郡と名称を変えられた。文武王二十年（六八〇）には、金官小京が置かれ、景徳王代（七四二～六五）には金海京と改称された(62)。前節において木簡の年代を七世紀末葉以降と限定しているので、木簡は金海に小京の置かれた時期のものということになる。

それでは、小京とはどのような地方制度であったろうか。[63] 小京は、金海のほかに、忠州に国原（中原）小京が、原州に北原小京が、清州に西原小京が、南原に南原小京が置かれていた。新羅の地方制度における小京の位置付けを知るために、官職の規定をみると、『三国史記』巻四〇・職官志・外官条に、

仕臣【或云仕大等】五人、眞興王二十五年始置、位自級湌至波珍湌爲之。（中略）仕大舎【或云少尹】五人、位自舎知至大奈麻爲之。

とある。小京の長官である仕臣（仕大等）には、一七等の官位のうち、波珍湌④～級湌⑨の官位をもつ者がなり、次官である仕大舎（少尹）には、大奈麻⑩～舎知⑬がなった。これを他の地方制度の長官と比べると、州の長官である都督には伊湌②～級湌⑨が、郡の長官である太守には阿湌⑥～舎知⑬がなっている。したがって、長官の官位からみて、小京は州に次ぐ重要な地方支配の拠点であったことがわかる。ただし、軍事的な拠点という性格は弱く、主に文化的な面から、都である慶州が朝鮮半島の東南に偏在するという欠点を補完したと考えられている。また、小京の領域は、おおよそ郡程度の大きさであったと推測されている。[64]

小京には、王京の人々が移住させられていた。『三国史記』巻四〇・職官志に、

文武王十四年、以六徒眞骨出居於五京九州。

とあり、「六徒眞骨」すなわち六部の真骨の人々が小京に移住させられている。[65] このほかにも、六部の貴族や富裕者を小京に徙民させる事例がみられる。[66]

これら地方の文化的中心という性格と、骨品身分の者が移住させられていたことから、小京にも中央の国学に相当するような教育機関があり、そこで骨品身分の人々が『論語』を学んでいたという想定は十分可能であろう。

さらに、新羅末期から高麗初期にかけてであれば、西原小京の地に学校の置かれていたことが明らかにされている。

高麗光宗十三年（九六二）に建立された清州「龍頭寺幢竿記」に、この幢竿を建てた人物が列記されており、そのなかに「学院卿」や「学院郎中」という官職名がみられる。この「学院」は中央の国学ではなく、西原小京の学校であると推測され、新羅末から高麗初にかけてこの地に学校があったことがわかる。そして新羅末よりも遡って、西原小京の設置と同時に学校が置かれていた可能性が想定されている[67]。

また、朝鮮時代の史料ではあるが、『新増東国輿地勝覧』巻一七・公州牧・名宦条に、

韓恕意【唐天寶間爲熊川助教、撰州人番吉墓碑、至今在孝家里】

とあり、韓恕意という人物が、唐の天宝年間（七四二〜七五六）に「熊川助教」となって州人の番吉の墓碑を撰し、それが当時も残っていたという。「熊川助教」を、国学に助教が置かれていたように熊川州の学校の助教と解釈できるとすれば、州にも学校が置かれていたことになる[68]。もし、州に学校があったとするならば、地方の文化的中心である小京にも学校が置かれていた可能性は高い。

また、同時代の唐には地方の府、州、県にそれぞれ府学、州学、県学が置かれており、日本でも、国ごとに国学が置かれていた[69]。これらのことを考え合わせると、新羅においても小京に学校が存在した可能性は否定できない。

金官小京に学校が存在したとして、木簡の出土地点が学校の置かれるような場所であったかを検討したい。現段階では、金海小京の都市構造について詳しいことは不明である。例えば、南原小京には南北約一六〇〇メートル、東西約一六六〇メートルに及ぶ整然とした坊里制の存在したことがわかっている。金海小京においてはそのような痕跡は現在までのところ発見されておらず、おおよそ現金海邑を中心とした地域に小京があり、邑の東側に残っている盆山城が小京に付属する城であったと考えられる程度である[70]。したがって、木簡の出土した鳳凰洞が小京においてどのような地域であったか、詳細は不明である。しかし、さきにも述べたように、同地区が金官加耶国時代の中心地域であったことから、

小京においても同地域が中心的な地域であった可能性が高く、小京の学校が置かれていたという想定は、決して無理なものではない。

以上、金海出土木簡に関しては、金官小京に設置された学校に関係するものである可能性を指摘した。次に、桂陽山城の『論語』木簡について検討していく。

第一節で述べたように、桂陽山城木簡の年代についても、また遺跡の性格についても現在のところ明確になっていない。ここでは、年代が金海木簡と同様に統一新羅時代のものであって、さらに主夫吐郡に関連する施設であるという二重の仮定のもとでいくつかの可能性を想定してみたい。

一つは、郡レベルにまで学校が置かれており、その学校で『論語』が学ばれていたという想定である。もう一つの可能性は、中央の国学やあるいは小京の学校に入学するために、郡にいた人々が『論語』を学習していたという想定である。前項で述べた国学の入学時の官位規定が大舍⑫～無位であった事実から、国学には一度官職に就いた者の再教育機関としての機能もあったと推定されている[71]。ところで、郡太守の官位は舍知⑬から重阿飡⑥であり、舍知⑬～大舍⑫の官位をもつ郡太守であれば、国学に入学することが可能であった。そうであれば、郡の官吏として王京より派遣されてきた六～四頭品の人物が、国学に入学するために『論語』を学んでいたと想定しても、それほど無理ではないだろう。

桂陽山城に関しては、遺跡全体の性格や、『論語』木簡の出土した遺構、木簡の年代が明らかになった段階で、より詳しい検討を加える必要がある。いずれにせよ『論語』の学習は、最終的には中級官吏になることを志向したものであって、そのような学習が郡のレベルにおいてすら行われていた可能性のあることが重要である。朝鮮半島出土の『論語』木簡は、骨品制のもとで官吏進出の道が限られている六～四頭品の人々が、国学に入学して、大奈麻、奈麻の官位を手に入れて中級官吏となるために『論語』を暗誦する際に用いたものと推測される。

おわりに

以上、三節にわたり述べてきたことをまとめたい。

韓国では二点の『論語』木簡が出土しており、いずれも古代中国で觚と呼ばれる、書写面が四、五面の木簡の全面に『論語』公冶長篇の本文が書写されていた。復元すると、どちらも長さが一・二メートルを超える長大な木簡であり、同様の木簡約五〇～六〇本に『論語』全体を書写したと推定される。また、形状、長大さの特徴から、本木簡は、複数の人間が同時に『論語』を暗誦する学校のような場で用いられたと考えられる。

そして、『論語』は新羅国学において必須の科目であり、また、読書三品科の評価においても『論語』に通じていることが重視されていることから、本木簡は国学との強い関連が推測される。金官小京や主夫吐郡に置かれた学校において使用されたものか、あるいは国学に入学する準備のために用いられたものと推測される。出世の道が限られている六～四頭品身分の者が、中級官吏となるために『論語』を学習したものと結論付けた。

以上、『論語』木簡は、骨品制下における官吏登用の問題や、新羅における儒教の受容を考える上で貴重な資料である。また、地方支配の実態に関しては文献史料が断片的にしか残されておらず、考古学的成果に頼らざるをえないため、今後も木簡が出土することで研究の進展が期待される。

註

（1）李成市・尹龍九・金慶浩（拙訳）「平壌貞柏洞三六四号墳出土竹簡『論語』について」（『中国出土資料研究』一四、二〇一〇年）。

(2) 釜山大学校博物館『金海鳳凰洞低湿地遺蹟』（釜山大学校博物館、二〇〇七年）の「発刊辞」では六～八世紀代とし、本文の「金海鳳凰洞低湿地遺蹟出土木簡について」では六世紀後半～七世紀初めとしている。

(3) 釜山大学校博物館『釜山大学校博物館研究叢書二三　金海鳳凰台遺蹟』（釜山大学校博物館、一九九八年）。

(4) 慶星大学校博物館（大阪朝鮮考古学研究会訳）『慶星大学校博物館研究叢書四　金海大成洞古墳群一』（慶星大学校博物館、二〇〇〇年）。

(5) 二〇〇二年十二月に釜山大学校博物館を訪れ、実際に観察した結果による。観察を許可してくださった全玉年学芸研究士はじめ関係者の方々に謝意を表したい。

(6) 「金海鳳凰洞四〇八―二・一〇・一一番地遺蹟発掘調査現場説明会資料」（二〇〇一年七月六日）。なお、国立慶州博物館編『文字でみた新羅』（国立慶州博物館、二〇〇二年、一三六頁）にも、本木簡のカラー写真とともに釈文が載せられているが、わずか七字しか釈読されていないため省略した。

(7) 東野治之「近年出土の飛鳥京と韓国の木簡―上代語上代文学との関わりから」（『日本古代史料学』岩波書店、二〇〇五年。初出は二〇〇三年）一八四頁。

(8) 国立中央博物館考古部・国立慶州博物館学芸研究室『統一新羅』（通川文化社、二〇〇三年）六一頁。以下、「中央博」とする。

(9) 東野治之「近年出土の飛鳥京と韓国の木簡―上代語上代文学との関わりから」（前掲書）において初めて釜山大学校博物館提供による赤外線写真が掲載された。その後、国立昌原文化財研究所編『韓国の古代木簡』（二〇〇四年）でより鮮明なカラー写真、赤外線写真が公開された。

(10) 東野治之「近年出土の飛鳥京と韓国の木簡―上代語上代文学との関わりから」（前掲書）一八五～一八六頁。

(11) 東野治之「近年出土の飛鳥京と韓国の木簡―上代語上代文学との関わりから」（前掲書）一八四頁。

(12) 本論の検討では、金谷治訳注『論語』（岩波書店、一九九九年）を使用した。金海出土木簡の『論語』がどのようなテキストを書写したものであるか不明であるため、以下の検討における文字数には、多少の変動がありうる。

(13) 鮮文大学校考古研究所「仁川桂陽山城東門址内集水井出土木簡保存処理結果報告」二〇〇五年六月二十七日。

(14) 李亨求『桂陽山城発掘調査報告書』（鮮文大学校考古研究所、二〇〇八年）。

(15) 李亨求「Ⅶ年代問題―ＡＭＳ測定結果」（前掲『桂陽山城発掘調査報告書』）二七八～二八〇頁。

(16) 李亨求「Ⅵ『論語』木簡に対する考察」（前掲『桂陽山城発掘調査報告書』）二六四頁。
(17) チョン・ミンホ他「桂陽山城出土遺物の保存処理と分析」（前掲『桂陽山城発掘調査報告書』）二九四頁。
(18) カラー写真および実測図は、李亨求『桂陽山城発掘調査報告書』（前掲）二六五〜二六九頁、赤外線写真は、国立扶余博物館・国立加耶文化財研究所『木のなかの暗号　木簡』（芸脈、二〇〇九年）二〇〇〜二〇一頁。
(19) 鮮文大学校考古研究所「仁川桂陽山城東門址内集水井出土木簡保存処理結果報告」（前掲）一五頁。報告書においても、長さについては言及しないが、「『論語』第五章公冶長の文章を書いて使用したことは、まるで今日我々が小さな聖書を持ち歩いて暗唱して人生の指標とするのと同じ用途とみられる」としている（前掲『桂陽山城発掘調査報告書』）二七七頁。
(20) もちろん『論語』テキストによって文字数が若干異なることや、文字の割付に多少バラツキがあることを勘案すれば、この推定には多少の誤差があろう。それでも、一メートルを超えることは確実である。
(21) 李亨求『桂陽山城発掘調査報告書』（前掲）二七三頁。
(22) 李成市「新羅の識字教育と『論語』」（高田時雄編『漢字文化三千年』臨川書店、二〇〇九年）一一九〜一二〇頁。
(23) 橋本繁「咸安城山山城木簡の製作技法」（早稲田大学朝鮮文化研究所・大韓民国国立加耶文化財研究所編『日韓共同研究資料集咸安城山山城木簡』雄山閣、二〇〇九年。本書第Ⅰ編第二章）。
(24) 東野治之「近年出土の飛鳥京と韓国の木簡―上代語上代文学との関わりから」（前掲書）一八四頁。また、東野治之「習書」（木簡学会編『日本古代木簡集成』東京大学出版会、二〇〇三年）においても同様の見解を述べている。
(25) 佐藤信「習書と落書」（『日本古代の宮都と木簡』吉川弘文館、一九九七年。初出は一九八八年年）。
(26) 東野治之「近年出土の飛鳥京と韓国の木簡―上代語上代文学との関わりから」（前掲書）一八四〜一八七頁、同「習書」（前掲書）一〇六頁。
(27) 舘野和己「日本古代の木簡」（前掲『韓国の古代木簡』）四〇二頁。
(28) 宮崎市定『宮崎市定全集四　論語』（岩波書店、一九九三年）三頁。
(29) 籾山明「巻頭言―書くことと削ること」（『木簡研究』二七、二〇〇五年）。
(30) 大庭脩編著『木簡―古代からのメッセージ』（大修館書店、一九九八年）三二一、三七三頁。
(31) 大庭脩「檄書の復原」（『漢簡研究』同朋舎出版、一九九二年）。

(32) 大庭脩編著『木簡―古代からのメッセージ』（前掲）三二頁。

(33) 張娜麗『西域出土文書の基礎的研究―中国古代における小学書・童蒙書の諸相』（汲古書院、二〇〇六年）一一二頁。

(34) 朱淵清著・高木智見訳『中国出土文献の世界』（創文社、二〇〇六年）。

(35) 古代中国における書写材料の変遷については、冨谷至『木簡・竹簡の語る中国古代―書記の文化史』（岩波書店、二〇〇三年）に詳しい。

(36) 『論語』学而篇第一章の書かれた屋代遺跡群四五号木簡は、中国的冊書ではないにしても、冊書的形態を活用した使用法が想定できるとされている（平川南「屋代遺跡群木簡のひろがり」『古代地方木簡の研究』吉川弘文館、二〇〇三年。初出は一九九九年）。また、城山遺跡出土の木簡に、暦一年分を六二枚の長二尺×幅二寸×厚二分の木簡に書写したものと推測されるものがある（原秀三郎「静岡県城山遺跡出土の具注暦木簡について」『木簡研究』三、一九八一年）が、典籍ではなく、例外的な使用法といえる。日本の木簡はやはり一簡ずつ独立して用いられているといえる。

(37) 岸俊男「木と紙」（『宮都と木簡―よみがえる古代史』吉川弘文館、一九七七年）。

(38) 国立中央博物館編『故劉康烈教授寄贈文化財』（国立中央博物館、二〇〇〇年）四八頁に写真が掲載されている。また、二〇〇三年九月十七日、韓国ソウル市の誠庵古書博物館において、趙炳舜館長のご好意により三種の経書筒の実物を拝見することができた。記して感謝したい。そのうちの一つは、高さ二〇センチ、直径一〇・五センチの紙製の筒に、長さ一九・七センチ、幅〇・五センチ、厚さ〇・二センチ程度の竹簡がぎっしりとつめられていた。

(39) 大庭脩編著『木簡―古代からのメッセージ』（前掲）二四〜二六頁。

(40) トルファンより出土した「棒杭文書」は、長さが八四センチある。八角錘状の棒杭で下端は尖っていて、頭部の直径は約一〇・五センチある。西暦九八三年、西ウィグル王国時代のものである。使用目的には二説あり、一つは、立像の支柱であるというもの、もう一つは、悪魔たちの魔力に向けて地中に打ち込まれた杭であるというものである。いずれにせよ、寺院の建設ないし再建に深い関係があるという（森安孝夫「ウィグル仏教史史料としての棒杭文書」『史学雑誌』八三―四、一九七四年）。また、タジキスタン共和国内ムグ山出土のソグド文書には、長さ一三〇センチ、直径六センチの木簡があるという。八世紀初頭のもので、内容は、ソグド王・サマルカンドの主に宛てているか、もしくは彼から発信された書簡である。同所発見の木簡は、すべて柳枝の樹皮を除いて作った棒状のものであるという（岩佐精一郎「唐代ソグド城塞の発掘と出土文書」『東洋学報』二一―三、一九三五年）。

(41) 木簡学会編『日本古代木簡選』(岩波書店、一九九〇年)一三六~一三七頁。
(42) 今泉隆雄『古代木簡の研究』(吉川弘文館、一九九八年)五三頁。
(43) 浜松市教育委員会編『伊場遺跡発掘調査報告書第一冊 伊場木簡』(浜松市教育委員会、一九七六年)。
(44) 加藤優「藤原宮跡」(『木簡研究』五、一九八三年)二三~二八頁。
(45) 木簡学会編『日本古代木簡選』(前掲)一九六~一九七頁。
(46) 木簡学会編『日本古代木簡集成』(東京大学出版会、二〇〇三年)木簡番号四一六、四一七。
(47) 木簡学会編『日本古代木簡集成』(前掲)木簡番号四二二、四二三。
(48) 宋静淑「韓国での『論語』の受容と展開」(『書誌学研究』二〇、二〇〇〇年)。
(49) 史料中の【 】は割注をあらわす。以下同じ。
(50) 李基東「新羅中代の官僚制と骨品制」(『新羅骨品制社会と花郎徒』一潮閣、一九八四年。初出は一九八〇年)。
(51) 『論語』『孝経』は唐・日本においても同様に必修であった。ただし、唐ではこれに『老子』が加わる。
(52) 木村誠「統一新羅の官僚制」(『古代朝鮮の国家と社会』吉川弘文館、二〇〇四年。初出は一九八二年)二一七~二二〇頁。
(53) 丸数字は、新羅の官位一七等の等級を示す。以下同じ。
(54) 国学と本木簡との関連については、国立中央博物館考古部・国立慶州博物館学芸研究室『統一新羅』(前掲)五一頁において、すでに指摘されている。しかし、展示図録であるため詳しくは触れられていない。
(55) 李基白「新羅骨品体制下の儒教的政治理念」(『新羅思想史研究』一潮閣、一九八六年。初出は一九七〇年)二二九頁。
(56) 李基東「新羅中代の官僚制と骨品制」(前掲書)一二八頁。
(57) 木村誠「統一新羅の官僚制」(前掲書)二三〇~二三三頁。
(58) 田美姫「元暁の身分とその活動」(『韓国史研究』六三、一九八八年)。
(59) 李喜寛「新羅中代の国学と国学生―『三国史記』三八国学条学生関係規定の再検討」(『新羅文化祭学術発表会論文集』一九、一九九八年)。
(60) 木村誠「統一新羅の官僚制」(前掲書)二二三~二二五頁。
(61) 李基白「新羅骨品体制下の儒教的政治理念」(前掲書)、李基東「新羅中代の官僚制と骨品制」(前掲書)。

(62) 『三国史記』巻三四・地理志一・金海小京条、同書巻七・新羅本紀七・文武王二十年五月条。
(63) 小京については以下の研究成果を参照した。藤田亮策「新羅九州五京攷」(『朝鮮学報』五、一九五三年)、韓右劢「古代国家成長過程における対服属民施策(上)(下)」(『其人制研究』一志社、一九九二年。初出は一九六〇年)、林炳泰「新羅小京考」(『歴史学報』三五・三六合輯、一九六七年)、朴泰祐「統一新羅時代の地方都市に対する研究」(『百済研究』一八、一九八七年)、李仁哲「新羅中古期の地方統治体制」(『新羅政治制度史研究』一志社、一九九三年。初出は一九八九年)、同「新羅統一期地方統治体制」(前掲『新羅政治制度史研究』)、尹武炳・朴泰祐「五小京の位置および都市構造に対する一考察」(忠州工業専門大学工業博物館『中原京と中央塔』中原郡・忠州工業専門大学工業博物館、一九九二年)、梁起錫「新羅五小京の設置と西原京」(『湖西文化研究』一一、一九九三年)、全徳在「新羅小京の設置とその機能」(『震檀学報』九三、二〇〇二年)。
(64) 李仁哲「新羅統一期地方統治体制」(前掲書)。
(65) 本史料の解釈については、武田幸男「新羅骨品制の再検討」(『東洋文化研究所紀要』六七、一九七五年)一七二頁に詳しい。
(66) 『三国史記』巻四・新羅本紀四・真興王十九(五五八)年春二月条。
(67) 金光洙「羅末麗初の地方学校問題」(『韓国史研究』七、一九七二年)。
(68) 浜田耕作「国学と遣唐留学生」(『新羅国史の研究』吉川弘文館、二〇〇二年。初出は一九八〇年)。
(69) 職員令の規定では、「凡国博士医師、国別各一人、其学生、大国五十人、上国卌人、中国卅人、下国廿人。医生各減五分之四」とあり、国ごとに博士が置かれることになっているが、おおよそ奈良時代には数カ国に一つしか置かれず、平安初期にようやく規定の通り置かれるようになったという(井上光貞他『日本思想大系三　律令』岩波書店、一九七六年、五九五頁)。
(70) 朴泰祐「統一新羅時代の地方都市に対する研究」(前掲誌)七二頁。
(71) 木村誠「統一新羅の官僚制」(前掲書)二二五頁。

第二章　東アジアにおける文字文化の伝播

はじめに

朝鮮半島で出土した木簡は、数こそ少ないものの、東アジアにおける文字文化に占める重要性が注目されている。すなわち、これまで中国木簡と日本木簡の共通性は見出せなかったが、朝鮮半島で出土した木簡を間に置くことで、東アジアにおいて文字文化がどのように伝播したのかが初めて具体的に明らかになりつつある。こうした東アジアにおける文字文化の伝播を李成市は、「中国大陸（A）→朝鮮半島（A′→B）→日本列島（B′→C）」と図式化して、中国大陸の木簡を受容した朝鮮半島でそれが変容されていき、そうした過程をへた木簡が日本列島で受容されたとしている。(1)

韓国木簡にたいするこれまでの研究では、書式や書風における日本木簡との共通性が指摘されている。(2) また、こうした韓国木簡と日本木簡という大きな枠組みでの類似性だけではなく、韓国木簡の特徴が、日本の宮都木簡よりもむしろ地方木簡に影響がみられるとし、地方において木簡の形態や書式が宮都ほど整えられることのなかった状況のなかで、韓国木簡の多様な要素の影響がある段階まで残存したのではないだろうかと指摘されている。(3) 日韓の木簡については、地域や年代など、より詳細なレベルでの比較段階にいたっている。(4) 朝鮮半島（B）→日本列島（B′）の部分の研究は比較的活発に行われているといえよう。

本章では、こうした研究状況を踏まえた上で、これまで十分に検討されてこなかった中国大陸（A）→朝鮮半島（A´）の部分も含めて、東アジアにおける文字文化の伝播について検討していく。そのための具体的資料として、近年相次いで出土した『論語』の書かれた木簡（以下、『論語』木簡）に着目したい。

前章で検討した通り、朝鮮半島で出土した『論語』木簡は、小京の中心地と思われる地域や、郡治に関わりの深いと思われる山城から出土しており、そのような場所で『論語』を暗唱するために用いていた。『論語』木簡を使用していたのは、小京や郡の官人であったと推測され、官人にとって『論語』は必須の知識であった。古代朝鮮において、木簡を利用したこのような学習法が存在したという事実に注目し、中国や日本における文字文化とどのような関係にあるのかを中心に考察を加えていきたい。

一　中国における觚と『論語』

朝鮮半島で出土した『論語』木簡の特徴は、觚と呼ばれる棒状の木簡であること、そして、非常に長大なことである。この点に注目して、中国の文字文化が朝鮮半島に与えた影響をみる。

觚という木簡の形状は、板状の簡牘ではおさまらない長文を書く場合などに使用され[5]、習書に使用されることも多い[6]。金海『論語』木簡についても習書であるとする説があるが[7]、前章で指摘した通り、もう一つの特徴である長大さによって習書とは考えにくく、学習用であると推定される。敦煌で出土した漢簡のうち、断面三角形の觚に子供が文字を覚えるための教科書である『急就篇』が一面に二一字、三面六三文字書かれていて、上部の穴に紐を通し吊り

さげて回しながら覚えたとされる。(8)

次に、漢代における長大な木簡の例をみていく。居延甲渠官遺址出土「候史広徳座罪行罰檄」（EPT57.108）は、長さ八三センチの棒に二面の書写面に文字を書いている。居延甲渠候官が候史広徳に関し失職の処罰を決定した文書で、正面に処罰の公文、側面にその拠るところを記している。(9)

以上のように、觚に典籍を書いて学習を行うという方法と、長大な木簡については、それぞれ西域で出土した漢代の簡牘にみられる。朝鮮半島の『論語』木簡は、こうした漢簡の影響を受けたものであると考えられよう。ただし、この二つの特徴を兼ね備えた木簡は、管見の限り中国では出土していない。したがって、長大な觚に典籍を書くという方法は、朝鮮半島において工夫されたものである可能性があろう。

ところで、中国において『論語』は、初級の教科書という位置付けであった。すなわち、『千字文』などで読み書きを学んだ者が次に取り組んだのが『論語』や『孝経』であった。(10) その具体的な例として、新疆ウイグル自治区トゥルファン県アスターナ墓地から、景竜四年（七一〇）に一二歳の卜天寿が書写した『論語鄭氏注』が出土している。(11) 紙のテキストから紙に書き写したものと思われ、木簡は使用されていない。

朝鮮半島にみられる長大な觚の『論語』木簡は、漢代の簡牘文化にその源流があったといえる。ただし、中国において『論語』は、初学者の教科書であって官人が学ぶものではなかった。また、唐代には紙に写して学習するという方法がとられており、木簡を利用して学習したという証拠はみられない。

二　日本における觚と『論語』

1　日本における学習用の觚

日本における觚の出土事例は、さほど多くないが、『論語』の一節を記したものが徳島県観音寺遺跡でみつかっている。(12)

・「□〔冀カ〕□依□〔夷カ〕□乎□〔還カ〕□止□〔耳カ〕所中□□□」（表面）
・□□□□乎」（裏面）
・「子曰　学而習時不孤□乎□自朋遠方来亦時楽乎人不知亦不慍」（左側面）
・□□用作必□□□□□〔兵カ〕□人□　□□□□（右側面）

(653)×29×19

觚に『論語』のテキストが書かれているという点では、朝鮮半島のものと共通する。しかし、『論語』の書かれているのは四面のうちの一面のみであり、しかも字句にはかなり異同がある。四面にテキストを忠実に書写した朝鮮半島の『論語』木簡とは、性格が異なると考えられる。

このほかの觚としては、習書したもの（秋田城跡(13)、飛鳥池(14)）、九九を書いたもの（長岡京跡(15)）、六十干支を書いたもの（秋田城跡(16)）、文書を書いたもの（鹿児島県京田遺跡(17)）などがみられる。

注目されるのは、朝鮮半島の『論語』木簡と同様、学習に用いられたと推測される觚が出土していることである。

・□□□□□〔薑海鹹河淡カ〕
・推位□〔譲〕国　（左側面）
・□□□□□

(156)×(10)×24

飛鳥池のSD一一三〇溝より出土した木簡である。この遺構が最終的に埋められた時期は天武～持統朝の頃とされ、木簡の年代はおおよそ七世紀後半代であるという。上下両端は二次的に切断され、右辺も二次的に削られている。木簡には『千字文』が記されており、右側面が第一六～一七句、表面が第二三句である。したがって、本木簡の原形は、次のように四角柱で各面に六句ずつ書写された可能性がある（傍線部が、出土した木簡にみられる部分）[18]。

天地玄黄　宇宙洪荒　日月盈昃　辰宿列張　寒来暑往　秋収冬蔵　（第一面）
閏余成歳　律呂調陽　雲騰致雨　露結為霜　金生麗水　玉出崑崗　（第二面）
剣号巨闕　珠称夜光　菓珍李奈　菜重芥薑　海鹹河淡　鱗潜羽翔　（第三面）
竜師火帝　鳥官人皇　始制文字　乃服衣裳　推位譲国　有虞陶唐　（第四面）

もしこの推定が確かであれば、出土した木簡は一五㌢に一句を記しているので、原形は少なくとも九〇㌢程ある長大な觚であったと復元できる。テキストは『論語』と『千字文』で異なるものの、朝鮮半島と同様に日本列島にも長大な觚を利用した学習法が存在していた可能性がある。

2　日本の『論語』木簡

日本における『論語』木簡の出土例は、表10に掲げる通り管見の限りで三三例ある[19]。

表10　日本出土『論語』木簡一覧

	出土地	遺跡名	木簡番号	本文	篇・章	参考文献
一	奈良	飛鳥京		論論語		明日香風一七
二	奈良	飛鳥池	八三三	亦楽乎	学而一	飛一五
三	奈良	飛鳥池	九五三	礼論□語礼□礼		飛一三
四	奈良	飛鳥池	二四五	・〔表面〕観世音経巻 ・〔裏面〕子曰学□□是是 ・〔左側面〕支為□〔昭カ〕支照而為	学而一	飛一三木研二一
五	奈良	石神		論語学		飛一七
六	奈良	石神		・乎　有朋自遠方来　□ ・「大大大大□□□〔大カ〕」　〔左側面〕	学而一	飛一八
七	奈良	藤原宮		糞土墻墻糞墻賦	公冶長一〇	藤原宮出土木簡概報
八	奈良	藤原宮	六八二	・子曰学而不□ ・□水明□　□	為政一五	藤二
九	奈良	藤原京		而時習	学而一	飛一六
一〇	奈良	平城宮	二五九三	・□□□□□〔秦忌寸諸人カ〕大□〔田カ〕 「□論語」 ・□□　□□		平二
一一	奈良	平城宮	四六八八	・青青青秦秦秦謹謹申 ・謹論語諌許計課許謂＝誰		平四
一二	奈良	平城宮		・論語序論□ ・論□		木研四
一三	奈良	長屋王邸	一一〇五	論語語□□		平城京木簡一

一四	奈良	二条大路		□□□□〔語論語ヵ〕		城三三
一五	奈良	二条大路		□□□□□〔論語ヵ〕		城三〇
一六	奈良	平城京		□□五美 □道皇五五□ 道道皇五 □	堯曰七	城三〇
一七	奈良	平城京		・□□□□□□□ □□□□□□□□又曰猶吾大夫崔子世□有有有有有有 人道財財財長長長長可可及不及　武章　章　帰　帰　帰不 章帰道章帰長路章　章　章　帰　帰　帰　帰　所　□　有道 ・帰　帰□　事　事 大大大天天天大天天天天天天天天有道章事　飛 　□□□□□　□者　有有　有	公冶長一九 他？	城二九
一八	奈良	平城宮		［　］　何晏集解　子曰□		城二九
一九	奈良	平城京		・曰上［　　］　不□ □子曰学而時習之□　我学 ・□□識　子曰	学而一	城三四木研二〇
二〇	奈良	平城京		孔子謂季氏八□〔佾ヵ〕□ □□	八佾一	城三四木研二一
二一	奈良	東大寺		・○　東大寺之寺僧志尺文寺得□〔得ヵ〕 　尊 ・　作心信作心　第　為　□　為是□是 論語序一「寺」□　第 　信心　哥茀　為為為為為羽□		木研一六
二二	奈良	西大寺		・論論語巻巻巻」 ・［　］　□」		木研三五

二三				□□論語		
二四	奈良	阪原阪戸		□□夫子之求之与其諸異乎	学而一〇	木研一六
二五	兵庫	袴狭	二一	・「『子謂公冶長可妻』」 ・「右為蠲符捜求□」	公冶長一	木研二二
二六			二二	・(表面略) ・　　　□□ □□　論語序何晏集□〔解ヵ〕		木研二二
二七	兵庫	芝		・亦乎　有朋自 ・子乎　有子	学而一～二	木研二三
二八	徳島	観音寺	七七	・「□□依□□乎□□止□所中□□□」 (表面) ・□□□□乎」 (裏面) ・「子曰学而習時不孤□乎□自朋遠方来亦時楽乎人不知亦不慍」 (左側面) ・□用作必□□□□□□人□□□□ (右側面)	学而一	
二九	滋賀	勧学院		・　之子　左右　我　□□□ 論語□「論□論天」天　道　「天」 天　我我我我　□道天 ・(裏面略)		木研八
三〇	静岡	城山	一四	論□〔語ヵ〕		木研二
三一	長野	屋代	三五	子曰学是不思	為政一五	木研二二
三二			四五	・亦楽乎人不知而不□〔慍ヵ〕 ・□	学而一	木研二二
三三	福岡	国分松本		・「□〔論〕語学× 『□□〔論而ヵ〕一第』	学而一	木研三三

註　参考文献の木研は『木簡研究』、城は『平城宮発掘調査出土木簡概報』、飛は『飛鳥藤原宮発掘調査概報』、平は『平城宮木簡』、藤は『藤原宮木簡』。

このうちの二三点が飛鳥や平城宮など都城から、一〇点が地方から出土している。書名のみを書いたものが一五点を占め、『論語』の本文を記したのは一八点である。そのうち、篇が具体的にわかるものは一七点あり、学而篇を書いたものが一〇点、為政篇が二点、八佾篇が一点、公冶長篇が三点、堯曰篇が一点である。冒頭の二篇が一七点中の一二点と、約七割を占めている。

ほとんどのものは、同じ文字を何度も繰り返し書いていることから習書と推測される。ただ、一部には単純に習書であると断定し難いものもある。

長野県屋代遺跡三五号木簡

子曰学是不思」　(202)×21×4

長野県屋代遺跡四五号木簡

・亦楽乎人不知而不□〔慍カ〕

・□□　(196)×(10)×7

これら屋代遺跡群から出土した木簡の年代は、七世紀後半から八世紀前半とされている。この二点は、同一文字を繰り返しておらず、また、片面にのみ記載が認められることから、習書ではなく冊書的形態を活用した木簡の使用法と復元する見解がある。[20]このほか、次の二点の木簡も、文字を繰り返すことなくテキストをそのまま書き写していることから、単なる習書ではなかった可能性がある。

兵庫県柴遺跡

・悦乎　有朋自
・子乎　有子
(100)×24×7

上下端が欠損しているため現存長は一〇センチにすぎないが、原形は片面二〇～二一字あったと推測され、本来の長さは四〇センチ弱あったと推定される。(21)

奈良県阪原阪戸遺跡(22)

□□夫子之□之興其諸異乎×

古代日本の木簡は、紙の文書と同時に使用する、いわゆる紙木併用時代であるため、テキストを書写した木簡は存在しないとされるのが普通である。そして、『論語』以外にも数多く出土している習書木簡が示すように、おそらく紙に書かれた典籍があって、それを身近な木簡に書き写していたのであろう。したがって、右でみたような冊書的木簡や単なる習書ではない可能性のある木簡は、古代日本の木簡のなかで特異な性格をもつものであるといえる。これらの木簡の具体的な用途について特定することは困難であるが、(23)そのような特異な性格の木簡が、地方から出土した『論語』木簡に集中していることが注目される。こうした事実は、『論語』が非常に重視されたことを示しているのではないだろうか。もしそうだとすれば、朝鮮半島における『論語』受容の状況と共通している側面があることになる。すなわち、中国において初学者の教本であった『論語』は、朝鮮半島において官人に必要な知識として重視されるようになり、そして、そのような『論語』の位置付けが日本に伝わった可能性が考えられる。

おわりに

本章で明らかにしてきたことをまとめる。

朝鮮半島から出土した『論語』木簡二点は、いずれも長大な觚に本文を書き写すという特異な形状であった。觚に典籍を書いて学習するという方法や、長大な觚の例は、漢代の中国西域にもみられることから、漢代の影響を受けつつ朝鮮半島で独自に工夫が加えられた文字文化であると考えられる。また、日本列島では、『千字文』を長大な觚に書いて学習したと思われる例が一点みられ、朝鮮半島の文字文化が伝播した結果であると考えられる。日本列島の『論語』木簡に長大な觚の例はないが、冊書的な使用法の可能性のある木簡や、テキストをそのまま書写していて単なる習書とは考えにくいものなど、特殊な用法がみられる。それらの具体的な用法については不明であるが、『論語』が重視されていたことは確かであろう。また、出土地点として、朝鮮半島においても日本列島においても、地方官衙と関わりのあるところが多い。中国において『論語』は基本的に初学者の教本であったことと比較すると、官人が『論語』を学習していたという点が日本と朝鮮の共通点として指摘できる。

『論語』木簡は、『論語』がどのような人々によって、どのように学習されたのかという史書には現れにくいことを具体的に示す貴重な資料である。中国大陸、朝鮮半島、日本列島の諸国家で『論語』を学んでいたという事実は共通していても、それぞれの社会において文化の状況や社会制度は異なり、それにあわせて学習法も工夫が凝らされていたのであろう。そうであれば、三国で共通する『論語』木簡をさらに検討していって、それを使用した主体や目的を明らかにしていくことで、それぞれの社会における『論語』の位置付け、ひいてはその社会において儒教のもつ意味をより詳細に明らかにすることができるであろう。本章は、そうした儒教の伝播、各地域における受容の様相を明らかにするための、初歩的な考察である。今後の出土資料の増加を期待し、さらに考察を進めていきたい。

註

（1）李成市「古代朝鮮の文字文化と日本」（『国文学』四七―四、二〇〇二年）一五頁。
（2）李成市「韓国出土の木簡について」（『木簡研究』一九、一九九七年）、平川南「屋代遺跡群木簡のひろがり―古代中国・朝鮮資料との関連」（『古代地方木簡の研究』吉川弘文館、二〇〇三年。初出は一九九九年）、平川南「韓国・城山山城跡木簡」（前掲『古代地方木簡の研究』。初出は二〇〇〇年）、舘野和己「日本古代の木簡」（国立昌原文化財研究所編『韓国の古代木簡』国立昌原文化財研究所、二〇〇四年）。
（3）三上喜孝「日韓木簡学の現状とその整理状況」（『唐代史研究』九、二〇〇六年）。
（4）古代日本が文字文化を受容する際に、百済の文字文化が強く意識された可能性が指摘されている（三上喜孝「習書木簡からみた文字文化受容の問題」『日本古代の文字と地方社会』吉川弘文館、二〇一三年。初出は二〇〇六年）。
（5）大庭脩編著『木簡―古代からのメッセージ』（大修館書店、一九九八年）三二一、三七三頁。
（6）籾山明「巻頭言―書くことと削ること」（『木簡研究』二七、二〇〇五年）によると、大英図書館のスタイン・コレクションに文字の練習に用いたと思われる大量の觚の削屑があるという。
（7）東野治之「近年出土の飛鳥京と韓国の木簡―上代語上代文学との関わりから」（『日本古代史料学』岩波書店、二〇〇五年。初出は二〇〇三年）。
（8）大庭脩『大英図書館蔵　敦煌漢簡』（同朋舎出版、一九九〇年）木簡番号四四一。
（9）大阪府立近つ飛鳥博物館編『シルクロードの守り』（一九九四年）三五頁。
（10）吉川忠夫「六朝時代における『孝経』の受容」（『古代文化』一九―四、一九六七年）、同「六朝時代における『孝経』の受容再説」（『古代文化』二七―七、一九七五年）、東野治之「『論語』『千字文』と藤原宮木簡」（『正倉院文書と木簡の研究』塙書房、一九七七年。初出は一九七六年）。
（11）金谷治編『唐抄本鄭氏注論語集成』（平凡社、一九七八年）。

(12) 徳島県埋蔵文化財センター『観音寺遺跡Ⅰ』(徳島県埋蔵文化財研究会、二〇〇二年)。
(13) 小松正夫「秋田・秋田城跡」(『木簡研究』二一、一九九八年)。
(14) 寺崎保広「奈良・飛鳥池遺跡」(『木簡研究』二一、一九九八年)。表10の四。
(15) 吉崎伸「京都・長岡京(3)」(『木簡研究』八、一九八六年)。
(16) 国立歴史民俗博物館編『古代日本　文字のある風景—金印から正倉院文書まで』(朝日新聞社、二〇〇二年)八六～八七頁。
(17) 虎尾達哉「鹿児島県京田遺跡出土木簡の「田刀□」について」(『鹿大史学』四九、二〇〇二年)。
(18) 寺崎保広「奈良・飛鳥池遺跡」(前掲誌)、奈良文化財研究所『飛鳥藤原京木簡一』(二〇〇七年)。ただし、市大樹『飛鳥の木簡—古代史の新たな解明』(中央公論新社、二〇一二年)一五三～一五四頁は、残る一面の墨書の残画からはやや難しいとしている。
(19) 表の一八、二〇については、山本大志氏(二〇〇六年当時、早稲田大学文学部日本史学専修在学)のご教示による。記して謝意を表したい。
(20) 平川南「屋代遺跡群木簡のひろがり—古代中国・朝鮮資料との関連」(前掲書)。
(21) 西口圭介「兵庫・柴遺跡」(『木簡研究』二三、二〇〇一年)。
(22) 奈良県立橿原考古学研究所付属博物館『大和を掘る　一九九二年度発掘調査速報展一三』(一九九三年)三五頁。
(23) 具体的用法について、「当時の典籍は本文のところどころに詳細な長文の注釈を挿入した巻物の形態であったから、本文のみを読むには適していない。そこで木簡に本文のみを記し、それをテキストとして適宜参照しながら読み進めるという使用法」を想定する見解がある(新井重行「習書・落書の世界」平川南他編『文字と古代日本五　文字表現の獲得』吉川弘文館、二〇〇六年、二二〇～二二四頁)。

付章 「視覚木簡」としての『論語』木簡

はじめに

本編で述べてきた、韓国出土の『論語』木簡は統一新羅時代の小京や郡の役人が学習に使用したものであるという理解にたいしては、学習のような具体的用途をもつものではなく、より象徴的な意味をもつものではないか、という批判がなされている。

二〇〇六年一月のシンポジウムで報告を行った際に、コメンテーターの大隅清陽氏から、官衙なり貴族の屋敷に『論語』木簡を備えるということそのものに意味があるのではないかという指摘を受けた[1]。さらに、最近、冨谷至氏は、中国の長大な簡牘や觚の性格について検討を加えるなかで、日本や韓国で出土した『論語』木簡は、象徴的な意味をもつものであると指摘している[2]。

そこで、以下、中国や日本の木簡に関する新たな知見を踏まえて、『論語』木簡の用途を再検討していきたい。

一 冨谷氏の所説について

まず、冨谷氏が扱っている中国の簡牘とその解釈を提示する。

○候史広徳行罰檄

居延甲渠官遺址で出土した「候史広徳座罪行罰檄」（EPT57.108）は、長さ八二チセンの棒状の木簡の二面に文字を書いている。居延甲渠候官が候史広徳に関し失職の処罰を決定した文書で、正面に処罰の公文、側面にその拠るところを記している。

この木簡について「衆人の目にふれるような一種の告知札のようなもの」で、「不特定多数の者が目にすることを想定して衆人の目につくところに掲げ」「候史の職務怠慢とそれにかんする処罰を公示することで、威嚇の効果が生じ、それによって綱紀を引き締める」ためのものとする[3]。

○玉門花海出土皇帝遺詔

三七チセンの七面体の觚に、二一二字にわたり皇帝の遺詔と私信が書かれている。これまでに、習書説、識字教本説が出されている。しかし、私信が教本になるはずもなく遺詔も異体字が多く不自然なので、これも「常時目にすべく掲示しておいておく標識簡」であり、座右の書さながらに掲げて「個人が自分で常に目にするため」のものとする[4]。

そして、前章で掲げた敦煌出土『急就篇』についても、次のように述べる。もし教科書であれば、横に置いて練習するのが普通である。空いている穴に紐を通して吊り下げたとすれば、常に衆人の目にとまることにより識字学習の標識、学習を奨励鼓舞し、またそれを目にする者が自覚自省する象徴的役割をもった「視覚木簡」である。

以上のように指摘した上で、韓国や日本で出土した長大な觚に書かれた『論語』木簡も、読むためのものではなく、学習の鼓舞や呪術的意味などの象徴的な意味をもつのではないかと推測している。(5)

一メートルを超える長大な觚が、なんらかの象徴的な意味をもつ「視覚木簡」であるという指摘は、非常に重要であると考える。そこで、以下、この指摘を受けて、『論語』木簡がこうした象徴的な意味をもつ可能性を探っていきたい。ただし、冨谷氏のように日本と韓国の『論語』木簡を同列に扱うことはできない。

冨谷氏は、徳島県観音寺遺跡で出土した『論語』木簡が、象徴的な意味をもつものと指摘している。四面に文字を書く觚であることと『論語』が書かれていることは、確かに韓国の『論語』木簡と共通する。そして、文字が隷書風の特異な書体であるため、習書ではなく見せることで効果を発揮する呪物的なものではないかという見解は、報告書においてもすでに示されている。(6)しかし、観音寺木簡で『論語』の書かれているのは左側面のみであり、字句も『論語』学而篇とは異同がある。本編で述べてきたように、韓国出土の『論語』木簡は全ての面に『論語』を忠実に書写しているので、同じ性格のものであるとは考えにくい。

また、韓国の『論語』木簡は二点とも公冶長篇であり、新羅においてなんらかの特別な意味があったために公冶長篇のみを書写したという想定もなされている。(7)しかし、二点のみでは偶然の可能性を排除することはできず、さらに、『論語』のなかで特定の一篇だけを取り上げて重視したという事例も他にみられないため、やはり、本来は『論語』全体を書写したと考えるべきであろう。そうであれば、学習の鼓舞や呪術的な目的で数十本もの『論語』木簡を掲示していたとは、考えにくいのではないだろうか。もし、そうした目的であれば、例えば冒頭の学而篇のみを木簡に書き写せば十分であったはずである。

学習に使用したのではなく象徴的な意味合いが強かったという指摘を受け止めるとしても、学習の鼓舞や呪術的な目的とするには疑問が残る。

二　歌木簡と『論語』木簡

そこで、注目したいのが、近年、日本の木簡研究で注目されている「歌木簡」である。(8)

歌木簡とは、和歌一首の全体を書くための木簡である。A、Bの二種類に分類されており、Aタイプは長さ二尺（約六〇㌢）以上の長大な材の片面に万葉仮名で一行書きするもの、Bタイプはそれとは異なって短かったり二行書きになっていたり、裏面に続いて書かれているものをいう。これまでにAタイプが九点、Bタイプが七点出土している。

『論語』木簡の用途を推定するために参照するのは、Aタイプの二尺以上の長大な簡に書いたものである。具体例として、甲賀市宮町遺跡出土の木簡を掲げる。

・奈迩波ツ尓……□夜己能波□□由己□×　（a面）
・阿佐可夜　……［　　　　］流夜真×　（b面）
（79＋140）×（22）×1

現状では、上下左右の全てが破損しており、二片に分かれている。本来は、a面に三一字、b面に三二字あり、文字の書かれていた部分だけで五〇㌢前後、余白を考えるとおよそ約二尺（六〇㌢）の木簡であった。最初は、a面だけに文字を書いて使用し、その後、裏面（b面）も使用したと考えられる。

このAタイプの歌木簡については、習書など様々な説が出されている。だが、二尺という特別な大きさからみて、単なる練習やメモに使用されたのではなく、儀式や宴などに持参して歌を詠み上げたものと推定される。長大な材をわざわざ用意して歌を書いた理由については、「長大な木簡を持つ姿そのものや、それをもって行なう所作をも重視され、「詠み上げることによって発せられる音声もまた重視された」と推測できよう(9)。

また、西大寺で発見された次の木簡に対する理解も参考になる。

大徳一心念今日衆僧自恣□□恣若有見聞疑罪大
徳意愍故語□□□□□如法懺悔第二第三亦如是

(301)×33×5

木簡に書かれているのは、受戒、懺悔など戒律上の行事を行うときの所作「羯磨」である。この木簡の用途について、「法会で羯磨を読み上げる役目の僧侶が手にした威儀具」とする見解がある。詳しく引用すると、参列する僧侶はもちろん羯磨を知っている。羯磨を読む僧侶も知っている。だから手にもつ木簡の文字をたどって衆僧が羯磨を読むはずはない。しかし法会に参列するある僧が木簡を手にしていることで、彼は羯磨を詠み上げる役割なのだと認知される。木簡は羯磨が書かれたモノとしてよみあげ役のしるしになる。すなわち木簡は文字が書かれた象徴的なモノとして、法会の所作で必要とされた(10)。

という。

こうした歌木簡や羯磨木簡の例を参照すれば、長大な『論語』木簡も、なんらかの儀礼において使用された可能性が考えられる。

では、『論語』を詠み上げるような儀礼が具体的に想定できるだろうか。韓国古代の儀礼に関して、具体的な内容までわかる史料はほとんど残されていない。しかし、同時代の唐や古代日本の事例を参照すると、儒学の先聖先師を祀る儀式である釈奠が候補となる(11)。

釈奠の具体的な儀礼内容について、『大唐開元礼』巻五三「皇太子釈奠于孔宣父」をみると、斎戒、陳設、出宮、饋享、講学、還宮の六項目にわたって記されている。このうち、講学は、執読が経を読み上げたあとに、執経者が釈義を行い、侍講者がこれにたいして疑問点を質問し、執経者やほかの侍講者と論議を交わす、という儀式であった。この際に経典として使用されたのが、『孝経』『論語』および五経であった。講ずる経の順序は決められていたわけではなく、二経以上を講じた場合もみられる。

古代日本における釈奠も、基本的には『大唐開元礼』などに準じた形で行われた。ただし、経を読み上げる際に、最初に音博士が音読してからこれを座主が訓読するという方式がとられたほか、九世紀前半頃からは、講説する経典の順序が『孝経』『礼記』『毛詩』『尚書』『論語』『周易』『左伝』の順に定められるなど独自の工夫も加えられた。

このように同時代の唐や日本では、釈奠の一環として『論語』をはじめとする儒教の経典が読み上げられていた。もちろん、唐や日本の釈奠において長大な木簡を使用したという記録はないが(12)、歌木簡や羯磨木簡の事例を参照すると、そうした可能性を想定することは許されるだろう。

ただし、古代朝鮮半島で釈奠を行っていたという直接の証拠は残されていない。しかし、様々な傍証から、釈奠は行われていたものと考えられる。

まず、釈奠という文字がみられる史料は、『三国史記』巻五・真徳王二年（六四八）三月条の「春秋請詣國學、観釋奠及講論、太宗許之」という、後の武烈王・金春秋が、唐に赴いて釈奠および講論を自ら視察した記事のみである。この視察は、本編第一章でみた真徳王五年（六五一）頃の新羅国学設置に影響を与えたと考えられるので、国学設置と同時に釈奠も行われるようになったと想定して無理はないだろう。

また、同書巻四〇・職官志には、記録にはみられるが詳細のわからない官の一つとして「孔子廟堂大舎」がある。設置年代はわからないものの新羅には孔子を祀った廟があったのであり、そこでは当然、釈奠が行われたであろう。

さらに、同書巻九・恵恭王十二年（七七六）二月条「王幸國學、聽講」、巻一一・景文王三年（八六三）二月条「王幸國學、令博士已下講論經義、賜物有差」、同・憲康王五年（八七九）二月条「幸國學、命博士已下講論」という王自ら国学に出向いている史料も、釈奠に関わる可能性が高い。なぜなら、二月は釈奠の行われる時期であり、「講論」は先述したように釈奠儀礼の一環であるからである。普段は国学の長官などが執り行っていたが、王が直接参加したため特に記録に残されたのであろう。

地方における釈奠については、唐においては州学、県学で釈奠を行っており、日本でも国ごとに置かれた国学で釈奠を行っていた。新羅において、王京の国学以外に学校が存在したことを証明する史料はないが、そうした可能性のあることについては、本編第一章で指摘した通りである。

韓国出土『論語』木簡は、新羅の小京や郡の学校における釈奠で使用された可能性を、新たに提起したい。

おわりに

朝鮮半島出土の『論語』木簡が、なぜ王京ではなく小京や郡の置かれていた地方で出土したかを解明するのは容易ではない。関連する文献史料に乏しく、また、出土した遺跡、遺構の性格も明らかでないためである。そのため、用途を推定するためには、長大な觚であるという形態から迫らざるをえないが、それも、朝鮮半島には他に類例がないため、中国や日本の木簡に類例を求めざるをえない。これまで学習用であると推定してきたが、「視覚木簡」という問題提起を受けて、本章では新たになんらかの儀礼で使用された可能性を指摘し、その具体例として釈奠での講論を想定した。

日本の歌木簡の用途を解明するにあたっては、遺跡、遺構の性格や年代が明らかであったことが大きく寄与している。今後、金海・鳳凰洞や仁川・桂陽山城周辺の発掘の進展により遺跡の性格がさらに明らかになれば、考察を進めることができよう。また、新たな『論語』木簡の出土も期待される。調査の進展と新出資料をまって、韓国古代における『論語』ひいては儒教受容の絶えざる追究が求められる。

註

(1) 早稲田大学朝鮮文化研究所主催シンポジウム「韓国出土木簡の世界Ⅲ」(二〇〇六年一月十四日)パネルディスカッションにおける発言。朝鮮文化研究所編『韓国出土木簡の世界』(雄山閣、二〇〇七年)三八五～三八七頁。

(2) 冨谷至『文書行政の漢帝国―木簡・竹簡の時代』(名古屋大学出版会、二〇一〇年)。

(3) 冨谷至「檄書攷」(前掲『文書行政の漢帝国―木簡・竹簡の時代』)九一～九五頁。

(4) 冨谷至「檄書攷」(前掲書)九六～九九頁。

(5) 冨谷至「書記官への道」(前掲『文書行政の漢帝国―木簡・竹簡の時代』)一三七～一四〇頁。

(6) 多田伊織「観音寺遺跡出土『論語』木簡の位相―觚・『論語』文字」(徳島県埋蔵文化財センター『観音寺遺跡Ⅰ』徳島県埋蔵文化財研究会、二〇〇二年)。

(7) 李成市「韓国出土木簡と東アジア世界論」(角谷常子編『東アジア木簡学のために』奈良大学、二〇一四年)は、仁川・桂陽山城および金海・鳳凰台がそれぞれ新羅国土の西北と南東とを隔てた海に面し、隣国の唐と日本に至る国境の要衝の地であったこと、そして、公冶長篇の「子曰く、道行われず、桴に乗りて海に浮かばん」という一節が東夷あるいは朝鮮と結びつけて解釈されることから、これらの『論語』木簡が「新羅王の徳で治められた国土の境界であることを象徴的に物語る」ものとする。しかし、仁川や金海が、当時、新羅の国土の境として認識されていたという明証はない。また、公冶長篇の該当箇所が朝鮮と結びつけて解釈されていたとするならば、公冶長篇の全体を書写する必要はなく、この一節だけを掲示すればよいのではないだろうか。

（8）関連論文は多数あるため、代表的なもののみを掲げると、栄原永遠男「木簡として見た歌木簡」（『美夫君志』七五、二〇〇七年）、同「歌木簡の実態とその機能」（『木簡研究』三〇、二〇〇八年）、同「歌木簡その後」（『万葉語文研究』五、二〇〇九年）、同『万葉歌木簡を追う』（和泉書院、二〇一一年）、犬飼隆『木簡から探る和歌の起源』（笠間書院、二〇〇八年）。

（9）栄原永遠男「歌木簡その後」（前掲誌）一八七頁。

（10）遠藤慶太「木簡の歌と歌語り―歌の儀礼を視野に入れて」（『万葉古代学研究年報』一一、二〇一三年）一二七～一二八頁。

（11）以下の記述は、弥永貞三「古代の釈奠について」（『続日本古代論集』下、吉川弘文館、一九七二年）に多く依っている。

（12）胆沢城からは、釈奠に使用したと推測される紙に書かれた古文『孝経』が出土している（平川南「古文孝経写本」『漆紙文書の研究』吉川弘文館、一九八九年）。

Ⅲ　その他の木簡

第一章　慶州・雁鴨池木簡と新羅の内廷

はじめに

雁鴨池木簡は、一九七五年に韓国ではじめて出土した木簡である。雁鴨池遺跡は、新羅の王宮であった月城の東北に隣接し、その宮殿址は、月池宮と呼ばれる太子の居所であったことが発掘により明らかとなった[1]。新羅内廷の研究は、拠るべき史料として『三国史記』巻三九・職官志に記録された官庁・官職名の不完全な一覧があるのみであったため、官庁の名前からその機能を推測するという段階にとどまっていた[2]。雁鴨池木簡が、内廷の諸官司の具体的な機能を推測する史料として注目される所以である。

まず、これまでの雁鴨池木簡に関する研究を概括する。李基東氏は『雁鴨池　発掘報告書』（以下、本章では『報告書』と略す）の木簡に関する部分を執筆し、木簡の出土状況や形態などの全体的な紹介と、三一点の木簡の釈文を示した。そして、木簡の年代が八世紀半ばの景徳王代のものであること、性格については、紙木併存であるため重要な行政関係文書ではなく、簡単な勤務状況を記した標札や一種のメモに属するものとの評価が示された[3]。また、木簡にみえる唯一の官府名である「洗宅」に注目し、景徳王代の政治改革が国王の侍従・秘書機関である洗宅を中心として断行されたと推測した[4]。高敬姫氏は、雁鴨池から出土した有銘遺物の総合的な紹介を行い、木簡については新たに二点の釈文を加えた。金属製品、土器などの銘文と木簡とに共通する文字のあることがはじめて明らかにされ、その一部について検討が加えられた(5)。

これらの研究によって雁鴨池木簡の全体像についての紹介は行われたものの、その後、新羅史の史料として積極的に活用されることはなく、出土から二〇年以上もの間、研究はほとんど深められてこなかった。

個別の木簡への検討を含む本格的な検討が加えられるようになったのは、ようやく九〇年代後半以降のことである。李成市氏は、李基東氏の研究を踏まえた上で、具体的な官司名がみられない木簡でも内廷関係諸官司で使用されたと推定できることを指摘し、中国や日本の木簡と比較することで用途の推測を行った。すなわち、畜産品や穀物の物品名、数量の書かれた木簡は、送り状もしくは出納記録であり、租典、廩典など内廷の財政を司る官司に関わっていたこと、「郎席」という記載のある木簡は席典に関係することを指摘した。文書形式に関しては、「策事」に注目して国王や太子の命令に関わるものと推定し、また「牒」という記載のある木簡は、漢代の検のように逓送に関わる木簡であったとした。そのほか、日本の兵衛木簡と類似する木簡を指摘した(6)。李鎔賢氏は、李成市氏の指摘した「検」形式の木簡について詳論し、王都慶州と新羅北辺の高城との間における駅制度など伝達体系との関わりを論じた(7)。尹善泰氏もやはり、新羅の牒式文書を論じるなかでこの木簡を取り上げ、牒を伝達するためのものという理解は共有するが、下端の文字を「驢一疋」と読み、公務に駅馬や伝送馬の使用を許可する唐の「符券」や「逓牒」にあたる木簡であるとした(8)。また、「□坪捧」という記載のある木簡が、内省が統括した村落からの貢進の際につけられた付札であり、東宮の行った龍王祭に使用したものであることなども指摘している(9)。

このように研究が進められてきたとはいえ、文字の比較的鮮明な数点の木簡しか扱われてこなかった。その理由は、研究に利用できる資料が、『報告書』に載せられた不鮮明な写真しかなかったためである。そのため、釈文が論者によって分かれることとなり、研究の進展に大きな障害となっていた。

そのような状況が大きく改善されたのは、二〇〇〇年代以降のことである。二〇〇二年三～六月に国立歴史民俗博物館で「古代日本　文字のある風景」が開催され、数点の雁鴨池木簡が展示された。同年九～十月には、国立慶州博物館の特別展「文字でみた新羅」において雁鴨池木簡の多くが展示され、展示図録に鮮明なカラー写真が掲載された。(10)こうして関心が高まるなか、李鎔賢氏は『報告書』の読み込みと木簡の調査により出土状況など基礎的な情報と釈文の整理を行った。(11)さらに、二〇〇四年七月に国立昌原文化財研究所編による『韓国の古代木簡』(以下、『古代木簡』と略す)が出版され、原寸大のカラー写真とともに、初めて赤外線写真が公開された。(12)これにより、ようやく基礎的な資料を利用することが可能になった。

そうした資料公開の結果、発掘から三〇年経過して、ようやく本格的な雁鴨池木簡研究を行いうる段階になったといえる。その嚆矢といえるのが、李文基氏の研究である。五点の木簡に「助史」という共通する語句があることを初めて指摘し、これを官職名とみて容器、衣服など宮中の雑役を担当した下級官僚に関する記録であるとした。また、門号のある木簡は、門の左右に立って警備する門番を記録したものであるとした。(13)雁鴨池木簡による新羅内廷研究の新たな展開を示した画期的成果と評価できる。

しかし、『古代木簡』の写真からでは、木簡の欠損状況や表面の傷など細かい観察は困難であり、正確な釈文の作成には限界がある。また、雁鴨池木簡が全体としてどのような性格のものであるかという理解なしには、個々の木簡に対する理解を深めることも困難である。本章は、木簡の現物調査に基づいて正確な釈文を作成し、それに基づいて雁鴨池木簡全体の性格について明らかにすることを目的とする。(14)

第一節では、木簡の性格付けにも関わる出土位置や年代など基礎的情報について整理を加えたのち、全ての考察の根幹となる釈文を提示する。第二節では、木簡を内容別に分類した上で、もっとも出土点数の多い付札を中心に分析を行う。第三節では、付札を使用した内廷官司を具体的に推定して木簡の使用状況を復元し、新羅内廷の実態に迫りたい。

一　木簡の概要

1　出土状況

本節では、雁鴨池木簡の出土状況、年代など考察の基礎となる基本的な情報について整理する。

まず、木簡の出土地点について、『報告書』のなかで李基東氏は、「二・三点の例外を除いては、すべて雁鴨池の西北方に位置している臨海殿跡の通称第四建物跡から第五建物跡に通じる二重の護岸石築の下の泥土層から発見された」としている。(15)こうした出土状況に関する理解は、その後の論者にもそのまま受け入れられていった。(16)ところが、李鎔賢氏は、『報告書』を精細に読み込むことによって、木簡の出土状況についての新たな知見を提示した。すなわち、『報告書』の記述から出土地点を追っていくと、李基東氏の述べる地点から出土した木簡として確認される点数は一六点に過ぎず、それ以外の木簡のうち少なくとも二六点は、雁鴨池の東岸から点々とみつかっていることを見出したのである。(17)この事実は、後述するように雁鴨池木簡全体の性格にも関わる重要な事実である。ただし、李鎔賢氏の考察には、『報告書』の解釈において若干の誤解があると思われるので、改めて検討を行って出土状況を整理したい。

表11　木簡処理内容および物理的性状

出土位置	名称	出土年月日	体積(cm³)	処理前重量(g)	乾燥後重量(g)	型	文字 表	文字 裏	水浸	Polymer (PV Acetate 及び PEG)	乾燥(空気中)	比重	備考
							表	裏	8.16〜8.17	8.22〜8.29	8.29〜9.13		
N23	3土P，底遺物	750530	23.76	23.3	10.45	平板	有 7	0				0.44	
Q13	護岸石から西北へ	750512	68.11	58.2	24.5	〃	〃 12	3				0.36	
	550　3土，泥土		33.51	34	16.48	〃	〃 10	0	〃	〃	〃	0.49	
Q13	4土，砂質	750515	52.92	47.02	20.5	〃	〃 13	6				0.39	
K7	3土，第1遺物P	750515	↕	6.35	↕	〃	〃 不明	不明				↕	
			15.79	5.35	12.43	〃	〃 〃	〃				0.79	
				6.47		〃	〃 〃	〃					
				3.1		〃	〃 〃	〃	〃	〃	〃		
Q22	3土	750516	33.75	51.2	—	筒形	〃 〃	〃				—	
			51	49.95	—	〃	—	—				—	
			165	15.05	—	〃	有 不明	不明				—	
K7	3土	750517	4.32	5.33	2.5	平板	〃 11	不明				0.58	
E19	3層泥土	750521	187.2	222.3	100.9	筒形	〃 3	絵				0.54	
N23	3土P	750527	12.6	11.74	5.35	平板	〃 4	0	〃	〃	〃	0.42	
			8.37	12.0	5.4	〃	〃 3	0				0.64	
			9.75	10.73	4.75	〃	〃 4	0				0.49	
			7.0	5.65	2.45	〃	無 —	—				0.35	
			2.3	2.66	1.05	〃	〃 —	—				0.46	
E21	底遺物(4土)	750528	154.7	93.4	36.3	筒形	有 3	不明				0.23	
			165.23	84.9	33.85	〃	〃 2	0				0.20	
K7	底土P(4土)	750604	34.2	38.6	18.15	平板	無 —	—	〃	〃	〃	0.53	
			19.2	20.5	10.23	〃	〃 —	—				0.53	
E18	4土P	750627	17.1	21.17	11.05	〃	有 7	0	〃	〃	〃	0.64	
			9.4	8.79	4.0	〃	〃 不明	不明				0.43	

E18	第3土（第1遺物P）	750627	24.75	27	—	筒形	〃　不明	不明		8.22～8.27	8.27～8.28		
			17.43	19.1	—	〃	〃　7	0					
			14.7	19.4	—	〃	無　—	—	〃	〃	〃		
			14.28	15.4	—	〃	〃　—	—					
E18	4土	750627	59.4	52.1	10.2	〃	有　不明	不明		8.22～8.29	8.29～9.13	0.17	
E22	3土層	750710	63.8	73.35	34.2	〃	〃　6	0				0.54	
R22	3土層	750716	108	77.68	40.25	平板	〃　8	4				0.37	
			6.36	7.5	3.85	〃	無　—	—				0.61	
	3土	750729	30.24	53.13	10.4	〃	有　7	多数	〃	〃	〃	0.34	
	3土	750729	25.2	22.99	10.3	〃	〃　総	8				0.41	
123	3土	750705	64.51	98.39	23	筒形	〃　不明	不明				0.36	
M15N15 M14N14	3土	750804	19.5	22.1	10.45	平板	〃　〃	不明				0.54	
			5.85	10	4.45	〃	〃　〃	不明				0.76	
E22	4層底	750809	3.58	3.9	1.85	〃	〃　3	不明				0.52	

李鎔賢氏が指摘する通り、『報告書』のなかで木簡の出土状況に関して具体的に述べている資料として、「発掘日誌」「保存処理記録」「出土状況の図版」の三種類が存在する。

まず、『報告書』一三～四九頁までの「発掘日誌」には、一九七五年五月三日[18]にN18区（点数不明）、五月十三日に東便探索坑[19]（点数不明）、五月十四日にQ13区（一点）、五月十六日にQ22区（点数不明）とK7～8区（一点）、六月三十日にE18区（多数）からそれぞれ木簡が出土したとの記録がある。

次に手がかりとなるのが、『報告書』四三三～四三四頁に掲げられている右の表11である。

李鎔賢氏は、この表から出土状況を次のようにまとめ、計三九点の出土地点が明らかになるとしている。

E18（七点）、E19（一点）、E21（二点）、E22（六点）

J23（一点）
K7（七点）
Q13（三点）、Q22（三点）
R22（一点）
M14N14（一点）、M15N15（一点）、N23（六点）

しかし、この点数は、一つの木簡が数点の破片に分かれている場合に、破片それぞれを一点と数えてしまっていると思われる。なぜなら、表について『報告書』本文が、「硬化処理が終了した二〇点に関する処理内容、物理的性質を要約表示して後日の参考資料となるようにした」（傍点著者）とあるため、この表に掲げられた木簡の総点数は二〇点であるはずだからである。そこで、あらためて表をみると、左から二番目の「名称」と三番目の「出土年月日」の項目の数が二〇であることがわかる。したがって、この「名称」部分こそが、木簡一点一点を示すと考えられる。この理解によって、木簡の出土位置と点数をもう一度整理しなおすと、次の通りである。

E18（三点）、E19（一点）、E21（一点）、E22（二点）
J23（一点）
K7（三点）
Q13（二点）、Q22（一点）
R22（三点）
M14N14M15N15（一点）、N23（二点）

これによって、二〇点の木簡の出土地を明らかにすることができた。ただし、それぞれの地区から出土したのが何号木簡なのかという肝心な点については、李鎔賢氏が「決定するのは不可能に近い」としているように、残念ながら不明とせざるをえない。

さらに、『報告書』図版編・図二二〇〜二二五に載せられた木簡出土状況の写真がある。図二二〇には、E18区から出土した木簡が示されているが、何号かは不明である。そのほかの写真についてみていくと、図二二一から二二九号木簡がE18区より出土したことがわかる。以下同様に、図二二三から一八五号木簡がR22区より、図二二三から一八四号木簡がE18区より、図二二四から二〇六号木簡がO8区より、図二二五から一九三号木簡がM14区より出土したことがわかる。(20)

以上の記載のほか、八一〜八九頁の第V章「遺物の出土状態」にも、木簡の出土状況に関する言及がある。残念ながら建築部材など他の木製品と合わせての概況説明であるため、出土した地区などの詳細は不明である。ただ、西側の護岸石築からだけでなく、東、南、北の護岸からも木簡が出土したことが確認できる。

以上の出土状況を総合すると次のようになる。Xは、出土は確認できるが点数は不明であることを意味する。

E18区（X点。一八四、二二九号）、E19区（一点）、E21区（一点）、E22区（二点）
J23区（一点）
K7区（三点）、K7〜8区（一点）
M14区（X点。一九三号）
M14N14M15N15区（一点）、N18区（X点）、N23（二点）
O8区（X点。二〇六号）
Q13区（二点）、Q22（X点）

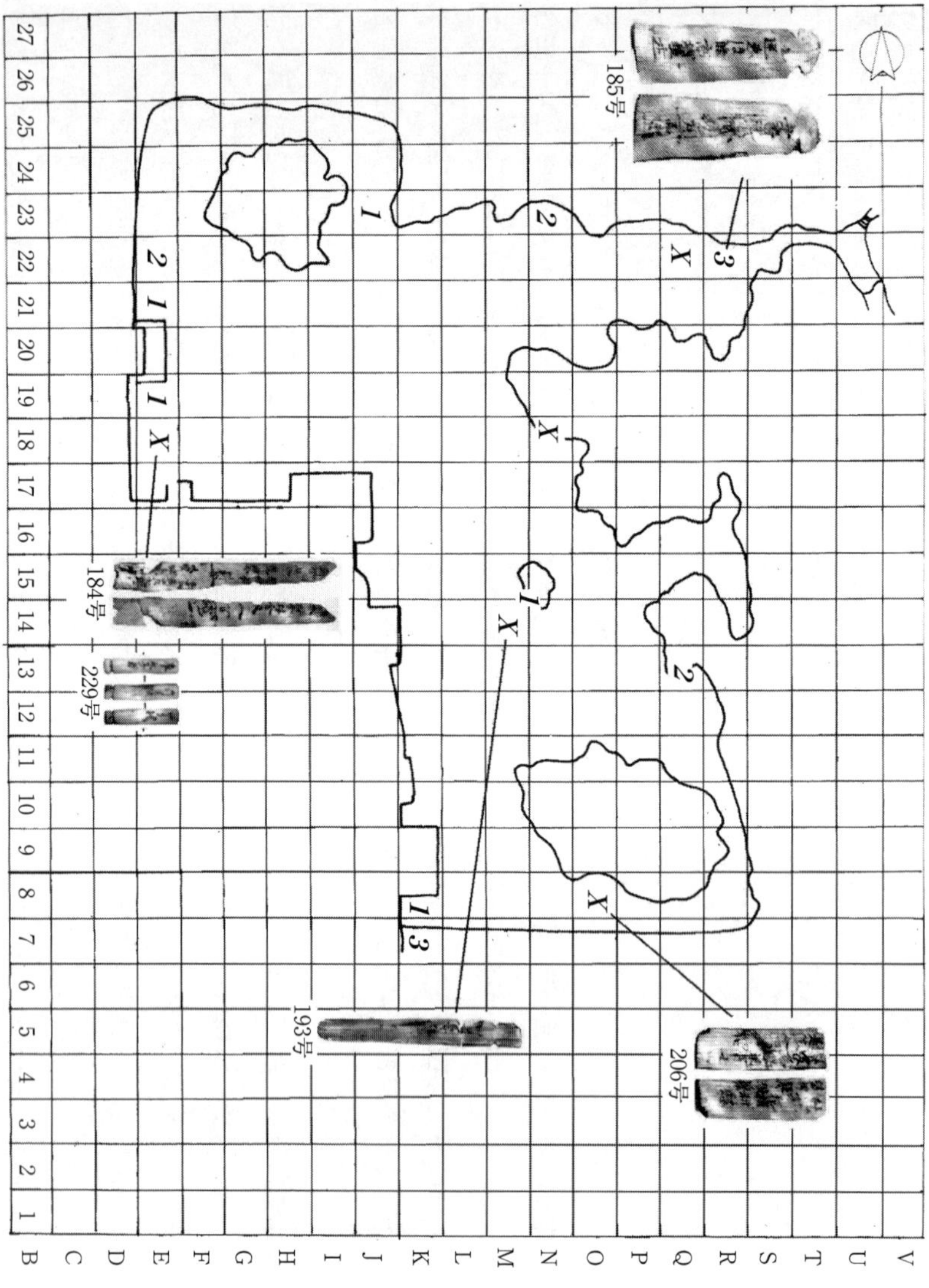

図20　雁鴨池木簡の出土状況

R22区（三点、一八五号）

東便探索坑（X点）

以上の整理によって、全体的な出土地点の傾向については李鎔賢氏と大きく変わるところはないが、出土点数については若干の訂正を加えることができた。この結果を図示すれば右の図20のようになる。

さて、これらの出土地点を確認した結果、雁鴨池木簡はこれまでほとんどすべてが同一地点から出土したとされてきたが、池の全域の様々な場所から出土していたことが明らかとなった。従来、雁鴨池木簡は、一括資料であるということが考察の際に前提とされてきた。しかし、出土位置がこのように異なる場合、それぞれ使用した主体や目的、さらには年代についても異なる可能性を念頭におかなくてはならないだろう。

そこで、次に木簡の年代について考察を加えていきたい。

2 年代

これまでの研究では、雁鴨池木簡を八世紀後半の資料としてみることで一致している。李基東氏は、木簡に書かれた中国年号に着目し、いずれも八世紀半ばであることから、四点の木簡にみえる干支年（庚子、甲辰、乙巳、甲寅）もその前後に限られると考え、木簡の年代を景徳王十年（七五一）から恵恭王十年（七七四）にかけての時期と推定した。そして、そのほかの年号や干支の表記がない木簡も、おおよそ同じ時期の一括資料であろうとした上で、『三国史記』景徳王十九年（七六〇）二月条の「宮中穿大池」という記事を雁鴨池の重修、拡張を指すとみて、木簡がこれに関連するとした(21)。こうした理解は、その後も受け継がれた。李鎔賢氏は、一八五号木簡にみえる「高城」が七五七年にそれまでの「達忽」から改められた地名であることから、同木簡がそれ以降のものであることを指摘して年代観を補強している。[22]

『古代木簡』の刊行により赤外線写真が公開されると、李文基氏は年代に関して新たに次のように指摘した。まず、一八八号木簡「丙午年」、一八九号木簡「庚子載」、二〇九号木簡「辛卯年」、二二〇号木簡「丁亥年」の四つの干支年を新たに釈文した。その上で、これらの干支年をこれまで通り八世紀後半に求めると、庚子載は七六〇年、辛卯年は七五一年、丁亥年は七四七年となるため、矛盾を来すと指摘している。それは、新羅では七四四〜七五五年まで、唐にならって「年」ではなく「載」を使用していたからである。実例としては、雁鴨池一八四号木簡に天宝十一載＝七五二年があり、その他に「无尽寺鐘記」（天宝四載＝七四五年）と華厳経写経跋文（天宝十三載＝七五四年、乙未載＝七五五年）がある。また、蔚州川前里書石に「丙申載」と「丙戌載」という銘文があり、それぞれ七五六年、七四六年と推定されている。こうした表記と木簡の記載が合わないことを指摘したのである。ところが、以上の指摘を行いながらも、結論部分では「いくつかの時代的特徴が反映された木簡の内容からみると」という漠然とした根拠によって、木簡の年代をこれまでと同様、景徳王六年（七四七）〜恵恭王十年（七七四）に押し込めてしまっている。[23]

以上の李文基氏の指摘のうち、一八九号木簡を「載」と読むしかないとしている点については、むしろ「年」と読むべきであり根拠にはならない。しかし、二〇九号木簡の「辛卯年」と二二〇号木簡の「丁亥年」については、指摘の通り「載」と表記されていないことに注意するべきであろう。現在知られている七四四〜七五五年頃の新羅の資料が、全て年でなく載表記である以上、この二つの干支年は八世紀半ば以外である可能性がある。そして、干支年の明記された木簡のうち少なくとも二例が八世紀半ばに求められないとすると、他の干支年をもつ木簡についても、八世紀半ば〜後半のものであると断定するだけの積極的根拠は乏しいことになる。したがって、雁鴨池木簡の年代は、上限は雁鴨池を築いた六七四年に、下限は新羅の滅亡した九三五年とせざるをえない。

もちろん、木簡に書かれた中国年号がいずれも八世紀半ばのものであること、また、一八五号が七五七年以降と考えられることから、八世紀半ば、あるいはそれ以降のものが多く含まれる可能性は高い。とはいえ、前項で確認したように出土地点が散在している以上、李基東氏が想定した七六〇年の「宮中穿大池」という記事など特定の出来事と関連付けられる一括資料であるとは考えにくい。雁鴨池木簡は、ある程度の時間幅のなかで使用され、廃棄された可能性を考慮に入れるべきであろう。

3 釈 文

以下に掲げる釈文では、木簡番号は、便宜上『古代木簡』にしたがった。（ ）内の号数は、三一号までは『報告書』、三二一～四五号は李鎔賢「慶州雁鴨池（「月池」）出土木簡の基礎的検討」によって付されたものである。『報告書』に掲載されているにもかかわらず『古代木簡』にないものについては、実際に調査できなかったものは省略し、調査できたものについては「報一号」として末尾に付した。釈文の表記法は、なるべく日本の木簡学会の方式にしたがった。

一八二号（四号）

・「寶應四年　（表面）
・「策事　（左側面）
・「　壹貳參肆伍　（裏面）

(159)×25×25

棒状の木簡で書写面を平らに削る。上端には整形を加え、下端は欠損しており一部に刃が入れられている。

「寶應」は、唐・代宗の年号（七六二〜七六三年）で、「寶應四年」は景徳王二十四年・恵恭王元年（七六五）にあたる。ただし、「寶應」は唐では二年までしか使われていない。「策事」は、王もしくは太子の命令に関わる定型表記とする見解がある(24)。なお、二一三号に「策事門」がみられる。裏面の「壹〜伍」は天地逆に書かれており、本来の用途に使用された後に習書したものであろう。木簡下端の破損は、習書後のものである。

一八三号（三四号）

・「∨□□〔天カ元カ〕□□□□□月廿一日上北廂　（表面）
・「∨猪水助史第一行瓷一入　（裏面）
・「∨五十五□□丙番　（右側面）

(139)×15×9

断面は長方形で、三面に墨書がある。下端は欠損しているがそれ以外は原形を止める。上部に切込みを巡らせている。形態と内容から付札と考えられる。側面の幅が若干狭いことと、右側面の「丙番」以下に墨痕がみられずここで記載が終ったと判断されることから、表面、裏面、右側面の順に書かれたとみられる。

表面第一字は、「天」もしくは「元」で元号の一部と推測される。該当するものに、天授（六九〇〜六九二）、天宝（七四二〜七五六）、元和（八〇六〜八二〇）、天復（九〇一〜九〇四）、天祐（九〇四〜九〇七）、天成（九二六〜九三〇）などがあるが、第二字の墨痕がほとんど認められず、いずれとも決しがたい。

「北廂」は、『三国史記』職官志中にみえる「北廂典」に関連すると思われる(25)。北廂典には大舎二人、史四人が置かれていることがみえるのみで職掌は不明であるが、北側に設置されたことと本木簡の内容と関連付ければ、あるいは、食品管理に関わる官職であろうか。

裏面の「助史」は、一八八、二一一、二一二、二一五、二二二号の六点にみえる。詳しくは後述する。「第一行瓮」は、甕の位置を示すと考えられる。日本で出土した木簡のうち、関連すると思われるのは次の三点である。

長岡京四九九号木簡

八条四甕納米三斛九斗

平城宮二三三〇号木簡

二条六瓺三石五斗九升

平城宮二三三一号木簡

三条七瓺水四石五斗九升

各木簡冒頭の「八条四」「二条六」「三条七」は、甕の位置を示す。したがって、例えば長岡京木簡の場合、三斛九斗（約二八〇《リットル》）以上も入る大甕が、少なくとも八列以上並べられていたことになる。[26] これらの例を参照すると、一八三号の「第一行」は、何行かに並べられた甕のうちの第一行目にあることを示すのであろう。

一八四号（三号）

・「韓舎 □□〔舎舎カ〕舎 舎 舎　韓舎　天寶十一載壬辰十一月
韓舎 韓舎 韓舎　天寶 寶□〔寶カ〕寶

・「韓舎韓舎韓舎文□〔受カ〕（絵）

（235）×30×5

上端は斜めに欠損しているが、一部は原形を残している。下端は欠損。

「韓舎」と「天寶」を繰り返し書く習書である。「韓舎」は、新羅官位第一二等の大舎のことである。書体が「正倉院氈貼布記」（七五二年推定）のものに似る。[27]「天寶」は唐・玄宗の年号（七四二〜五六）で、「天寶十一載」は景徳王十一年（七五二）にあたる。

一八五号（一五号）

・「<辛番洗宅□□〔鹿カ獐カ〕瓮一品仲上」

・「<□〔條カ牒カ〕遣急使□高城醢缶」

165×45×11

完形。上部の左右に切込みを入れており、付札もしくは荷札と推測される。

木簡の表裏関係は不明であるが、便宜上、「辛番」で始まる面から述べる。「辛番」は二〇〇、二二〇号にもみられるほか、二〇七号木簡の「辛」や、雁鴨池で出土した「辛作」と刻書された小刀も関連する可能性があろう。詳しくは第三節で述べる。「洗宅」は一九一、報一号にもみられる。新羅内廷の官司で、国王直属のものと東宮直属のものがあり侍従・文筆を担当した。[28]「品仲上」は付札の付けられた物品の品質を表すか。二〇七号に「品上」とある。「高城」は、溟州高城郡（現・江原道高城郡）。「醢」と「缶」については第二節を参照。

一八六号（一七号）

・「隅宮北門迓阿□才者左同宮西門迓元方左馬叱下左」

・「東門迓三毛左│開義門迓小巳乞左金老左」

177×42×5

上下端とも原形をとどめるが、右側面の一部を欠く。

上端は欠損していないため、「隅宮」が宮名となる。「同宮」は、これまで「閤宮」「閣宮」などと釈されてきたが、

「同じ宮」すなわち隅宮を意味すると思われる。裏面には宮の名が明記されないが、やはり隅宮の門であろう。門名の下には細字双行で記されていて人名であると考えられる。詳しくは第三節参照。

一八七号（一八号）

「有　　處□
・是諸由□　蔵　識之戟
　我飛飛□者家〔宋カ〕宣宮處宮」
・「□　飛　謝　□」

300×56×6.5

現状では四片に割れているが、完形か。
全面に習書されており、一部は天地逆に書かれる。

一八八号（二五号）

・「＜丙午年四月」
・「＜加火魚助史三□〔入カ〕」

154×35×6

上下端とも原形だが、右側面の一部を欠く。上部の左右に切込みがある。形状と記載内容から付札と推定される。付札の記載形式や加火魚、助史などについては第二節を参照。

一八九号（三八号）

・「く庚午年□〔正カ〕月廿七日作□」

・「く□□□□□〔助 史 瓮カ〕　」

158×20×4

上下端ともほぼ原形をとどめるが、側面の一部を欠く。上部の左右に切込みがある。

付札。裏面は墨痕が薄く、判読困難である。

一九〇号

・「　生蚫十□〔両カ〕九月□□□〔料カ〕　」

・「　良儒□□□　」

208×22×11

上下端とも原形をとどめる。

表裏とも墨痕が薄く判読困難である。「蚫」はアワビ（鮑・鰒）で雁鴨池木簡では本木簡のみにみられる。なお、「蚫」は日本の国字であるとされるが、本木簡により新羅においても使用された文字であったことがわかった。(29)

一九一号（二号）

・青洗宅家

・青洗宅家

(165)×17×10

上下端とも欠損している。枝を加工したもので中央部に節がある。

表裏同文か。字画部分が盛り上がって残っている。これは木簡が風化するのにたいし、字画部分は墨の防腐作用により風化を免れたためである。一定期間、屋外に掲示されていたのであろう(30)。

一九二号（一六号）

「<郎席長十尺　細次朼三件　法次朼七件　法□」　(220)×25×5

上端は一部欠けてしまっているものの、刃の入り方から本来は切込みが入れられていたと推定される。下端は欠損している。

付札。「郎席」は宮中で用いられた敷物と推定される(31)。二ヵ所にみられる「朼」は、「匕」や「枇」に通じる文字で、さじ（匙）を意味する。「細次朼」は細身の匙という程度の意味か。そうであれば、「法次朼」は、「細」に対して通常の匙という意味になろう。雁鴨池からは数多くの匙が出土しており、『報告書』では、匙面の形状により円形、楕円形（杏葉形）、木葉形、柳葉形の四種に分類されている(32)。強いて推測を加えれば、木葉形や柳葉形と分類された細身の匙が、「細次朼」に相当すると思われる。正倉院に残る新羅からの舶載品である可能性の高い佐波理匙も、匙面が円形のものと木葉形のものがセットになっている(33)。この木簡は、敷物や匙を入れた容器にヒモで括り付けられて、中身を表示するためのものと考えられる。

一九三号（三五号）

「<加火魚醢」　219×25×2

付札。

一九四号（六号）

「∨甲辰三月三日治犭五蔵」　152×27×8

完形。上部に切込みを入れる。

付札。「犭」は二〇七号にもみえる。詳しくは第二節参照。

一九五号（二一四号）

「∨　月三日作□〔鹿カ〕醯瓮附」　169×13×7

完形。上部に切込みを入れる。

付札。「月」の上に墨痕は確認されなかった。

一九六号（二一八号）

「∨南瓮汲上汁十三斗」　182×19×12

上部に浅く切込みを入れる。

付札。「南瓮」は、一八三号の「第一行」と同様に、甕の置かれた場所を示すか。「汲上汁」は文字通り汲み上げた汁と解されるが、具体的な内容は不明である[34]。「十三斗」は汲上汁の容量を意味しよう。統一新羅時代には一石が二〇斗であって、新羅末期以降は一石＝一五斗になったと考えられている[35]。

一九七号

□□醯

下端を錐のように尖らせている。　169×21×10
付札。

一九八号（『報告書』図版四五四、四五五）

大黄一両〔九カ〕□分　黄連一両　、皂角一両　、青袋一両　、升麻一両
・、甘草一両　、胡同律一両　、朴消一両　、□□□一両
・□□□□　、青木香一両　、支子一両　藍淀三分　308×39×26

断面三角形の二面に墨書がある。文字のない面は、「大黄」で始まる面と同じくらいの幅があり、「青木香」の面よりも広い。下端は刃物による調整か。

薬草名を列挙してその下に一両、三分などの重量を記す。また、大部分の薬名には合点を施している。用途について、医書から処方を抜粋した習書、あるいはこの処方箋にしたがって調剤したものかとする見解があるが[36]、薬物の出納に関わるものなどの想定もできよう。第二節参照。

一九九号[37]

太邑　太邑　太邑　□
太邑太邑太邑□□太邑　太邑□
□乙酉十月廿三日□□子□□　太邑

(283＋α)×50×8

上下端欠損。

習書。「太邑」という文字を何度も習書している。

二〇〇号（四二号）

「　辛番

○□□〔□隻〕〔公カ〕

(150)×47×8

二〇五号（一九号）

・「重予等處言

・「水□□〔事カ〕

・「□

・「　□

・「□□□

・　□

(90)×27

棒状の木簡で、側面が六面に整形されている。上端は原形を残すが、下端は欠損している。表面の荒れのため、文字はほとんど読めない。

二〇六号（一四号）

・「受鹿醯送付宅四缶
是法念□□
・「尅藝犯権称慰
壁□琴現碧
145×42×10

文書木簡の一部か。

二〇七号（二一九号）
・九月五日□〔駒カ〕知五十六
『辛』（刻書）
・『□坪捧犭百廿二品上』（刻書）
(110)×35×6

上端は欠損、下端は左側を一部欠くが原形を止める。側面にキザミがある。「五十六」以下は、表面が削り取られている。最初に墨で文字が書かれ、それを削った後に刻書したとみられる。裏面の「品上」は品質のよいことを意味するか。一八五号に「品仲上」がある。

二〇八号（二二三号）
・「阿膠廿分受十反□〔外カ逃カ〕
・「大□〔衣カ〕温使用以省等
(128)×18×8

下端は欠けているが、それ以外は原形である。

内容から、文書木簡の一部と考えられる。「阿膠」はニカワであり、接着剤や薬として使用される。「反」は「受」に対応して「返」の意味か。

二〇九号（二六号）

・辛卯年第二汁八斗

・辛卯年第二汁八斗　　(180)×25×4

これまで同一個体とされた破片のうちの一つは、木目などから別の木簡と推定される。現状で三片に分かれ、上下端が欠損している。

記載内容から付札の一部と考えられる。表裏とも同じ記載内容である。「第二汁」については、一八三号の「第一行」や一九六号の「南瓷」と同様に容器の場所を示している可能性と、物品名である可能性が考えられるが、詳細は不明である。

二一〇号（七号）

・「<乙巳年正月十九日作口瓠」

・「<□〔鮓カ〕水十八」　　113×42×7.5

下端のごく一部を欠くも、ほぼ完形である。上部に切込みを入れる。

付札。表面最後の文字「瓠」は、瓠の異体字で、日本の木簡に類例がある。[38] 裏の一字目は車偏にみえるが、魚篇とみて「鮓」と読みうるか。魚の下の点を横線で表わす例は二一五、二二一号にみえる。

二一一号

・「く辛□年正月十□
　日作□猪助史　」　107×31×10

・「く百十□石　」

完形。上部に切込みを入れる。

付札。付札で二行書きするのはこの木簡のみである。

二一二号（五号）

・「く庚子年五月十六日」

・「く辛番猪助史缶」　93.5×26.5×3

完形。上部に切込みを入れる。

「辛」は二〇七号にやや書きぶりが似て二画目を長く書く。「助」は墨が薄くなってしまっているが、残画から推測した。

二一三号（一三号）

・「く策事門思易門金」

・「く策事門思易門金」

88×14.5×4.5

完形。全体的に非常に丁寧な整形を加え、上部に切込みを入れる。

付札。若干書体を異にするが表裏で全く同じ記載内容である。詳しくは第二節参照。

二一四号（三一号）

・廿四日作」

・醯　」

(84)×30×8

上端欠損。

記載内容から付札の一部と考えられる。

二一五号（一二号）

・「十一月廿七日□□〔入一口ヵ〕赤

・「魚助史卒言

(94)×21.5×？

上端は原形をとどめるが、下端は欠けか。裏面「史」の下の右側は削った跡があり、本来は二行に割書していたものと考えられる。

記載内容から付札の一部と考えられる。

二一六号（一〇号）

・<五月廿四日作」

・<鳥　醯　」

(132)×24×7

上端は欠けているが、切込みが入っていたと推定される。下端は左側の一部を欠く以外は原形をとどめる。付札。表面はかなり墨が薄くなっている。「月」は、かなり間延びした書き方をしている。このような月の書き方は、二二一、二二二号に似る。また、全体的な書風が二一四号に似る。

二一七号

・□□□
・□

(105)×25×5

二一八号（三〇号）

・「<丙□
・「<□

(84)×33×8

二一九号

・□□
・□□□

(88)×28×2

二二〇号（九号）

「∨丁亥年二月八日辛番　」　127×12×6

完形。上部に切込みを入れる。

付札。「辛番」以下に文字はなく、やや薄く削られている。

二二二一号（八号）[39]

「∨甲寅年四月九日作加火魚醢」　(120＋α)×13×5

付札。

二二二二号（一一号）

∨三月廿一日作獐助史缶□〔肆カ〕　(141)×27×6

上端は欠損しているが、切込みが入れられていたと推定される。下端は刃物を入れた跡があり、原形をとどめるか。

付札。

二二二六号（三九号）[40]

□月十七

二二二九号

・「奉太子君　∨」　（表面）

・「前呉油□　∨」　（左側面）

・「召彡□〔代カ〕　く」　（右側面）　61×12×12

完形。四角柱状で下端に切込みを巡らす。

二三三号(41)

・□己□□□□□
　□□□
・□
　□巳□卅六札□□

『古代木簡』未掲載
　報告書一号

・洗宅白之　二典前四□子頭身沐浴□□木松茵　（表面）
・　□迎□入日□□　（左側面）
・十一月廿七日典□　思林　（裏面）　318×28×15

四角柱状の木簡。左側面の一部を欠くが、ほぼ完形である。
内容からみて文書木簡と考えられる。「沐浴」は湯水をつかって身を清めること、「茵」は敷きものである。

二　記載内容の分析

前節で掲げた釈文に基づいて内容の分析を行うが、その前に雁鴨池木簡の点数について述べておきたい。『報告書』において五一点とされているが、釈文が与えられているのはこのうちの三一点のみであった。また、その後、李鎔賢氏が追加した釈文も四五号までである。『古代木簡』に写真の載せられたものは全部で九七点あるが、そのうち墨痕があると判断されるものは五七点にすぎず、『報告書』に釈文が載せられているにも関わらず『古代木簡』に掲載されていないものも四点ある。その後の調査により、接続が新たに確認された木簡や一点と考えられていた木簡が別個体であると判明したものがある一方、『韓国木簡字典』には従来知られていなかった五点の木簡の赤外線写真が掲載されている。(42)

雁鴨池木簡の正確な点数を示すのは困難であるが、六〇点前後といえよう。この約六〇点の雁鴨池木簡のうち、墨書の内容が読み取れるものが、前節で釈文を提示した約四〇点である。それらを内容別に付札とそれ以外に分けて述べていきたい。

1　付札木簡

雁鴨池木簡の墨書内容が読み取れる約四〇点のうち、約半分の二一点が付札木簡である。つまり、雁鴨池木簡でもっとも点数が多いのは付札である。付札とは、「物品の整理・保管のために付けられた札で、物品の品目や数量などを表すもの」であり、物品の保管、供給、消費の状況を解明していく上で重要な手がかりとなりうる。(43)

表12　雁鴨池出土付札木簡一覧

番号	切込	年	月	日	作	動物名	加工品名	容器その他	書写面
食品付札									
一九三	○					加火魚	醢		表
一九五	○		月	三日	作	鹿ヵ	醢	瓮附	表
一九七	×					□□□	醢		表
二一四	不明		×	廿四日	作／	×	醢		表裏
二一六	○		五月	廿四日	作／	鳥	醢		表裏
二二一	○	甲寅年	四月	九日	作	加火魚	醢		表
一九四	○	甲辰	三月	三日	治	犭五蔵			表
二一〇	○	乙巳年	正月	十九日	作	口瓠／	鮓ヵ水	十八	表裏
一八八	○	丙午年	四月／			加火魚	助史	三□	表裏
一八九	○	庚午年	正ヵ月	廿七日	作	□／□□	助史ヵ	瓮ヵ	表裏
二一一	○	辛□年	正月	十□日	作	□猪	助史／	百十□石	表裏
二一二	○	庚子年	五月	十六日／	辛番猪		助史	缶	表裏
二一五	×		十一月	廿七日	入一口ヵ赤×／魚		助史	卒言	表裏
二二二	○		三月	廿一日	作	獐	助史	缶肆ヵ	表
その他									
一八三	○	□□□□□□□月		廿一日	上北廂×／猪水		助史	第一行瓮一入×／五十五□□丙番	三面
一八五	○	辛番洗宅□□瓮一品仲上／□遺急使□高城醢缶							表裏
一九六	○	南瓮汲上汁十三斗							表

二〇九	不明	辛卯年	第二汁八斗						表裏
一九二	〇	郎席長十尺　細次枇三件　法次枇七件　法□×							表
二一三	〇	策事門思易門金／策事門思易門金							表裏
二二〇	〇	丁亥年	二月	八日				辛番	表

註　×は、木簡は破損しているが前後に内容が続くと推定されるもの。
／は、木簡の記載が次の面に移ることを示す。

表12は、雁鴨池出土の付札を一覧表にまとめたものである。二一点のうち一四点は、「年月日＋作＋動物名＋加工品名＋容器その他」という記載様式によって書かれている。これらは、後述するように動物を加工した食品に付けられたと考えられるため、以下、「食品付札」と呼ぶ。各項目のうち、最後の「容器その他」の部分は省略されることが多いが、基本的には記載内容が一定しているといえよう。書式の各項目について検討したあと、全体的な考察を加えていきたい。

《食品付札》

年月日について

年から書かれたものと、月から記載されたものの二種類がみられる。一八八号のみ月までしか記されていないが、それ以外はすべて日にちまで記されている。月別にみると、正月が三点、三月が二点、四月が二点、五月が二点、十一月が一点である。月のわかる一〇点のうち九点が一～五月であり、六～十月は一点も確認できない。

年月日を記載した目的についてであるが、以下に述べるようにこの木簡は、長期保存が可能な塩辛や鮓などの発酵食品に付されたものであった。そのため、食品の加工日を記しておくことで、十分に発酵したか否かなどを知るためであったろう。例えば、琵琶湖周辺でつくられているなれ鮨の一種である鮒ずしは、小型のフナでも三ヵ月、一㌕前後の大型のものは二年間漬け込むことが必要であるという(44)。そのように長期間にわたって熟成させるため、いつ加工したかという年月日を記す必要があったと考えられる。

「作」について

八点に「作」とあり、一九四号の一点だけが「治」である。日付の次にくるので、動物の加工品を文字通りその日に「作った」ということを示すのであろう。「治」は普通金属の加工などに使用される文字であるが、「作」とどのような違いがあるのかは不明である。

動物名

動物名としてみられるのは、加火魚、魚、犭、鳥、獐、猪である。

まず「加火魚」は、漢字義の通り解釈すれば「火を加えた魚」になるが、借字表記でエイを意味すると考えられる(45)。エイは現代韓国語で「가오리（kaori）」である。一八世紀半ばの全国地理書である『輿地圖書』全羅道・康津・物産条に「加不魚」が、同書慶尚道・監営・進貢条には五月に「加兀魚」を進上すると書かれている。加火魚、加不魚、加兀魚はすべて同じ魚を指すと考えられ、「不」は音が pur であり、「兀」は音が or であるので、「火」は音の hwa ではなくて訓の por を借りて表記したものと考えられる。

文献で確認される最古の「加火魚」という表記は、『世宗実録地理志』である。同書は一四五四年に完成した『世宗実録』に載せられた全国地理志である。加火魚がみられるのは、京畿道の富平都護府、忠清道の舒川郡、庇仁県、洪州牧、保寧県、結城県の各条に魚梁によって捕れる魚の名として、また、平安道の貢物の一つとしてである。これらの記録からみる限りでは、加火魚は朝鮮半島西海岸の中部以北で漁獲されたことになるが、実際には、エイは朝鮮半島のほぼ全域で獲れ、(46)特に、西海岸南部の全羅道で好んで食べられている。西海岸中北部以外に加火魚がみられないのは、『世宗実録地理志』の編纂方針が地方ごとに異なっているためである。例えば、全羅道・霊光郡条には「魚梁十三【皆在郡西馬城佛洞】」と所在だけが記されていて、魚梁で捕れる具体的な魚があげられていない。朝鮮時代の全羅道などにおいても、加火魚は獲られていたであろう。『世宗実録地理志』にみえる加火魚の分布をもとに、雁鴨池木簡の加火魚がどこからもたらされたかを推定するのは困難である。

また、加火魚と書かれた木簡の日付はいずれも四月である。エイの漁期は旧暦の二月下旬から七月にいたるまでとされるので、(47)漁期に該当する。エイは、朝鮮半島ではごく一般的に食べられる魚類であり、焼きもの、刺身、炒め物、煮付け、鍋ものなど様々な調理法がある。(48)なかでも注目されるのは、生のままで長期保存が可能であるという点である。エイやサメの仲間は尿素を体内に大量に含んでいて、死後これらが分解しアンモニアなどを生成する。これによって細菌の増殖が防がれ、腐敗を防ぐのである。(49)そのため、冷蔵技術の存在しない新羅時代において、内陸に位置する王京で食べられる貴重な海水魚であったと考えられる。

「獐」はノロで、体高六〇～九〇センチほどの小型の鹿である。

「犭」は、一九四、二〇七号の二ヵ所にみられる。この文字は、正倉院所蔵の佐波理加盤附属の文書にも記されているほか、(50)泰安・馬島三号船の一九号木簡に「犭脯小蝦合盛箱子」とあり、高麗時代にも使用されていた。犬であるとする説もあるが、(51)「豕」に通じて「いのしし」である可能性が指摘されている。(52)

なお、雁鴨池の発掘では、池の底から大量の動物遺骨が出土している。その種類は、ほ乳類がウシ、ウマ、イノシシ、イヌ、ノロ、ヤギ、シカ、鳥類がキジ、カモ、ニワトリ、ガン、ガチョウである。(53)これらがすべて食用であったとは限らないが、イノシシ、ノロ、シカなど木簡に記載された動物が実際に出土していることが注目される。

加工品名

加工品名としてみられるのは、「醢」「助史」「鮓」である。

「醢」がみられるのは一八五、一九三、一九五、一九七、二一四、二一六号の六点である。一九三号では「加火魚醢」、一九五号では「鹿醢」、二一六号は「鳥醢」と、いずれも動物名についている。この、「醢」と釈した文字については、偏の「酉」と旁の下部「皿」は比較的明確に看取することができるものの、旁の上部は筆順を正確に追えるほど明瞭ではない。「醢」にもっとも近いと判断したが、漢字義としては「酒器」を意味していて、「動物名＋酒器」では意味を成さない。

ところで、『三国史記』巻八・神文王三年（六八三）春二月条には、

納一吉湌金欽運少女為夫人。先差伊湌文穎波珍湌三光定期、以大阿湌智常納采、幣帛十五轝、米酒油蜜醬豉脯醢一百三十五轝、租一百五十車

という記事があり、傍線を付したように「醢」がみえる。米、酒、油、蜜などと列挙されていることから、酒器ではなく塩辛を意味する「醢」の誤記というのが一般的な理解である(54)。したがって、木簡にみえる「醢」も、誤記もしくは字形の類似により「醢」と通用したものと考えたい。

「醢」は、「しおから」「ひしお」「ししびしお」などと訓じられ、魚や動物の肉を塩漬けにしたものであるが、単に塩漬けしたものではなく麴や酒などに漬けたものであるという(55)。つまり、「加火魚醢」「鹿醢」「鳥醢」は、それぞれエイ、シカ、トリの塩辛を指すと考えられよう。現在の韓国では、塩に漬けただけの塩辛（チョッカル）や、穀物も加えて発酵させる食醢（シッケ）の材料として使用されるのは海産物に限られており、木簡にみえるような動物や鳥

の肉は使用されない。だが、かつてはウシの胃やイノシシの皮の食醢もつくられていたという(56)。なお、泰安・馬島一～三号船で発見された高麗時代の荷札には、魚、古道(サバ)、蟹、卵、生鮑、蛟(イガイ)の醢がみられる。

「鮓」は二一〇号にみられる。釈読に若干の不確実さもあるが、鮓でよいとすれば醢と同様、塩漬けにして発酵させたものであろう。朝鮮半島で鮓の文字が初めてみられるのは、一三世紀に高麗で編纂された医学書『郷薬救急方』下巻・薬性相反条にみられる「青魚鮓」である(57)。

続いて、「助史」は、一八三、一八八、二一一、二一二、二一五、二二二号の六点にみられる。「助史」と初めて釈読して、これに着目したのは李文基氏であり、官職名と解釈している(58)。その理由は、まず、『三国史記』職官志によると、「史」は、新羅の中央行政官職の五等級官職体系における最下位官職であった。一方の「助」も会宮典、穢宮典に「助舎知」がみられ、これらは「舎知」を補助する意味に解釈できる。そのため「助史」は「史」を補助する官職で、宮中の様々な雑役に投入されたのだろうとする。そして、助史の上にある文字が具体的な業務を表すとし、例えば一八三号を「徒水助史」と読んで「水と関連した雑役」などと解釈した。

だが、前掲の表12をみれば明らかなように、助史の前にくる文字はいずれも動物名である。もし、李文基氏のように助史を下級官職名とする理解に従うなら、それら動物の加工を担当した官職と解釈する余地は残されている。ただし、二一二号や二二二号のように「動物名＋助史＋缶」とある場合、缶は次に述べるように容器の名前であるから、そうした解釈は困難であろう。前掲の表12を参照すると、醢と助史が一つの木簡に同時に現れることはなく、また「助史」は木簡の記載様式上、「醢」と同じ位置に来ている。したがって、「助史」は官職名ではなく、「醢」と同様になんらかの食品加工法を意味すると考えたい。漢字の音を借りて新羅固有語を記したと推定される(59)。

容器名

続いて容器名として「瓷」（一八三号）、「瓮」（一八九、一九五号）、「缶」（一八五、二一二、二二二号）の三種類がみられる。

このうち「缶」と釈文した文字については、これまで雁鴨池木簡の性格が様々に解釈されてきた原因の一つとなった注目すべき文字であるので、ここで詳しく触れたい。当該字について、一八五号と二一二号に共通する文字のあることはこれまでも注目されていた(60)。これまで釈文として、「武」「走」「一疋」の三説が出されている。

まず、「武」の欠筆とみなす見解は、『報告書』の李基東氏である(61)。この文字について、「則天武后の姓氏を欠筆したものではないかと」しているが、本人も述べているように無理な想定であろう。

次に、当該字を「走」と読みうる可能性を初めて指摘し、木簡の用途を積極的に解釈したのは、李成市氏である。全体を「□送急使牒高城壅走」と読んで、急使によって牒が渤海と国境を接する高城へと運ばれたとし、「走」は文書を運ぶ方法を指定したものであり、この木簡は漢代の「検」に類するとした(62)。平川南氏も、「走」の隷書風の書体が漢代の検と極めて類似しているとして、この見解を支持している(63)。もっとも積極的に解釈を施したのは李鎔賢氏である。「走」の上の字を、「壅」のほかに「継」とも読みうるとして、後者の場合リレー式による文書伝達を行っていたのではないかと推測し、慶州から北海通を通って高城にいたる交通路との関係を指摘した(64)。

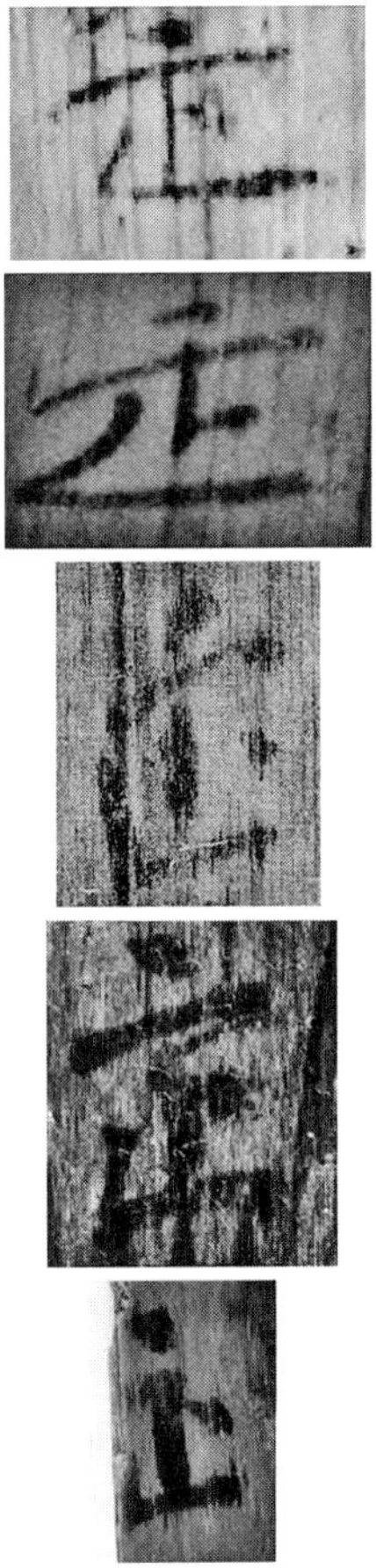

図21　雁鴨池木簡と平城京木簡の「缶」

尹善泰氏も、急使が牒を高城に伝達するという解釈については共通するが、最後の三文字を「驢一疋」と読み、伝達に使用する駅馬の使用を許可するという意味であるとする。(65)

以上の解釈は、最後の文字を「走」と読むか「一疋」と読むかという点では異なるが、高城に牒を送る際の方法に関する木簡であるという理解は共通した。

だが、当該字は、全く意味の異なる「缶」と釈読される。(66)その根拠となるのは、次の比較である。

図21の五点の写真のうち、一番上が雁鴨池一八五号木簡、二番目が二一二号木簡であり、下の三点は平城京の木簡である。平城京木簡の文字はいずれも「缶」と釈読されている。雁鴨池木簡のものと字形は多少異なるが、筆の運びは酷似するため、同一の「缶」と釈読することができる。

「缶」は、日本語の訓は「ひらか」、現代韓国語では「장군（Janggun）」であり、ともに入り口が狭く胴体部の大きくふくらんだ容器をさす。雁鴨池木簡で「缶」に入れられた中身をみると、一八五号木簡は「醢」、二一二号木簡は「□酒猪助史」、二二二号木簡は「獐助史」である。これは、古代日本における缶の使用法と共通している。すなわち、古代日本では、缶は魚介類やその加工品を入れる容器として使用されている。また、そのほかに蔬菜類の漬物、酒などを入れる容器としても使用され、木簡にみられる例としては、年魚、鰒耳漬、鯽醢、大醤瓜、酒などを入れている。(67)また、雁鴨池木簡のものに容積は書かれていないが、日本では一缶が一斗〜一石という範囲で、三〜五斗の例が多いという。(68)

『三国史記』『三国遺事』などの文献史料に「缶」は見られないが、『三国遺事』巻二・孝昭王代　竹旨郎条に「乃以舌餅一合酒一缸」とあり、酒を入れる容器として缸がみられる。泰安・馬島一〜三号船木簡においても、醢を入れた容器としてみられるのは、ほとんどが「缸」である。容量が明記されているものをみると、二斗、三斗、四斗がそれぞれ一例ずつである。また、『朝鮮王朝実録』においても、醢を入れる容器としてもっとも多くみられるのは「缸」である。(69) 缶と缸は同じものを指す可能性があろう。

では、「瓷」「瓮」「缶」はそれぞれ具体的にどのような土器を指すのであろうか。雁鴨池から出土した土器は、完形もしくは復元可能なものだけでも一六〇〇点余、復元不可能な土器はさらに一〇〇〇〇点ほどという膨大な数が出土している。それらの土器が当時どのような名称であったかについては、ほとんどわかっていないが、「瓮」についてのみ推定可能である。高さ一四七・〇チセン、口径五七・〇チセンの大型の土器の胴体上部に「十石入瓮」と刻まれており、この土器が当時「瓮」と呼ばれていたことがわかる。(70) したがって、木簡にみえる「瓮」も、このような土器であったと考えられる。大型の土器に醢を大量に漬け込んでいたのであろう。

このほかに器種名を記した雁鴨池の遺物としては、「酒鉢」と釈読できる土器片があるが、残念ながら原型は不明である。また、器種名は記されていないが関連する遺物として、「四斗五刀」と外底に記された梅瓶形土器（高さ五九・五チセン、底径一四・三チセン）が出土している。なお現在の韓国で「缶」と呼んでいる陶磁器と同じような形の土器が雁鴨池から出土しているが、(71) これが木簡のいう「缶」であるかは明らかでない。

まとめ

以上、食品付札についての検討を行ってきた。「年月日＋作＋動物名＋加工品名＋容器その他」という書式を持つこれらの付札は、瓷、缶などの容器に付けられて使用され、いつ作られたものなのか、また、中身がなんであるかを表していた。新羅内廷において多種多様の材料を用いて醢や鮓などの発酵食品が作られていたことを示しており、これまでほとんど明らかにされていなかった新羅の宮中生活に関する貴重な資料といえる。

2　付札以外の木簡

(1)　薬に関する木簡[72]

薬に関する木簡は、報二〇、一九八、二〇八号の三点である。

報二〇号は、『報告書』で「二薬十」という釈文が与えられていることから、『三国史記』職官志にみえる薬典の文書ではないかという見解がだされていた[73]。しかし、この木簡は、『報告書』に写真が載せられていないだけでなく、形態や大きさについての情報がない。『古代木簡』にも掲載されておらず、これまでの調査でも実見できなかったため詳細は不明である。

一九八号に、薬名が記されていることを最初に指摘したのは、尹善泰氏である[74]。「大黄」と「青木香」の二種類の薬物名を釈文した上で、この木簡の用途として、医書から処方を抜粋した習書であるか、あるいはこの処方箋にしたがって調剤したものではないかと推測している。薬名については、二〇〇六年三月の調査の結果、全部で一三種類書かれていると推測されるうちの一〇種類について釈文を確定することができた。その量は、藍淀の三分をのぞくとすべて「一両」とみられる。一両は、現在の韓国では約三七・三グラムであるが、統一新羅時代に何グラムであったかは不明である。この木簡の用途について、尹善泰は処方箋ではないかとするが、医書などに対応する処方箋があるわけではないので確実な推定とはいえない。その他の可能性として、薬物を保管している在庫を確認するためであるとか、薬物を授受する際にやりとりされたなどの想定もできよう。記載内容からでは、いずれとも決しがたい。

二〇八号木簡は、「阿膠」すなわちニカワの授受に関わる木簡である。ニカワは獣や魚の皮、骨からコラーゲンを抽出したもので、接着剤としても使用されるが、薬としても使用されるので、ここに分類した。

（2）　門と関連する木簡

門と関連する木簡は、一八六、二一三号の二点である。

一八六号については、これまでも日本の兵衛木簡と書式が類似すると指摘されている。[75]調査により釈文を訂正した。まず、門の名称について検討する。これまで「□隅宮」と「閤宮」という二つの宮があると釈読されていたが、「閤宮」は「同宮」であることがわかった。また、木簡の上端は完形であり、「隅宮」が宮の名称であることも明らかとなった。「隅宮」は他にはみられず、初出の宮名である。したがって、この木簡には、隅宮の北門、西門、東門、開義門という四つの門の名称が書かれていることになる。開義門は、おそらく隅宮の南門であろう。宮の四方に門のあったことがわかり、宮の構造を考える上で興味深い資料である。

また、これまで門の下の字は「廷」と読まれてきたが、李文基氏によって「迓」と訂正されている。朝鮮の国字で意味は「守」である。[76]名前の下にはそろって「左」という文字が書かれている。[77]これは、門番が右番と左番、もしくはさらに中番などに分けられていて、その番を示すのであろう。なお、東門の人名部分の左側は、縦棒が墨で引かれており、東門の門番が「三毛」一人であることを表している。

この木簡の用途について、日本の兵衛木簡との類似から食料を請求したもの、[78]宮廷の警備状況を点検するために携帯したものなどの解釈が示されている。[79]そのほかにも、配置の指示を出すためのものであるとか、あるいは実際に配置された人物を報告するためのものなど様々な可能性が考えられるが、記載内容からではいずれとも決しがたい。

二一三号木簡について、李文基氏は、

・策事門温少門金
・策事門思易門金

と釈しているが、表裏とも同じ「策事門思易門金」であると釈読した。李文基氏は末尾の「金」を姓と解釈していて、この金という人物が宮殿のある門で出入りなどを統制しており、この木簡は勤務状況を記した一種の当直表で、内廷官署の壁に掲示されたと推測した。(80) しかし、この「金」は鍵を意味すると推測される。現代韓国語で鍵のことを「열쇠（yolsoe）」、錠のことを「자물쇠（jamulsoe）」と呼ぶが、どちらも単に「쇠（soe）」と呼ぶこともある。この쇠（soe）は鉄、金属を表す言葉でもある。したがって、本木簡の金は、쇠（soe）と訓じられて、鍵もしくは錠を指していたと考えることができよう。門の名前が複数書かれていることから錠であるとは考えにくく、鍵につけられた木簡すなわち「キーホルダー」であったと結論付けられる。(81) 頭部の切り込みにヒモをかけ、二つの門の鍵に括り付けられていたのであろう。なお、鍵に付けられた木簡は、平城京からも出土している。(82)

（3）　習書木簡

習書木簡は、一八四、一八七、一九九号の三点出土している。

一八四号は「韓舎」と繰り返し書いている。一八七号は、「飛」という字や「宮」という字などが書かれている。一九九号は、「乙酉十月廿三日」という日付があり、「太邑」と何度も習書している。

出土した木簡のうち、ある程度性格の推測できるものは以上である。薬や門に関する木簡や習書木簡をのぞくと、ほとんどの木簡は付札で、醢や助史、汁類の入った壺や甕に付けられたものと推定される。これらの付札から統一新羅時代の内廷に関してどのようなことが明らかにできるのか、次節で述べていきたい。

三　新羅内廷における食品加工とその用途

雁鴨池木簡の大部分を占めるのは、食料品を保存する壺や甕に付けられた付札である。では、それらの食料品は、新羅内廷のどのような官司において作られ、またどのような場面で使用されたのであろうか。食料品のうち、主に「醢」に着目して考察を加えていく。

1　唐と日本における醢の作製と利用

まずは、同時代の唐と日本の例を参照していきたい。唐において醢の作製を担当したのは、光禄寺に属する「掌醢署」である。『唐六典』巻一五には、

掌醢署、令一人、正八品下、丞二人、正九品下、主醢十人。掌醢令掌供醯醢之屬、而辨其名物、丞爲之貳、一曰鹿醢、二曰兔醢、三曰羊醢、四曰魚醢、和其麴糵、視其多少、而爲之品齊。凡祭神祇、享宗廟、用葅醢以實豆、宴賓客、會百官、用醯醬以和羹。

とある。唐では鹿、兎、羊、魚の醢が作られていたこと、そして、醢の利用法としては、神祇・宗廟の祭祀において使用したり、あるいは賓客・百官の宴会の席で羹に和えていたことがわかる。各種の醢のうち、魚醢に関しては、都水監の河渠署が担当していた。『唐六典』巻二三には、

河渠署、令一人、正八品下、（中略）河渠令掌供川澤、魚醢之事、（中略）若大祭祀則供其乾魚、魚醢、以充籩豆之實。

とあり、やはり祭祀の際に使用される魚醢を供していたことがわかる。また、東宮官属の太子家令寺に属する典倉署についても『唐六典』巻二七に、

典倉署、令一人、従八品下、丞二人、従九品下。典倉令掌九穀入藏及醯醢、庶羞、器皿、燈燭之事、舉其名數、而司其出納。

とあるように醯醢を担当していたことがわかる。

古代日本においては、養老職員令・大膳職条に、

掌諸国調雑物及庶膳葅羞、醢葅醤豉。

とあり、大膳職が醢の加工を担当していた。[83] 大膳職で作られた醢の用途については、『延喜式』巻三二・大膳上に釈奠祭料として、

石鹽十顆、乾魚二升、鹿脯卅斤、鹿醢一升、魚醢一升、兎醢一升、豚醢一升、鹿五蔵一升（下略）

とあって、鹿、魚、兎の醢が釈奠の際に使用されていたことがわかる。また、同書巻二〇・大学寮にも、釈奠において先聖文宣王（孔子）と先師顔子（顔回）へ鹿醢、菟醢、魚醢を捧げたことがみえる。同条にはさらに、

三牲【大鹿小鹿豕各加五臓】菟【醢料】

右六衛府別大鹿、子鹿、豕各一頭。先祭一日進之、以充牲。其菟一頭、先祭三月致大膳職、乾曝造醢、祭日辨貢、其貢進之次、以左近爲一番、諸衛輪轉、終而更始

凡魚醢者、大膳職造備、望祭辨貢之

とあって、兎や魚の醢を大膳職で作っていたことがわかる。

醢の作製は、唐では掌醢署などが、日本では大膳職が担当し、いずれも祭祀や宴会で使用されたことがわかった。

これらを参考にして、新羅における醢の作製と利用について考察を加えていきたい。

2　新羅内廷における醢の作成

まず、醢などの食品加工を担当した内廷官庁を推定したい。

本章の「はじめに」で述べたように、内廷官庁に関する唯一の史料である『三国史記』職官志には具体的な職掌が書かれておらず、官職名によって推測するほかない。そのなかに唐の掌醢署のような直接醢などの発酵食品に関わる官職名は見出せない。そこで、日本の大膳職に対応するような、食事をつくった官職であったとすれば、まず、肉典（尚膳局）があげられる。また、東宮に所属する官府としては庖典があげられる。(84)雁鴨池木簡の付札にみえる醢は、これら肉典や庖典が管掌したものと考えられる。

では、王宮内の肉典や庖典において醢に加工したといえるのであろうか。

考察の前提として、醢にした食料品は、原材料の状態であれ、あるいは、すでに醢に加工された状態であれ、地方からの貢進物を含むと考えられる。なぜなら、獐や鳥であれば雁鴨池の庭園で飼育されていたものや周辺の山々で採れたものを利用した可能性もあるが、加火魚（エイ）は、疑いなく地方から貢進されたものである。したがって、可能性として考えられるのは、（一）地方から材料となる魚や動物などが貢進され、それを王宮内で醢に加工した、（二）地方であらかじめ醢に加工したものを王宮に貢進した、この二通りである。前者であれば付札の製作も地方ということになり、後者であれば付札の製作は王宮内ということになる。

そこで、改めて雁鴨池出土の付札をみると、これらの物品を貢進した地名や人名については一切記載されていない。もし、地方で付されて王宮に貢進されてきた荷札であれば、どこの誰が作ったものであるという情報が木簡に盛り込まれたはずである。したがって、雁鴨池の付札は、肉典や庖典が加工した段階で付けたものである可能性が高い。

以上の考察をまとめると、原材料となるノロ、シカ、エイなどは、地方から貢進されたものであり、宮廷内でそれらを醢などに加工して壺や甕にいれる際に付けたのが、雁鴨池木簡の付札であろう。内廷官庁で使用したそのような原材料が、どのように地方から調達されていたのかが重要な問題であるが、雁鴨池木簡からは残念ながらそのような情報を読み取ることはできない。

3　新羅における醢の使用

次に、醢などの利用について考察する。

唐では、賓客、百官の宴会の席で使用されている。新羅においても、これと同様に宴会で使用したのではないかと思われる。『三国史記』をみると、雁鴨池に面した臨海殿において王が群臣と宴会を行うという例が多くみられる[85]。そのような宴会の際に、醢が饗されたと想定されよう。

次に想定されるのは、祭祀に使用された可能性である。唐においても日本においても、宗廟や釈奠などの祭祀で醢が使用されている。新羅の場合、『三国史記』などの史料からは祭祀にどのようなものを使用したかは全く明らかでないが、高麗時代や朝鮮時代の祭祀において醢を使用しているので[86]、新羅においても醢を祭祀に使用した可能性は高い。内廷に属する官司で祭祀に関わるものとしては、嶽典、廩典、春典、祭典があげられる。嶽典は、山川、海瀆等の祭祀を、廩典は祭祀に供する犠牲等を、春典は王廟祭祀を、祭典はその他の祭祀を掌ったと想定されている。さらに、東宮管下の官司である月池嶽典は嶽典と同様に山川祭祀を、龍王典は龍神信仰と関わるとみられている[87]。こうした内廷官司が行った祭祀の際に醢が用いられ、容器に付けられていた付札が雁鴨池に廃棄されたと推測されよう。

また、一九四号の「犭五蔵」については、釈奠に使用された可能性が考えられる(88)。前掲の『延喜式』に、釈奠の際に使用した「三牲【大鹿小鹿豕各加五臓】」とあるように、「五蔵」の付いたものが使用されたことがわかる。実際に、平城宮からは、釈奠に使用した鹿肉に付けられたと考えられる木簡が出土している(89)。

鹿宍在五蔵　51×18

この木簡は、衛府関係木簡の数多く出土した地点から出土していることと、加工が丁寧で筆跡も整っていることから、釈奠で使用されたとされる。

新羅の釈奠については直接的な史料が残されていないものの、行われていた蓋然性が高いことについては、第Ⅱ編付章で述べた通りである。一九四号の五蔵付きの肉は、釈奠で使用された可能性が考えられよう。

最後に、前節で「缶」の釈読を問題とした一八五号も、祭祀に醯が使用されたことを示すのではないかと思われる。釈文を再度掲げる。

・「＜辛番洗宅□□〔鹿ヵ麞ヵ〕瓮一品仲上」
・「＜□遣急使□〔條ヵ牒ヵ〕高城醢缶」

本木簡は、前節で考察した付札とは若干表記法が異なる。というのも、表面に「瓮」、裏面に「缶」と両面に異なる容器名が記されているのである。したがって、単純に保存用の容器に付けられた付札であったとは考えにくい。また、雁鴨池木簡で唯一、高城という地方名が確認されることも注目される。

「辛番」から始まる面を表面として、考察を加えていく。

辛番は雁鴨池から出土した土器にも多くみられる。「辛審龍王」「龍王辛審」など龍王とセットでみられることから、山神を意味するという説や、[90]辛に「秋収した新物」という意味があることから、龍王祭の祭需である辛（新物）を担当する東宮の官職であるとする説がある。[91]銘文土器では「辛審」であるが、木簡にみえる字形は「辛番」である。一八三号木簡に「丙番」がみられるので、「十干＋番」で番上などを意味するとみられるが、辛と丙しかみられないのが不審である。辛番の意味は、不明とせざるをえない。

「洗宅」は内廷の官司であり、国王直属のものと東宮（太子）直属のものがあり、侍従と文筆を担当した。[92]五、六字目は字形がはっきりしないが、「獐」や「鹿」などの動物名であった可能性が高い。なぜなら、他の付札では醢の前に必ず動物名があるのにたいして、本木簡の裏面にはそうした記載がないからである。この部分になんらかの動物名が入らないと、何の醢であるのかがまったく不明になってしまう。「品仲上」は品質が中の上であるということを示しているのであろう。類例として二〇七号に「品上」とみられる。

次に裏面をみていくと、表面よりも墨痕は明瞭であるが、一字目と五字目の釈文に問題を残す。五字目はこれまで読まれたように「牒」の可能性もあるが、字形は「條」に近いと判断される。「條」には名詞として「えだ、すじ、すじみち、ひも」などの意味や、細長い物を数える助数詞として使われるが、記載内容からは、「急使を遣わし高城に醢缶を條す」のように動詞で解釈するほかないと思われる。「條」には動詞として、「のびる、とどく、おさめる」の意味があるので、「高城に醢をとどけた、おさめた」という意味に解釈できるのではないか。そうであれば、裏面全体では、「急使を遣わし高城に醢の入った缶をとどける」となろう。

表面と裏面を一体のものとして解釈すると、獐（鹿）肉を加工して醢を作り、それを急使によって高城に運んだ際に付けた荷札と考えられるのではないだろうか。高城が宛先とすると、受信側でなく発信側である雁鴨池から出土したという問題は残るが、復命のためにも使われたか、発信側の控えなどとみることができよう。

では、高城でも獐や鹿を捕獲することは可能と思われるのに、なぜ、急使を送ってまで内廷で加工した醢を使用したのだろうか。その理由として考えられるのが、祭祀に使用した可能性である。『三国史記』巻三二・祭祀志によると、高城郡には小祀の行われる「霜岳」があった。すでに述べたように内廷に属する嶽典は、三山・五岳以下の名山・大川に対する祭祀を行っていたと考えられるので、霜岳にたいする祭祀も担当していたと考えられる。もちろん、霜岳の祭祀に醢を使用した証拠はないが、先述のように唐や高麗、朝鮮において様々な祭祀に醢が使用されていたことから、十分に考えられる。釈文に問題を残すため記載内容を正確に把握することは困難だが、一八五号は、高城の霜岳における祭祀に使用する醢を送付する際に付けた荷札という可能性を提起したい。

おわりに

本章の検討をまとめる。

(1) 雁鴨池木簡は、出土位置が遺跡全体に及ぶことと、干支年の書かれたもののなかに八世紀半ば頃とは考えられないものがあることから、これまでいわれてきたような八世紀半ばの一括資料ではなく、より幅広い年月にわたり使用され、廃棄された木簡である。

(2) 約六〇点の木簡のうち、記載内容のわかる木簡は約四〇点であり、付札、門関連、薬関連の木簡や習書がある。このうち、付札が二一点と約半数を占め、これらの付札は、壺や甕などの容器に付けて使用したもので、エイや鹿などを発酵食品に加工した日付けを明示するためのものであった。

(3) エイや鹿、獐などは、地方から貢進されてきたものであり、宮中で荷ほどきされたあと、内省の肉典もしくは東宮官司の庖典で醢などに加工され、木簡が付せられた。

(4)　醢は宮中での宴会に出されたほか、嶽典、春典、祭典、龍王典などによる祭祀や、釈奠の際に使用された。

第一節で述べたように、木簡自体は長い年月にわたり蓄積されたものであると推測されるにも関わらず、大部分の木簡は記載内容の類似した付札である。雁鴨池周辺すなわち東宮が同じ機能を果たし続けたためと考えられよう。

結局、雁鴨池木簡の大部分をしめる付札は、内廷で使用する物資の消費に関わる資料であるといえる。内廷に対する供給に関しては、十分な検討を行うことができなかったが、「はじめに」でも触れたように尹善泰氏は、二〇七号を内廷に貢進された物資に付けられた荷札であると推定している[93]。今後、雁鴨池木簡のみならず、墨書土器、刻書土器など他の雁鴨池出土銘文資料、さらには新羅村落文書、佐波理加盤文書など内廷に関わる可能性のある文書を合わせて検討することによって、内廷における物資の供給から加工、保存、消費まで含めた全体像を明らかにする必要がある[94]。

註

（1）　文化広報部文化財管理局『雁鴨池　発掘報告書』（文化広報部文化財管理局、一九七八年。邦訳は、西谷正ほか訳『雁鴨池　発掘報告書』学生社、一九九三年）。

（2）　三池賢一「新羅内廷官制考（上）」（『朝鮮学報』六一、一九七一年）、同「新羅内廷官制考（下）」（『朝鮮学報』六二、一九七二年）、李仁哲「新羅内廷官府の組織と運営」（『新羅政治制度史研究』一志社、一九九三年）。

（3）　李基東「木簡類」（前掲『報告書』）。その後、釈文などに多少の訂正を加えて「雁鴨池から出土した新羅木簡について」（『新羅骨品制社会と花郎徒』一潮閣、一九八四年。初出は一九七九年。邦訳は、小宮山春生訳「雁鴨池から出土した新羅木簡について」『国学院雑誌』八三―六、一九八二年）が発表された。木簡の釈文は、その後、以下の資料集にも掲載されているが、大きな違いはない。李基白編『韓国上代古文書資料集成』（一志社、一九八七年）、韓国古代社会研究所編『訳注韓国古代金石文Ⅲ（新羅２・渤海篇）』（駕洛国史蹟開発研究院、一九九二年。簡単な注釈あり）、国史編纂委員会編『韓国古代金石文資料集Ⅲ（統一新羅・渤

海篇)』(国史編纂委員会、一九九六年)。
(4) 李基東「羅末麗初近侍機構と文翰機構の拡張」(前掲『新羅骨品制社会と花郎徒』。初出は一九七八年)。
(5) 高敬姫「新羅月池出土在銘遺物にたいする銘文研究」(一九九三年度東亜大学校大学院史学科碩士論文)。
(6) 李成市「韓国出土の木簡について」(『木簡研究』一九、一九九七年)、同「韓国木簡研究の現況と咸安城山山城出土の木簡」(『韓国古代史研究』一九、二〇〇〇年)。
(7) 李鎔賢「統一新羅の伝達体系と「北海通」―韓国慶州雁鴨池出土の一五号木簡の解釈」(『朝鮮学報』一七一、一九九九年)。
(8) 尹善泰「新羅の文書行政と木簡」(韓国古代社会研究所編『講座韓国古代史 九』駕洛国史蹟開発研究院、二〇〇二年)。
(9) 尹善泰「新羅統一期王室の村落支配―新羅古文書と木簡の分析を中心に」(ソウル大学校大学院国史学科博士学位論文、二〇〇〇年)八四~九七頁。
(10) 国立慶州博物館編『文字でみた新羅』(国立慶州博物館、二〇〇二年)。
(11) 李鎔賢「慶州雁鴨池(「月池」)出土木簡の基礎的検討―報告書分析とナンバリングを中心に」(『韓国木簡基礎研究』新書苑、二〇〇六年。初出は二〇〇三年)。
(12) 国立昌原文化財研究所編『韓国の古代木簡』(国立昌原文化財研究所、二〇〇四年)。
(13) 李文基「雁鴨池出土木簡よりみた新羅の宮廷業務―宮中雑役の遂行と宮廷警備関連木簡を中心に」(『韓国古代史研究』三九、二〇〇五年)。
(14) 調査は、李成市、平川南、三上喜孝の三氏と共同で国立慶州博物館、国立中央博物館の全面的な協力のもと二〇〇五年十二月九~十日(国立慶州博物館)、二〇〇六年三月二十一~二十二日(国立中央博物館)、二〇〇六年四月十三日(国立中央博物館)の三次にわたり行った。また、二〇〇六年一月十五日、十一月二十二日、十二月四日の三度にわたり検討会を行った。本章は、これら調査、検討の成果に基づくものである。

なお、本章の元になった論文は、韓国語訳して『新羅文物研究』創刊号、二〇〇七年に掲載された。同号には、研究論文として、李鎔賢「雁鴨池と東宮包典」および尹善泰「雁鴨池出土「門号木簡」と新羅東宮の警備」が掲載されている。また、咸舜燮「国立慶州博物館所蔵雁鴨池木簡の新たな判読」において釈文が整理されているとともに、一部の木簡については新たに接続が確認された。それらの木簡については、本文に反映している。

(15) 李基東「木簡類」(前掲書)二八五頁。
(16) 李成市「韓国出土の木簡について」(前掲誌)など。
(17) 李鎔賢「慶州雁鴨池(「月池」)出土木簡の基礎的検討—報告書分析とナンバリングを中心に」(前掲書)。
(18) なお李基東「木簡類」(前掲書)二八五頁は、四月二十日に最初の木簡一点が出土したとしているが、『報告書』の他の記録にはみられない。
(19) 李鎔賢「慶州雁鴨池(「月池」)出土木簡の基礎的検討—報告書分析とナンバリングを中心に」(前掲書)はR17区と推定する。日誌の前後に同地区への言及があるためそのように推定したのであろうが、必ずしもそのように解釈できるとは限らないので、ここでは不明とする。
(20) 以下、木簡番号は、『古代木簡』の番号による。
(21) 李基東「木簡類」(前掲書)二九〇～二九二頁。
(22) 李鎔賢「統一新羅の伝達体系と「北海通」—韓国慶州雁鴨池出土の一五号木簡の解釈」(前掲誌)五一、五五頁。
(23) 李文基「雁鴨池出土木簡よりみた新羅の宮廷業務—宮中雑役の遂行と宮廷警備関連木簡を中心に」(前掲誌)一六九～一七三頁。
(24) 李成市「韓国出土の木簡について」(前掲誌)一三三頁。
(25) 三池賢一「新羅内廷官制考(下)」(前掲誌)五二頁は「官司設置場所を示すのみで職掌等不明」とし、李仁哲「新羅内廷官府の組織と運営」(前掲書)六七頁は「北側に設置した王宮の別棟を管理する官府とみられる」とする。
(26) 向日市教育委員会編『長岡京木簡一　解説』(向日市教育委員会、一九八四年)三五頁。
(27) 李成市『東アジアの王権と交易』(青木書店、一九九七年)。
(28) 李基東「羅末麗初近侍機構と文翰機構の拡張」(前掲書)。
(29) 平川南「正倉院佐波理加盤付属文書の再検討」(『日本歴史』七五〇、二〇一〇年)一二頁。
(30) このような例として石川県加茂遺跡出土の牓示札がある(平川南監修・(財)石川県埋蔵文化財センター編『発見!古代のお触れ書き—石川県加茂遺跡出土加賀郡牓示札』大修館書店、二〇〇一年)。
(31) 李成市「韓国出土の木簡について」(前掲誌)一三一～一三二頁。
(32) 金宅圭「民俗学的考察」(前掲『報告書』)三九二～三九五頁。

(33) 奈良国立博物館『第五四回　正倉院展目録』(奈良国立博物館、二〇〇二年)六四〜六五頁。

(34) 他の付札にみられる塩辛や鮓と関連付けてあえて憶測するならば、魚醤である可能性が考えられる。魚醤は、現在の韓国でも、キムチを漬ける際の漬け汁として広く利用されている。例えば、全羅道ではカタクチイワシを塩辛にして上にたまった上澄み汁や、塩辛全体を煮て濾してとった汁をキムチに入れる。また、全羅道の離島においては、漬け汁だけでなく調理に利用するという(黄慧性、石毛直道『韓国の食』平凡社、一九八八年、二三五〜二三八頁、石毛直道、ケネス・ラドル『魚醤とナレズシの研究』岩波書店、一九九〇年、一二四〜一二五頁)。

(35) 李宇泰「古代度量衡制の発達」(韓国古代社会研究所編『講座韓国古代史　六』駕洛国史蹟開発研究院、二〇〇二年)三四六〜三五〇頁。

(36) 尹善泰「月城垓字出土新羅文書木簡」(『歴史と現実』五六、二〇〇五年)一二四〜一二八頁。

(37) 調査後、二二三号木簡が下端に接続することが判明したため(咸舜燮「国立慶州博物館所蔵雁鴨池木簡の新たな判読」前掲誌、一三〇頁)、釈文を修正した。

(38) 平城宮四八四号木簡など。

(39) 従来、本木簡の所見として、「上端は刃物による調整で原型を留めているとみられ、切り込みはもともとなかったと判断される。下端は欠損していて文字はごく一部しか残っていない」として、最後の「醓」は読み切っていなかった。しかし、咸舜燮「国立慶州博物館所蔵雁鴨池木簡の新たな判読」(前掲誌)一三八頁により、上下に接続する木片の存在が明らかとなった。その結果、上端に切り込みがあり、最後の文字は「醓」と読み切ることができた。

(40) 調査後に他の木簡との接続が判明しているが(咸舜燮「国立慶州博物館所蔵雁鴨池木簡の新たな判読」前掲誌、一四〇頁)、未釈字がほとんどのため、釈文は従来通りとした。

(41) 調査後に二三六号木簡などとの接続が判明したため(咸舜燮「国立慶州博物館所蔵雁鴨池木簡の新たな判読」前掲誌、一四二頁)、釈文を修正した。

(42) 『韓国木簡字典』(国立加耶文化財研究所、二〇一一年)七八一〜七八五頁。

(43) 高島英之「物品付札の形態―平城宮・京跡出土の資料を中心に」(『古代出土文字資料の研究』東京堂出版、二〇〇〇年。初出は一九八七年)。

(44) 石毛直道、ケネス・ラドル『魚醬とナレズシの研究』(前掲)二三〜二四頁。
(45) 韓国精神文化研究院編纂部『韓国民族文化大百科事典』(韓国精神文化研究院、一九九一年)第一巻、一三二頁「가오리」の項。
(46) 農商工部水産局『韓国水産誌一』(日韓印刷、一九〇八年)二七二〜二七三頁。
(47) 農商工部水産局『韓国水産誌一』(前掲書)二七三頁。
(48) 李盛雨(鄭大聲・佐々木直子訳)『韓国料理文化史』(平凡社、一九九九年)三五一〜三五二頁。
(49) 佐々木道雄『韓国の食文化』(明石書店、二〇〇二年)二〇六〜二〇七頁。
(50) 鈴木靖民「正倉院佐波理加盤付属文書の解読」「正倉院佐波理加盤付属文書の基礎的研究」(『古代対外関係史の研究』吉川弘文館、一九八五年。初出はそれぞれ一九七八年、一九七七年)。
(51) 国立海洋文化財研究所『馬島三号船』(国立海洋文化財研究所、二〇一二年)二四三頁。
(52) 平川南「正倉院佐波理加盤付属文書の再検討」(前掲誌)四〜五頁。
(53) 国立慶州博物館図録『雁鴨池館』(通川文化社、二〇〇二年)。
(54) 韓国精神文化研究院研究部編『訳注　三国史記1　勘校原文篇』(韓国精神文化研究院、一九九六年)九六頁では、「原本は「醢」だが文意により醢に修正する」とする。井上秀雄『三国史記1』(平凡社、一九八〇年)二五三頁の本文では、「醢《さかずき》」とするが、注では「醢は醢《しおから》か」とする。
(55) 関根真隆『奈良朝食生活の研究』(吉川弘文館、一九六九年)二四八頁。
(56) 石毛直道、ケネス・ラドル『魚醬とナレズシの研究』(前掲)四八〜四九頁。
(57) 石毛直道、ケネス・ラドル『魚醬とナレズシの研究』(前掲)四八頁。『郷薬救急方』については、申榮日「郷薬救急方に対する研究」(慶熙大学校大学院韓医学博士論文、一九九四年)参照。
(58) 李文基「雁鴨池出土木簡よりみた新羅の宮廷業務」(前掲誌)一七四〜一九三頁。ただし、二一一号木簡については言及していない。
(59) 助史は現代韓国音で読めば「조사 (josa)」である。ところで、一六世紀につくられた字書である『訓蒙字会』をみると、醢も鮓もともに訓が젓 (jos) とされており、現代でも塩辛のこと젓 (jos) と呼ぶ。助史 (josa) と醢、鮓、塩辛を意味する젓 (jos) は音が類似しており、借字表記であった可能性が考えられる。ただこの推定には、助史だけ漢字義ではなく借字により標記するの

は、木簡のなかで表記の一貫性がないという疑問も予想される。しかし、動物名に関しても、獐や鹿、鴨など漢字そのままの意味で使われるものがある一方で、「加火魚」は漢字の音訓を借りて新羅の固有語を表したものと解される。したがって、加工品名のうち助史だけが借字表記であっても問題とはならないと考える。

(60) 李鎔賢「統一新羅の伝達体系と「北海通」―韓国慶州雁鴨池出土の一五号木簡の解釈」(前掲誌) 五五~五七頁。

(61) なお、高敬姫「新羅月池出土在銘遺物にたいする銘文研究」(前掲碩士論文) 五一頁も同一の釈文を掲げるが、特に解釈は加えていない。

(62) 李成市「韓国出土の木簡について」(前掲誌) 二三四頁。

(63) 平川南「屋代遺跡群木簡のひろがり―古代中国・朝鮮資料との関連」(『古代地方木簡の研究』吉川弘文館、二〇〇三年。初出は一九九九年) 八八~九〇頁。

(64) 李鎔賢「統一新羅の伝達体系と「北海通」―韓国慶州雁鴨池出土の一五号木簡の解釈」(前掲誌)。

(65) 尹善泰「新羅の文書行政と木簡」(前掲誌)、同「韓国古代木簡の出土現況と展望」(前掲『韓国の古代木簡』) 三六八頁。

(66) 一八五号木簡については、次節で検討する。

(67) 三保忠夫『木簡と正倉院文書における助数詞の研究』(風間書房、二〇〇四年) 二七三~二七四頁。

(68) 関根真隆『奈良朝食生活の研究』(前掲) 三八六~三八八頁。

(69) 『世宗実録』五年八月辛未条、同八年六月戊寅条、『文宗実録』即位年十月丁亥条、『世祖実録』十四年六月辛丑条など。

(70) 高敬姫「新羅月池出土在銘遺物にたいする銘文研究」(前掲碩士論文) 二六頁。なお、高敬姫は、ある台湾の学者の説として、この銘文を「十口八瓮」と釈し「十口之家八瓮過冬」(一〇名の家族が冬を越すには八瓮の食料が必要だ) という解釈を紹介している。その後、国立慶州博物館図録『雁鴨池』(前掲) 一〇四頁、同『文字でみた新羅』(前掲) 八三頁などもそのまま従っているが、国立慶州博物館の雁鴨池館における調査により本文のように釈文を訂正した。

(71) 国立慶州博物館編『国立慶州博物館図録』(通川文化社、二〇〇一年) 一六三頁。

(72) 薬物木簡に関しては、三上喜孝「慶州・雁鴨池出土の薬物名木簡について」(朝鮮文化研究所編『韓国出土木簡の世界』雄山閣、二〇〇七年) 参照。

(73) 李基東「木簡類」(前掲書) 二九六頁。

(74)　尹善泰「月城垓字出土新羅文書木簡」(『歴史と現実』五六、二〇〇五年)一二四〜一二八頁。
(75)　李成市「韓国出土の木簡について」(前掲誌)二三四頁。
(76)　李文基「雁鴨池出土木簡よりみた新羅の宮廷業務—宮中雑役の遂行と宮廷警備関連木簡を中心に」(前掲誌)一九七〜一九九頁。
(77)　李文基「雁鴨池出土木簡よりみた新羅の宮廷業務—宮中雑役の遂行と宮廷警備関連木簡を中心に」(前掲誌)一九六頁は、右と左があるとして、その上にある門番の位置を示しているとする。
(78)　李成市「韓国出土の木簡について」(前掲誌)二三四頁。
(79)　李文基「雁鴨池出土木簡よりみた新羅の宮廷業務—宮中雑役の遂行と宮廷警備関連木簡を中心に」(前掲誌)一九九〜二〇〇頁。
(80)　李文基「雁鴨池出土木簡よりみた新羅の宮廷業務—宮中雑役の遂行と宮廷警備関連木簡を中心に」(前掲誌)二〇一〜二〇二頁。
(81)　雁鴨池から「合穴閘鎰」などと直接刻んだ鉄製の錠が出土している。なお、「鎰」がカギを意味するのは、従来日本固有の用法と考えられていたが、これにより新羅でも同様であったことがわかった(李成市「韓国出土の木簡について」前掲誌、二三四〜二三五頁)。
(82)　木簡学会編『日本古代木簡集成』(東京大学出版会、二〇〇三年)木簡番号四八五、四八八、四八九号。
(83)　職員令・大宰府条にも「主厨一人、掌醯・醢・韲・葅・醤・豉・鮭等事」とある。
(84)　三池賢一「新羅内廷官制考(下)」(前掲誌)五六頁。
(85)　巻八・孝昭王六年七月条、巻九・恵恭王五年三月条、巻一一・憲安王四年九月条、憲康王七年三月条、巻一二・敬順王五年二月条。
(86)　『高麗史』礼志によると円丘、社稷、太廟をはじめとする各種の祭祀に醯が使用されている。
(87)　三池賢一「新羅内廷官制考(上)(下)」(前掲誌)。
(88)　平川南「正倉院佐波理加盤付属文書の再検討」(前掲誌)四頁が同様の見解を示す。
(89)　奈良国立文化財研究所編『平城宮木簡三』(奈良国立文化財研究所、一九八一年)三五六五号木簡。
(90)　高敬姫「新羅月池出土在銘遺物にたいする銘文研究」(前掲碩士論文)二五〜二六頁。
(91)　尹善泰「新羅統一期王室の村落支配—新羅古文書と木簡の分析を中心に」(前掲博士論文)九一〜九四頁。
(92)　李基東「木簡類」(前掲書)、李基東「羅末麗初近侍機構と文翰機構の拡張」(前掲書)。

(93) 尹善泰「新羅統一期王室の村落支配—新羅古文書と木簡の分析を中心に」(前掲博士論文)。

(94) 「辛番」「龍王」などと書かれた雁鴨池出土土器については、著者も参加した国立歴史民俗博物館の共同調査により総合的に検討を加えており、その成果は、近日中に公表される予定である。また、近年の国立慶州博物館南側敷地遺跡の発掘で、「辛蕃東宮洗宅」と刻まれた青銅皿が出土している(崔順祚「国立慶州博物館南側敷地遺跡出土新銘文資料」『木簡と文字』一〇、二〇一三年)。こうした遺物との関連を含めた、木簡の再検討が必要となっている。

第二章　近年出土の木簡

二〇〇七年以降に出土した木簡のうち、本書で直接の検討対象とはしなかったが重要なものとして、祭祀に関わる木簡、百済の木簡、高麗沈没船出土の木簡について略述する。

一　祭祀木簡(1)

(1)　昌寧・火旺山城(2)

山城内の統一新羅時代の池から、墨書のある人形が出土した。

・真族

・□古仰□□年六月廿九日真族
　　　　龍王開祭

（釈文は金在弘氏に依る）491×106

丸太を縦に半分に割って作っており、前面は丸みを帯び、背面は扁平である。前面には墨で人物像を描き、脳天部と首、胴体に鉄釘が刺してあった。後面には、「六月廿九日」という日付と「龍王」が読み取れる。雨ごいの儀式に関係すると思われる。

このほか、木簡三点が短頸壺の内部から出土している。短頸壺は高さ一〇・八センチ、口径七・七センチの小ぶりなもので、木製の栓がついていた。三点の木簡は、長さ五・〇～六・四センチ、幅一・九センチ、重ねた状態で二ヵ所に鉄釘を打ち結合されていた。両面に墨書があり、呪術的行為に使用されたものと推定される。

同じように池の内部から木簡あるいは木製品の入れられた状態で壺が発見された例は、河南・二聖山城にも三件ある(3)。木簡あるいは木製品を壺の中に入れて、池の中に沈めるという儀礼が存在したようである。なお、壺に入れられたこれら木製品は、人の代わりに神に捧げられた斎串である可能性が指摘されている(4)。

（2）　慶州・伝仁容寺址(5)

新羅の王宮があった月城から、川を挟んで七〇～八〇メートル南側に位置している。六世紀代から礎石をもつ建物が建てられ、八世紀半ば～後半以降、寺院として使用された。寺院遺構としては、金堂、東西二つの塔、中門および翼廊、東西回廊などが発掘されている。木簡が出土したのは、東回廊から南に二〇メートルほどにある井戸一〇の内部である。動物や鳥類、魚類の骨、桃の種、円盤型土製品など、祭祀に関わると考えられる遺物とともに出土した。井戸内の遺物は、八世紀初めから一〇世紀初めと推定されており、木簡の年代もおおよその頃と考えられる。

・大龍王中白主民渙次心阿多乎去亦在
・名者所貴公歲卅金□公歲卅五
　是二人者歲□中人亦在如契与□□右□
157×14×9　マツ

木簡は刀子状であり、一部欠損しているものの、ほぼ原形を保っている。裏面は二行書きで、一行目が天地逆に書かれている。大龍王に呼びかける内容であり、井戸の祭祀に関わるものであろう。「心阿多乎去」「亦在」など吏読文で書かれており、言語学的な資料としても貴重である。(6)裏面に「所貴公歳卅、金□公歳卅五」と年齢とともに書かれた二人の人物について、火旺山城の人形木簡や、国立慶州博物館敷地遺跡の井戸から人骨の出土したことを根拠に、龍王へ捧げられた犠牲とする見解がある。(7)

二　百済木簡

従来、百済木簡の研究はあまり振わなかった。その理由は、一遺跡あたりの出土点数が少なく、城山山城の荷札や雁鴨池の付札のように、同じ性格の木簡がまとまって出土することがなかったためである。ところが、近年、出土事例の増加により、異なる遺跡から類似した用語や記載様式をもつ木簡がみられるようになった。その結果、百済木簡同士の比較が可能になりつつある。以下、近年出土した木簡のうち、こうした事例を中心に検討していく。

(1)　扶余・双北里二八〇―五番地遺跡木簡(8)

同遺跡で出土した木簡はわずか三点であるが、それぞれ画期的な意義をもつ。

まず、「戊寅年六月中佐官貸食記」という表題をもつ木簡により、穀物を貸し出して利息を付けて回収する制度の存在が初めて明らかになった。日本列島出土の出挙木簡と記載様式や用語が共通することから、出挙の実施方法や記録技術が朝鮮半島から日本列島に伝わったと推測される。(9)今後も同様の木簡が出土すると予測され、こうした制度がどの程度の範囲、規模でなされていたのかなど、これまでほとんど明らかでなかった百済の財政、経済を解き明かす重要な史料となるだろう。

次に、「・外椋ア鉄（表面）・代綿十両（裏面）」と記された付札は、王京の空間構成を復元する糸口になる。発掘担当者の朴泰祐氏は、外椋部の位置を次のように推測している。出土状況からみて木簡は外部から流入したものであり、流水の方向を考慮すると本来の使用場所は、遺跡から西方に約一五〇メートル《メートル》の扶余女子中学校から、約一キロ《キロ》の扶余女子高校の間である。そして、「内官」である外椋部は宮城内にあるはずで、王宮の中心地が官北里一帯と推定されていることから、扶余女子高校付近の可能性が高い(10)。こうした推定にたいしては、木簡の使用地が必ずしも外椋部そのものである必要はなく、例えば外椋部が管理するクラなどの施設で使用されたという想定も可能であろう(11)。いずれにせよ、これまで明らかでなかった王宮の範囲や官司の位置などの推定に、木簡が貢献しうると期待される。

三点目は、韓国ではじめて確認された題籤軸であり(12)、遺跡周辺での紙文書の使用を裏付ける証拠となる。百済においても、古代日本と同様、紙と木簡を併用していて用途ごとに使い分けていたことを示している(13)。

（2）　扶余・双北里一一九安全センター敷地遺跡(14)

青銅炉一基が確認されたこと、扶余地域でもっとも多くの坩堝が出土していることなどから、政府の管理する工房であったと推定されている。年代は、共伴する遺物から、七世紀前半から半ばまでである。文字のある木簡が四点、墨書の確認できない木簡状木製品一点が出土している。

一九四号木簡

「く玉石□十斤」

100×17×8

形状から付札と考えられる。

冒頭部分は、「玉石」のほか、「五石」と読んで道教の仙薬である五石散を意味するという解釈が提起されている。写真をみる限りでは、冒頭は「五石」、二字目は「代」の可能性が高い。そうであれば、代納した物品に付けた付札であると想定できよう。代納品の付札としては、先述した双北里二八〇—五番地遺跡木簡が、鉄の代わりに綿一〇両を外椋部に貢進するための付札と考えられる。「五石」は穀物などを指し、その代わりに斤単位で量られる鉱物などを貢進する際に付けた荷札であろう。

このほか、「四斤一両」「五斤四両」など重量を記した木簡、「部」と記されている木簡が出土しているが、詳しい性格は不明である。

（3）　扶余・双北里トゥイッケ遺跡(15)

扶蘇山の東側、羅城の内側に位置している。百済泗沘時代の水路、建物址、井戸などの遺構が確認されており、木簡は水路から多量の有機物とともに発見された。

・□慧草而開覚（前面）

・□人□□□□（右側面）

上下端とも欠損している。角柱状の木簡であるが、文字が確認されるのは二面のみである。角柱状の百済木簡としては、陵山里木簡二号（「支薬児食米記」）、四、五、六号のほか、宮南池の習書木簡などが報告されている(16)。

（4）　扶余・旧衙里中央聖潔教会遺跡[17]

扶蘇山の南側の低地にある。遺跡の性格について、長方形の水たまり、溝、区画された構造物の存在から私的な園林である可能性や、手斧くずが多数発見されていることから工房の可能性が指摘されている。百済時代の遺構は、大きく二つの段階面に分けられ、一段階面はさらに三期に細分される。なお、一―2段階面の遺構五と遺構一二からは寄生虫の卵が発見されており、トイレ遺構の可能性があるという。年代は、一段階面が六世紀半ば～七世紀初め、二段階面が、泗沘期の最末期である七世紀半ば頃と推定されている。

二号[18]（一―2段階面　遺構五〈水たまり〉）

・「所遺信来以敬辱之於此□簿」
・「一无所有不得仕也莫□好耶荷陰之後／永日不忘　」　252×35×3

下部左側面が一部欠損するが、ほぼ完形である。四字ずつで文章の書かれた類例として、陵山里三〇五号の「宿世結業同生一処是／非相問上拝白来」（表面）、「慧暈呻於」（裏面）がある。

五号（一―1段階面　遺構一一〈水路〉出土）

・者中ア奈率得進／下ア韓牟札　」
・□　」　(245)×36×5

上端は欠損している。中部・下部は、王京内におかれた五部であり、奈率は、一六等の第六等にあたる。「地名＋

官位＋人名」は、陵山里二九七号「津城下部對徳疏加鹵」など、百済木簡によくみられる人名記載様式である。

七号（一―1段階面　遺構一一〈水路〉出土）

「□□□□〔太公西美カ〕前ア赤米二石　〈」　193×25×6

完形である。下端に切込みがある付札は、百済では初めてである。上半分の釈文は未確定であるが、「人名＋部名＋物品名＋数量」という記載様式の付札と思われる。そうであれば、これまで知られた百済木簡は五号木簡のように「部名＋人名」の順であり、初めての例となる。「赤米」のように米の種類が書かれたものもこれまでみられなかった。

八号（一―1段階面　遺構五〈長方形水たまり〉）

□文　　鳥□□
□□麻石　鳥古備
牟多　　鳥兮管」　(62)×32×22

上部が大きく欠損しており、右下端も欠けている。二段にわたって人名を列挙したものか。下段の冒頭は鳥で共通しており、このような列挙の方法は、次項でみる伏岩里の七号木簡も同様である。

（5）羅州・伏岩里遺跡(19)

遺跡からは、鉄器生産に使用された炉が四ヵ所確認されたほか、坩堝ややっとこが出土しており、大規模な工房が存在したと推定されている。木簡の出土した一号竪穴は、直径六・九二メートル、深さ五・三七メートルにもなり、貯水施設と考えられる。竪穴の周囲で坩堝や送風管、鋳造鉄片が出土していることから、工房で使用するための水であったと推測される。

木簡は、七世紀初めに集中して廃棄、堆積されたものである。なお、以下に掲げる釈文は、報告書ではなく、著者も参加した共同調査で作成したものによる。[20]

一号

年三月中監数肆人

出背者得捉得安城」

(83)×42×8　マツ

得安城は、百済地方制度の五方の一つ、東方(現在の論山市恩津面)である。逃亡者(「出背者」)を得安城で捕捉(「得捉」)したことを報告する文書木簡か。

年齢区分や労働編成に関わる木簡として、二点の木簡を掲げる。

二号

兄将除公丁　婦中口二　小口四

□兄定文丁　妹中口一

前□□□

『定』

(281)×50×3　ニガキ

五号

・「丁一　　中口□
大祀○村□弥首山　□□四
□丁一　牛一」

・「□〔径カ〕水田二形得七十二石　在月三十日者
○畠一形得六十二石
得耕麦田一形半」

185×27×6　マツ

記載内容が、次の扶余・宮南池出土木簡と多く共通する。

・西□○丁夷

・西卩後巷巳達巳斯丁　依活□□□丁
○
帰人中口四　小口二　邁羅城法利源畓五形

350×45×10

まず、二号木簡は多くの断片に分かれているため釈読が困難であるが、「□兄定文丁」という記載がある。これを「文丁」という単語とみて、

扶余・陵山里三〇七号

・□徳干尓

・□為資丁
追□□若□

扶余・双北里ヒョンネドゥル

・□率牟氏丁□

□○隆兄丁一

□酒丁一

（裏面略）

(92)×37×4

(61)×31×5

にみられる「資丁」や「酒丁」と同様に、職役を表すものという推測もある。[21]ただし、ヒョンネドゥル出土木簡の一行目にみえる「牟氏」は、扶余・陵山里出土「支薬児食米記」木簡のほか、癸酉銘三尊千仏碑像（六七三年）にも造像に参与した人名として「真牟氏」がみられ、人名である可能性がある。そうであれば、「人名＋丁＋数字」という記載様式となるので、「□酒」で人名とも考えられよう。

また、二号木簡の「除公」を年齢区分とみてよければ、新羅村落文書と共通する。新羅と百済で共通する年齢区分を使用していたことになり、注目される事例である。「妹」と読んだ文字は、報告書では「背」とするが、赤外線写真を接続して検討した結果改めた。婦と妹で異なる親族関係を意味するのだろう。なお、宮南池木簡の裏面左行冒頭の「帰人」も、「婦人」である可能性が高い。

二号木簡と宮南池木簡は、いずれも丁―中口―小口という年齢区分の順に列挙されている。五号にも、年齢区分である丁と中口がみられる。表面が労働力、裏面がその労働の結果を示すものであろう。裏面の「□水田」と「畠」は「何石を得」とあるので収穫を、「麦田」は「得耕」つまり耕作したことを報告したとみられる。「形」は前掲の宮南池木簡にもみられ、百済独自の面積単位と考えられる。
労働編成に関わる木簡としては、次のものもある。

三号

・□年自七月十七日至八月廿三日　□□毛羅□
　半　那　比　高　墻　人　等　若　□　□

　□戸智次　　　前巷奈率烏胡留
・夜之間徒　　　領非頭扞率麻進
　□将法戸匊次（刻線）又徳率□

(248)×(45)×5　マツ

杓子状に二次的加工されている。

表面の毛羅は毛良夫里県（高敞郡高敞邑）、半那は半那夫里県（羅州市潘南面）にそれぞれ比定できよう。七月十七日から八月二十三日までの一月余りにわたり、裏面に記された人物を労役に動員したことを示すと推測され、裏面は、上段が徴発された人、下段はその所持者あるいは監督者か。下段の人物は「地名＋官位＋人名」で表記され、奈率、扞率、徳率はそれぞれ百済官位一六等の六、五、四等である。

七号

・「∨　竹悦
　竹遠竹□竹□

竹麻
□　□」
・「∨　并五　」
108×(35)×4　マツ

表面で人名を列挙し、裏面で「并せて五（人）」と合計する。前掲の「佐官貸食記」も貸付額の合計を「并」で表わしている。人名は一字目が「竹～」で共通しており、旧衙里八号木簡と類似する。表面末尾の未読字は、何らかの注記か。文字の大きさと記載様式から、竹遠がこの五人を代表する人物とみられる。

八号

・「　○　上去三石
(142)×21×6　ウルシ

「去」を去年とみて、「去（年分）の三石を上（たてまつ）る」の意か。石数のみで物品名を書かない点は、一一九安全センター木簡と共通する。

一〇号

・「∨　郡得分　」
・「∨　□子□州久門米付　」
153×29×7　マツ

表面は「郡が得る分」と理解できよう。「～分」という用例は、官北里二八五号木簡に「中方向分（中方に向う分）」がある。伏岩里に郡衙があったことを示すとも考えられるが、周辺は百済の豆肹県に比定され、「豆肹舎」と刻書された土器も出土している。

一一号

「○庚午年」　　85×34×3　マツ

年期をもつ唯一の木簡で、六一〇年と推定される。

一二号

「○軍那徳率至安」　　190×24×5　マツ

「軍那」は、『三国史記』地理志に、唐の置いた帯方州の県名としてみえるが、本木簡により百済でも使用されていた地名であることがわかる。百済の屈奈県（現在の咸平郡咸平邑）であり、伏岩里から西北に約一五キロにあたる。「地名＋官位＋人名」のみ記されており、前掲の陵山里二九七号と類似する。

伏岩里遺跡の木簡は、断片的な内容の木簡が多いものの、百済が文書行政を通じて緻密に人を管理していたことは確実なようである。本遺跡からは製鉄遺構が出土しており、そうした作業に従事した人々を管理するために使用された可能性がある。本木簡は、今後の百済史研究さらには古代朝鮮史研究において、経済史、制度史など様々な分野における根本史料になると期待される。

これまで出土した韓国木簡は、新羅のものが多かった。そのほとんどは荷札（城山山城）や付札（雁鴨池）などモノに付された木簡である。(22) それにたいして百済の木簡は、文書や帳簿と推定されるものが多い。こうした新羅と百済の木簡の違い、ひいては文書行政の相違をどのようにみるのかは、今後の韓国木簡研究の大きな課題といえよう。

三　高麗沈没船出土木簡

朝鮮半島の西海岸である忠清南道泰安郡近興面の海域で、これまでに四隻の沈没船から合計一八九点（うち、木簡八九点、竹札一〇〇点）が発見されている。木簡のほとんどは荷札木簡であり、「発送元（郡県）＋宛所（官職・人名）＋物品（品名・数量）＋発送担当者」という整然とした記載様式をもっている。以下、それぞれの木簡の年代と、関連する郡県についてみていく。[23]

(1)　泰安船[24]　三四点（木簡のみ）

約二万点の高麗青磁が引き上げられており、年代は、器形や紋様から一二世紀と推定されている。その後の再判読により、九号木簡の冒頭が辛亥もしくは辛未の干支年を読み取ることができ、一一三一年または一一五一年に推定できるという。[25]

発送元は、「耽津県」（全羅南道康津郡）である。

(2)　馬島一号船[26]　七三点（木簡一六点、竹札五七点）

五点の木簡に「丁卯」、四点の木簡に「戊辰」という干支年がみられ、宛所となっている金純永が一三世紀前半に活躍した人物であるので、それぞれ一二〇七、一二〇八年となる。

発送元は、いずれも現在の全羅南道である。竹山県（海南郡馬山面）、会津県（羅州市多侍面）は栄山江流域にあるが、遂寧県（長興郡長興邑）は南海岸、安老県（霊岩郡金井面）は内陸にあり、それぞれやや離れている。

(3)　馬島二号船[27]　四七点（木簡二四点、竹札二三点）

干支年の記されたものはないが、宛所としてみられる李克偦が『高麗史』の一二一九年および一二二〇年の記事にみられるので、一三世紀初め頃と推定でき、一号船とさほど遠くない時期のものである。

発送元は、いずれも全羅北道の海岸近くであり、長沙県（高敞郡上下面）、古阜郡（井邑市古阜面）、茂松県（高敞郡星松面）である。

(4)　馬島三号船(28)　三五点（木簡一五点、竹札二〇点）

宛所としてみられる辛允和が、『高麗史節要』の一二六〇年の記事に将軍としてみられる。また、金令公は、武臣政権の金俊を指すと推定され、一二六五年に海陽侯となって以降のものとなる。

発送元は、呂水県（全羅南道麗水）である。

高麗沈没船木簡の材質面の特徴をみると、馬島一、二号船木簡は、タケで作られたものが多くを占める。朝鮮半島での竹簡の出土は、楽浪時代の『論語』冊書はあるが(29)、三国時代以降のものとしては、これが初めてである。また、先述したようにテソム木簡の樹種はマツが多く、新羅、百済の木簡と共通する一方で、馬島一号船は、ハルニレやトネリコなど、これまでみられなかった樹種が多く含まれている。木簡に使用された樹種は、手近に利用できる木を使用したとみられ、タケと木との使い分けも、内容からは特に見出されない。タケが多いのは、全羅道地域に豊富という理由によるものであろう

註

（1）　以下で掲げる二点の木簡については、三上喜孝「「龍王」銘木簡と古代東アジア世界―日韓出土木簡研究の新展開」（『日本古代の文字と地方社会』吉川弘文館、二〇一三年）による詳細な検討がある。

（2）　慶南文化財研究所『昌寧火旺山城内蓮池』（昌寧郡・慶南文化財研究所、二〇〇九年）、朴成天・金始桓「昌寧火旺山城蓮池出土木簡」（『木簡と文字』四、二〇〇九年。邦訳は拙訳『木簡研究』三五、二〇一三年）、金在弘「昌寧火旺山城龍池出土木簡と祭儀」

（『木簡と文字』四、二〇〇九年。邦訳は拙訳『木簡研究』三五、二〇一三年）、金昌錫「昌寧火旺山城蓮池出土木簡の内容と用途」（『木簡と文字』五、二〇一〇年）。

（3）漢陽大学校『二聖山城三次発掘調査報告書』（京畿道、一九九一年）、漢陽大学校『二聖山城四次発掘調査報告書』（河南市、一九九二年）。

（4）李在晥「伝仁容寺址出土「龍王」木簡と井戸・池での祭祀儀式」（『木簡と文字』七、二〇一一年）。

（5）権宅章「慶州伝仁容寺址遺跡発掘調査と木簡出土」（『木簡と文字』六、二〇一〇年）。

（6）金永旭「伝仁容寺址木簡に対する語学的接近」（『木簡と文字』七、二〇一一年）。

（7）李在晥「伝仁容寺址出土「龍王」木簡と井戸・池での祭祀儀式」（前掲誌）。

（8）朴泰祐・鄭海濬・尹智熙「扶余双北里二八〇—五番地出土木簡報告」（『木簡と文字』二、二〇〇八年）、朴泰祐「木簡資料よりみた泗沘都城の空間構造—「外椋部」銘木簡を中心に」（『百済学報』創刊号、二〇〇九年）、李鎔賢「佐官貸食記と百済貸食制」（国立扶余博物館『百済木簡』国立扶余博物館、二〇〇八年）、（財）百済文化財研究院『扶余双北里二八〇—五遺蹟』（財）百済文化財研究院、二〇一一年）、早稲田大学朝鮮文化研究所「扶余・双北里木簡」（『咸安城山山城木簡』雄山閣、二〇〇九年）。

（9）三上喜孝「古代東アジア出挙制度試論」（前掲『日本古代の文字と地方社会』。初出は二〇〇九年）、鈴木靖民「百済の貸食制と中国・倭国」（『日本の古代国家形成と東アジア』吉川弘文館、二〇一一年）。

（10）朴泰祐「木簡資料よりみた泗沘都城の空間構造—「外椋部」銘木簡を中心に」（前掲誌）六一～六六頁。

（11）盧重国「百済の救恤・賑貸政策と「佐官貸食記」木簡」（『白山学報』八三、二〇〇九年）一三一～一三三頁。

（12）城山山城木簡のうち、題籤軸として報告されているものが五八号木簡をはじめ一二点ある。しかし、いずれも文字は記されておらず、また形状が少なくとも日本の題籤軸とは異なっており確実な事例とはいえない。

（13）早稲田大学朝鮮文化研究所「扶余・双北里木簡」（前掲書）。

（14）ソンホソン「扶余・双北里一一九安全センター敷地出土木簡の内容と判読」（『木簡と文字』七、二〇一一年）、李浩炯「扶余双北里一七三—八番地遺蹟木簡の出土現況と検討」（『木簡と文字』一一、二〇一三年）。

（15）沈相六・李美賢・李孝重「扶余「中央聖潔教会遺跡」および「トゥイッケ遺跡」出土木簡報告」（『木簡と文字』七、二〇一一年）。

（16）国立扶余博物館『百済木簡』（前掲）。

(17) 沈相六・李美賢・李孝重「扶余「中央聖潔教会遺跡」および「トゥイッケ遺跡」出土木簡報告」(前掲誌)。
(18) 木簡番号は、沈相六・李美賢・李孝重「扶余「中央聖潔教会遺跡」および「トゥイッケ遺跡」出土木簡報告」(前掲誌)の報告順によって著者が便宜上つけたものである。
(19) 文化財庁国立羅州文化財研究所『羅州伏岩里遺跡Ⅰ　一〜三次発掘調査報告書』(文化財庁国立羅州文化財研究所、二〇一〇年)、金聖範(拙訳)「羅州伏岩里遺跡出土百済木簡とその他の文字関連遺物」(『木簡研究』三四、二〇一二年)、李成市「羅州伏岩里百済木簡の基礎的研究」(鈴木靖民編『日本古代の王権と東アジア』吉川弘文館、二〇一二年)。
(20) 国立羅州文化財研究所の協力の下、平川南、李成市、三上喜孝、田中史生、小倉慈司、武井紀子、高木理、橋本繁が、二〇一〇年八月に現地調査を行い、五度にわたり検討会を開いて作成した。以下で述べる木簡の理解についても、共同調査の成果によるところが大きい。なお、共同調査の成果の一端は、国立羅州文化財研究所主催シンポジウム「六〜七世紀栄山江流域と百済」(二〇一〇年十月二十八〜二十九日)において、李成市「韓日古代社会における羅州伏岩里木簡の位置」および平川南「日本古代の地方木簡と羅州木簡」として発表されている。また、李成市「羅州伏岩里百済木簡の基礎的研究」(前掲書)も参照。
(21) 金聖範(拙訳)「羅州伏岩里遺跡出土百済木簡とその他の文字関連遺物」(前掲誌)一七七頁。
(22) 新羅木簡の概要については李成市「韓国木簡研究の現在—新羅木簡研究の成果を中心に」(工藤元男・李成市編『東アジア古代出土文字資料の研究』雄山閣、二〇〇九年)参照。
(23) 概要については、林敬熙「高麗沈没船貨物票木簡」(国立歴史民俗博物館・平川南編『古代日本と古代朝鮮の文字文化交流』大修館書店、二〇一四年)参照。また、泰安船と馬島一、二号船については、橋本繁「近年出土の韓国木簡について」(『木簡研究』三三、二〇一一年)、馬島三号船については橋本繁「新出の韓国木簡」(『考古学ジャーナル』六四八、二〇一三年)も参照。
(24) 文化財庁・国立海洋文化財研究所『泰安テソム水中発掘調査報告書　高麗青磁宝物船』(二〇〇九年)。
(25) 林敬熙「泰安船木簡の新たな判読」(『海洋文化財』四、二〇一一年)。
(26) 国立海洋文化財研究所『泰安馬島一号船』(国立海洋文化財研究所、二〇一〇年)。
(27) 国立海洋文化財研究所『泰安馬島二号船』(国立海洋文化財研究所、二〇一一年)。
(28) 国立海洋文化財研究所『泰安馬島三号船』(国立海洋文化財研究所、二〇一二年)。
(29) 李成市・尹龍九・金慶浩(拙訳)「平壌貞柏洞三六四号墳出土竹簡『論語』について」(『中国出土資料研究』一四、二〇一〇年)。

終章　古代東アジアにおける文字文化の広がり

はじめに

本書では、古代朝鮮半島において木簡をどのように使用していたのかを明らかにした。では、このような木簡使用の背景にある古代朝鮮の文字文化は、どのように受容されたものだったのだろうか。また、日本列島にはどのような影響を与えたのであろうか。終章として、東アジアにおける文字文化の広がりについて論じる。

一　文字文化の広がりと地方社会

まず、新羅に文字が導入される際の一つの特徴として、王京内部よりも地方の支配という局面で先行して使用されたことが指摘できる。中国文明の象徴ともいえる漢字が朝鮮半島に広がる過程では、国と国との交渉だけではなく、地方レベルでの交渉、すなわち地方が主体となった文字文化の伝播もあったと考えられる。

新羅が自ら文字を使用した資料のうち、現在残っているものでもっとも年代の遡るのは、五〇一年の浦項・中城里碑と五〇三年に建立された迎日・冷水里碑である。これらの碑はいずれも、地方における財物をめぐる争いを解決するために王京の支配者集団が判決を下し、それを石に刻んだものである。新羅の碑文を追っていくと、このように地方社会との関わりが濃厚にみられる。蔚珍・鳳坪碑や丹陽・赤城碑はじめ真興王巡狩碑など六世紀の碑文はほとんど、王京の内部にむけたものではなく、王京の支配者共同体が地方の服属民を支配することに関わる資料である。そして、木簡についても、城山山城木簡をはじめ地方支配に関わるものが多い。現存する資料からみる限り、六世紀初頭には碑文（中城里碑・冷水里碑）、六世紀半ばには木簡（城山山城木簡）を通じて、地方支配に文字が使用されている。

一方で、王京内に目を転じてみると、文字が支配に使用され始めたのは、それよりも遅れるとみられる。現存する資料としては、木簡では月城垓子の部、里を記した木簡が、碑文としては五九一年の南山新城碑がもっとも遡る。いずれも六世紀末以降のものであり、文字による支配が行われるのは、地方支配よりも半世紀ほど遅れるのである。あくまでも現在の資料状況からみた限りではあるが、このような現象は、文字は、地方の服属民をより確実に支配するという目的でまず使用されたと考えてよいのではないだろうか。

また、同時に注目しなくてはならないのは、その背景には、地方社会の側にも文字を解する人々が存在したということである。中城里碑や冷水里碑のように財物係争の判決文を石に刻んだのは、それを読みうる人間が地方社会にいたことを前提とする。また、城山山城木簡は、第Ⅰ編第三章で述べたように地方の人々が書いたものであった。地方社会に文字文化を積極的に受容しようとする人々がいたのであり、中央の側からは、彼らを通じて地方への支配力を強めることができ、文字を受容した地方民の側では、地方社会のなかでの地位を上昇させることができたと考えられよう。文字文化を共有することで、彼らと中央との結び付きは強くなったと考えられる。

二　東アジアにおける文字文化の伝播

李成市氏は、東アジアにおける文字文化の伝播を次のように図式化している。

中国大陸（A）→朝鮮半島（A′→B）→日本列島（B′→C）

朝鮮半島における部分（A′→B）を消去させては、中国大陸と日本列島は結び付けようがなく、中国木簡を受容した朝鮮半島でそれが変容されていき、そうした過程をへた木簡が日本列島で受容されたとしている[1]。本書の検討から、このモデルのより複雑で具体的な様相の一端が明らかになったと思われる。

以下、このモデルに沿って述べていきたい。

1　中国大陸（A）→朝鮮半島（A′）

觚が数多く使用されるという韓国木簡の特徴は、楽浪郡を通じて漢簡の影響を受けたものとみられる。觚の多用が後代までみられるのは、朝鮮半島の自然環境によるものと指摘したが、その源流自体は漢簡にあることは間違いないだろう。特に、第Ⅱ編第二章で検討したような觚に典籍を書くという事例は、漢簡の影響による可能性が高い。ただし、単純に受容するのではなく、中国にはみられないような長大な簡に典籍を書くという独自の使用法を開発している。中国での使用法そのものを受容するのではなく、朝鮮半島における必要にあわせて工夫を加えて変容させていったことがわかるのである。

そして、このような漢簡の影響は、高句麗を経由したものである可能性が高い。李成市氏は、高句麗による先駆的な受容と変容が、朝鮮半島南部や日本列島地域への文明受容の道を切り開いた過程そのものと述べている。(2) 高句麗木簡が未発見のため、木簡を通じた比較はできないが、四世紀半ばの安岳三号墳の壁画には、冊書らしきものをもっている人物が書かれている。これは当時の実際の様子を描いていると考えられるので、四世紀の時点で高句麗では冊書を使用していたといえよう。百済や新羅においては冊書はみられず、いずれも木簡の使用が紙木併用で始まっていることから、冊書から紙木併用へという書写材料の転換が、高句麗において起きた可能性が高い。

また、中国大陸からの影響について、今後は、漢代以降についても考慮にいれた研究が必要となろう。紙の使用が徐々に広がっていった魏晋南北朝期の簡牘、例えば長沙走馬楼から出土した三国呉の木簡、竹簡なども比較を行う必要がある。朝鮮半島において国家が形成、発展した時期に相当する中国の魏晋南北朝時代は、中国においても南北で大きく文化が異なっていた。北朝の影響を強く受けた高句麗と、南朝の影響を強く受けた百済、そして、少し遅れて六世紀後半になって初めて中国との交通をもった新羅とでは、影響を受けた中国文明自体が異なるのである。そうした中国文明からの長い年月にわたる重層的な影響が、朝鮮半島の文字文化には反映されていると考えられる。

2 朝鮮半島（A′→B）

次に、朝鮮半島の内部でどのように木簡の使用が展開していったのか、主に新羅と百済の文字文化を比較しつつみていきたい。

本書では、百済木簡の個別的検討を行いえなかったため、個々の木簡に則した新羅木簡との比較はできない。ただし、冊書がないこと、觚が多数使用されるという点や、文書木簡の比率が少ないことなど、木簡の使用方法全般においては共通点がみられる。その一方で、百済と新羅の大きな違いとして、文字習熟度に相当の違いがあるという点を指摘できる。それがもっとも明確に現れているのが、扶余・陵山里出土の百済木簡と、咸安・城山山城出土の新羅木簡である。六世紀半ば頃というほぼ同時期の木簡であるが、陵山里木簡は非常に書き慣れた書風で、木簡の整形も丁寧なものが多い。一方の城山山城木簡は、整った書体のものも一部あるものの、筆順が正確でなく筆画が欠けていたり、あるいは個々の文字の形がいびつで全体のバランスの悪いものが少なくない。これらは、文字の習熟度の違いを反映していると考えられる。なぜ、そうした違いが生じたのであろうか。

その原因として考えられるのは、六世紀までの文字文化の進展の差異である。百済の文字文化にも、「部」を「ア」とする略字や「椋」字の使用など高句麗からの影響はみられるが、(3)それと同時に中国大陸からの直接の文字文化の伝播が、早期から色濃くあったと考えられる。百済は、四世紀後半頃からすでに中国の南朝と直接外交関係をもっており、仏教など南朝からの直接的な文化の伝来は枚挙にいとまがない。百済の文字文化は、このような南朝との交流により早くから発達していたため、六世紀半ばにおいてすでに文字に習熟していた様子が木簡に反映されているのであろう。

一方、新羅における文字伝播は、百済とはやや異なる。六世紀まで新羅と中国との直接の交渉はなく、文字文化の伝播は高句麗との交渉によるものであった。(4)慶州・路西洞古墳群の壺杅塚から発見された「乙卯年國岡上廣開土地好太王壺杅十」と鋳出された壺杅は、広開土王の葬礼に参加した新羅の使者に下賜されたものである。中原高句麗碑は、高句麗王と新羅王の関係を兄弟にたとえつつ、新羅を東夷と位置付けている。このような高句麗との外交関係によって新羅に文字が入ってきたのである。新羅の文字文化は、高句麗経由の文字文化であった。(5)

ところで、城山山城木簡の検討から明らかにしたように、六世紀半ば頃には新羅の地方民が荷札を書いており、ごく一部の階層ではあろうが、全国的な文字の普及が推定された。このように、新羅で六世紀前半に文字文化が地方社会にまで急速に広がりえたのは、高句麗によって変容された文化を受容したためではないだろうか。そのため、百済と新羅の文字文化を比較したときに、共通して高句麗から影響を受けた部分では類似点がみとめられるが、百済では中国大陸から直接の影響もつよいため、それのみられない新羅との相違点も同時に見出せるのではないか。

以上のようにA′→Bの朝鮮半島における変容は、その時代ごとの国際情勢を背景に、複雑な展開を示していたと考えられるが、一応、次のようにまとめることができる。

高句麗は、楽浪郡の影響からはじまって中国からの直接の影響を受けつつ、漢字を自分たちの使いやすいように変容させていった。百済では、高句麗によって変容された文字文化を受容しつつ、中国南朝との直接交渉による影響をも同時に受けていた。そして、新羅では、当初はもっぱら高句麗の影響を受けていたが、のちに中国からの直接的な影響を受けるようになった。

3　朝鮮半島（B）→日本列島（B′）

朝鮮半島の文字文化は、日本列島の文字文化にどのような影響を与えたのであろうか。韓国木簡と日本木簡との比較を通じて検討していきたい。

(1)　内　容

木簡に書かれた内容の違いを明らかにするためには、一定の要件にそって木簡を分類する必要がある。そこで、日本木簡の分類に基づいて韓国木簡を分類して、その上で特徴を見出していきたい(6)。

日本木簡は、内容により大きく付札木簡と文書木簡、習書・落書、その他などと分けられる(7)。しかし、細かい分類については論者によって異なり、特に近年の長屋王家木簡や地方木簡に対する研究成果により、分類自体に改良の余地があると指摘されている。(8) 一応の共通認識を示すものとして、日本の木簡学会が編集を行った『日本古代木簡集成』における分類に従いたい。(9)

一　荷札木簡（城山山城）

二　文書木簡

1　様式別文書木簡

「牒」（月城垓子一四九号）

「教」（同一五三号）

「その他」（二聖山城一一八号、伏岩里一号）

2　記録関係文書

「記録」（月城垓子一五一号、皇南洞二八一号、陵山里・「支薬児食米記」）

「門の警備」（雁鴨池一八六号）

「出挙」（双北里・「佐官貸食記」）

3　内容・用途別木簡

「祭祀」（陵山里二九五号）

「呪符」（火旺山城、伝仁旺寺址）

三　その他の木簡

「付札」（雁鴨池、月城垓子一七二・一七三号、陵山里二九七・三〇四・三一三号、双北里一一九安全センター）

「習書」（雁鴨池、陵山里二九五号、宮南池）
「その他」酒令具（雁鴨池）
「儒教経典」（鳳凰洞、桂陽山城）

日本の木簡と比較した時に、確かに、日本で出土したものと類似するものが多数確認されている。(10) しかし、狭義の文書すなわち「書式上何らかの形で授受関係が明らかにされているもの(11)」が非常に少ないことを指摘できる。広義の文書に含まれる帳簿、記録簡については、詳細な用途が不明なため右には掲げていないが、第Ⅲ編第二章で触れた伏岩里の百済木簡がある。しかし、韓国木簡の圧倒的多数は、荷札もしくは付札なのである。日本木簡にみられる文書木簡の多様さと比べると、韓国木簡の文書木簡が非常に限られているという点は、大きな相違点として指摘することができよう。

（2）形　状

韓国木簡の形状に関する特徴として、角柱状で書写面が三面以上の木簡である「觚」が多いことは、これまでも指摘されている。

尹善泰氏は、出土した墨書木簡の数が二五〇点前後に過ぎないにも関わらず、觚が一二点以上発掘されており、韓国古代社会において広く使用されたことを指摘する。そして、その始原が中国漢代にみられることから、中国漢代の簡牘文化に直接的な影響を受けたためであると評価している。(12)

韓国で発見されている觚の点数は、現在では二〇点にのぼり、それに類似した棒状の木簡も五点ある。韓国で出土している古代木簡が全体で約五五〇点に過ぎないことから、全体の五％近くを觚や棒状木簡が占めるのである。また、出土した遺跡は、新羅の王京であった慶州、百済の王京であった扶余、地方の山城など様々であり、觚や棒状木簡が、広範囲に使用されていたことがわかる。

一方、日本における觚の出土例は、管見の限りでは一二点に過ぎず、韓国で出土したものよりも少ない。三〇万点ともいわれる日本木簡の全体に占める割合からすると〇・〇一％未満となり、極めて例外的であるといえよう。また、内容面では、公的な文書や記録の書かれたものはほとんどみられない。鹿児島県京田遺跡のものは、発給者や発給対象者、日付けが書かれているので文書としての形式を有してはいるが[13]、戸外に掲示するための告知札としての性格が強い。大部分は習書で、その他文字を数多く書ける利点を生かして九九や干支を書写したものがみられる程度である。したがって、日本木簡と比較すると、韓国木簡は数量においても用途の幅においても、觚や棒状木簡を広く使用していたと言える。

(3) 材と樹種

それでは、なぜ、古代朝鮮では觚や棒状木簡を大量に使用したのであろうか。

『論語』を記した長大な觚である鳳凰洞木簡および桂陽山城木簡を実見した結果、材の中心部分に木の髄のあることがわかった[14]。したがって、木の枝から作ったと考えられる。また、棒状木簡も、枝の皮を剝いで、表面をほとんど加工することなくそのまま書写面として利用したものである。すなわち、韓国木簡の一割を占める觚、棒状木簡は、このように枝を材として加工したものである。これは、第Ⅰ編第二章で述べたように、城山山城木簡の荷札も同様であった。

では、韓国木簡に枝が多く使用されている理由は何なのだろうか。その背景には、木簡に使用される樹種の違いがあると思われる。

日本木簡全体ではあまりにも膨大であるので、城山山城木簡と年代、性格が近い七世紀の荷札木簡を集成したデータとの比較を行いたい。樹種は、三三九点のうちヒノキが二六三点で七七・六％、スギが七五点で二二・一％、広葉樹が一点で〇・三％である。木取りをみると、板目が二二六点で六七％、柾目が一一三点で三三％となっている[15]。城山山城木簡にみられた髄を含むような枝を加工したものについては、データとして採られておらず存在しないようである。日本木簡の製作方法について論じた研究をみても、ある程度の大きさをもった直方体の原木や板材の原木から複数の木簡を作っていたと推定されている[16]。前節で述べた觚については、枝から加工した可能性があるが、点数が非常に少なく例外的な存在であることは指摘した通りである。また、古代日本の木簡で表面に樹皮を残すものは、長岡京出土八二七号木簡の荷札と、先述した京田遺跡の告知札の二点しかみられない[17]。これ以外にも精査することによって点数は多少増えるものと思われるが、極めて少ないことは確かであろう。

すなわち、韓国の木簡は、樹種はマツが大部分をしめ、細い枝を加工したものが半数以上を占めている一方で、日本の木簡は、ヒノキとスギでほぼ一〇〇％を占め、大きな材から切り出した板目、柾目のものがほとんどである。このように樹種と用材が全く異なっているという特徴は、木簡の使用にどのような影響を与えるのであろうか。

枝から製作する韓国木簡の場合、大量に木簡を生産するには不向きであると考えられる。日本のように大きな材から切り出したものであれば、同じような規格の木簡を一度に大量に生産することが可能である。ところが、一本の枝からえられる木簡はわずかであり、大きさもバラバラになってしまう。韓国木簡の製作方法が、このように多量の木簡を製作するには向いていない方法であった結果、韓国木簡の使用範囲が、日本に比べて限られたものになったのではないだろうか。木簡の出土数が日本や中国では数十万点に達するのに対し、韓国においては数百点に止まっているのは、地下水位などの環境的要因だけによるものではなく、そもそも当時の使用範囲が相違していたのではないか。朝鮮半島においては、大きな材が入手しづらく、大量の木簡を確保することが困難なために、木簡が限定的な用途にのみ使用された。利用する際には、少ない用材を有効に利用するために書写面の多い觚や棒状木簡が数多く作られたと考えられる。

これまで、韓国木簡について、個々の記載内容においては古代日本の木簡、特に地方出土木簡との類似性が強調されてきた一方で、材に関しては「違和感」が感じられるとされて使用状況の違いがあったといわれてきた(18)。一見すると相反するこうした指摘は、限られた用途に使用された韓国木簡のうち、荷札など日本と共通する用途に使用されたものは記載様式が非常に類似している一方、用材や製作技法に違いがあるため全体的な印象としては違和感が感じられたためではないだろうか。

おわりに

中国木簡にみられないという理由で、日本木簡独自の特徴と主張されてきたものが、韓国木簡の研究が進むにつれて、高句麗や百済、新羅に起源するものであったことを具体的な資料に基づいて明らかにできるようになっている。例えば、日本で最古の木簡とされるものは荷札や付札、呪符と推定されるものが大部分であり、こうした様相が八世紀以降の文書木簡の隆盛とは全く異なることから、「日本木簡黎明期における「もの」に付ける札としての荷札・付札木簡や呪符の使用のあり方は、木製品としての使用に日本の木簡使用の起源があったことを物語る(19)」という見解がある。しかし、荷札や付札が主にみられるという特徴は、韓国出土木簡の特徴そのものであった。日本木簡黎明期こそ、韓国木簡の強い影響下にあったといえよう。

このように韓国木簡の研究は、日本列島の文字文化がどのように形成されたのかを明らかにすることにもつながる。特に、今後、百済と新羅の文字文化がより明らかになっていけば、日本列島の文字文化が、百済や新羅からいつ頃、どのように影響を受けていったのか、実際の史料に則して詳細に論じることができるようになるであろう。[20]

註

(1) 李成市「古代朝鮮の文字文化と日本」(『国文学』四七—四、二〇〇二年) 一五頁。

(2) 李成市「漢字受容と文字文化からみた楽浪地域文化—六世紀新羅の漢字文化を中心に」(早稲田大学アジア地域文化エンハンシング研究センター編『アジア地域文化学の構築』雄山閣、二〇〇六年) 六九頁。

(3) 李成市「古代朝鮮の文字文化」(平川南編『古代日本　文字の来た道—古代中国・朝鮮から列島へ』大修館書店、二〇〇五年) 四二〜四四頁。

(4) 李成市「漢字受容と文字文化からみた楽浪地域文化」(前掲書)。

(5) 李成市『東アジア文化圏の形成』(山川出版社、二〇〇〇年)。

(6) 日本木簡の分類にしたがって新羅木簡を分類した研究として、李成市「韓国木簡研究の現在—新羅木簡研究の成果を中心に」(工藤元男・李成市編『東アジア古代出土文字資料の研究』雄山閣、二〇〇九年) がある。

(7) 奈良国立文化財研究所編『平城宮木簡一　解説』(奈良国立文化財研究所、一九六九年)。

(8) 佐藤宗諄「解説・総説」(木簡学会編『日本古代木簡集成』東京大学出版会、二〇〇三年)。

(9) 木簡学会編『日本古代木簡集成』(前掲)。

(10) 李成市「韓国木簡研究の現在—新羅木簡研究の成果を中心に」(前掲書) 二二七頁。

(11) 奈良国立文化財研究所『平城宮木簡一　解説』(前掲) 二三頁。

(12) 尹善泰「韓国古代木簡の出土状況と展望」(前掲『東アジア古代出土文字資料の研究』) 三六一〜三六二頁。

(13) 中村明蔵「鹿児島県京田遺蹟出土の木簡をめぐる諸問題」(『国際文化学部論集』二—一、二〇〇一年)、虎尾達哉「鹿児島県京田遺跡出土木簡の「田刀□」について」(『鹿大史学』四九、二〇〇二年)。

(14) 鳳凰洞木簡は、二〇〇二年十二月、釜山大学校博物館において実見した。桂陽山城木簡は、二〇〇九年の国立扶余博物館・国立加耶文化財研究所共催による特別展「木のなかの暗号　木簡」での観察による。

(15) 市大樹・竹本晃「解説」(独立行政法人文化財研究所・奈良文化財研究所編『評制下荷札木簡集成』東京大学出版会、二〇〇六年)。

(16) 山中章「行政運営と木簡」(『日本古代都城の研究』柏書房、一九九七年。初出は一九九二年)。

(17) 奈良文化財研究所木簡データベースでの検索による。

(18) 東野治之「木簡研究の現状」(『日本古代史料学』岩波書店、二〇〇五年。初出は二〇〇二年)。

(19) 渡辺晃宏「木簡の世紀以前―律令制の成立と日本の木簡」(九州国立博物館主催国際シンポジウム「漢字文化のひろがり―日本・韓国出土の木簡を中心に」レジュメ、二〇〇六年九月十七日)。

(20) 韓国木簡を通じた古代東アジアにおける文字文化の伝播については、橋本繁「韓国木簡論―漢字文化の伝播と受容」(『岩波講座日本歴史』第二〇巻、岩波書店、近刊)も参照されたい。

あとがき

本書は、二〇〇六年度に早稲田大学大学院文学研究科に提出した博士論文「出土木簡よりみた古代朝鮮の文字と社会」に、その後発表した論文を加えて再構成したものである。各章の基となった博士論文および既発表論文を示せば、次の通りである。

序　章　研究史と研究の方法（博士論文序章）

Ⅰ　咸安・城山山城木簡

第一章　城山山城木簡のフィールド調査（『史滴』三〇号、二〇〇八年）

第二章　城山山城木簡の製作技法（早稲田大学朝鮮文化研究所・大韓民国国立加耶文化財研究所編『咸安城山山城木簡』雄山閣、二〇〇九年）

第三章　城山山城木簡と六世紀新羅の地方支配（博士論文第一章。工藤元男・李成市編『東アジア古代出土文字資料の研究』雄山閣、二〇〇九年。第四節は、「中古新羅築城碑の研究」『韓国朝鮮文化研究』一一号、二〇一二年によって大幅に修正した）

付　章　研究動向（「韓国木簡研究の現在」『歴史評論』七一五号、二〇〇九年、「近年出土の韓国木簡について」『木簡研究』三三号、二〇一一年、「韓国の新出木簡」『考古学ジャーナル』六四九号、二〇一三年）

Ⅱ　『論語』木簡

第一章　朝鮮半島出土『論語』木簡と新羅の儒教受容（博士論文第二章。『朝鮮学報』一九三輯、二〇〇四年）

第二章　東アジアにおける文字文化の伝播（福井重雅先生古稀・退職記念論集『古代東アジアの社会と文化』汲古書院、二〇〇七年）

付　章　「視覚木簡」としての『論語』木簡（原題は「韓国で出土した『論語』木簡の形態と用途」（韓国語）、金慶浩・李昤昊編『地下の論語、紙上の論語』成均館大学校出版部、二〇一二年）

Ⅲ　その他の木簡

第一章　慶州・雁鴨池木簡と新羅の内廷（博士論文第三章。早稲田大学朝鮮文化研究所編『韓国出土木簡の世界』雄山閣、二〇〇七年）

第二章　近年出土の木簡（「韓国木簡研究の現在」『歴史評論』七一五号、二〇〇九年、「近年出土の韓国木簡について」『木簡研究』三三号、二〇一一年）

終　章　古代東アジアにおける文字文化の広がり（博士論文第四章）

この一〇年間の研究を一書にまとめるに際し改めて省みると、基礎的な検討にとどまっていて古代朝鮮社会に迫るという段階に至っていないことが痛感される。それは、ひとえに著者の浅学のためではあるが、一方で韓国木簡の研究状況を反映するものでもあろう。

韓国木簡の本格的な研究は、本書でも述べた通り、今世紀に入ってから始まったばかりであり、研究方法が確立されているとは言い難い。そのため本書は、研究方法の模索を目標の一つとしており、木簡が発掘により出土した考古資料であるという特性と、日本や中国の木簡の研究成果を援用することを重視した。

前者について具体的には、木簡の形状や製作技法、出土した遺跡の発掘成果に注目した。こうした研究方法は、韓国ではあまりなされていない。韓国での木簡研究は、古代史の文献史学者が中心となっていて、考古学者が積極的に発言することはあまりないためである。もちろん、韓国木簡学会には、国語学や中国史、書道史など隣接分野からの参加者も多く、多様な観点による研究成果が出されている。とはいえ、日本の木簡学会が奈良文化財研究所と密接な関係があるのとは対照的に、国立文化財研究所との連携はみられない。こうした問題を踏まえて、考古資料として韓国木簡を扱うよう努めたつもりである。

また、日中木簡の研究成果を参照することは、点数の圧倒的に少ない韓国木簡を研究するために不可欠な方法である。しかし、当然のことではあるが、研究の進展にともなって木簡に対する理解は変化していく。それは、本書第Ⅱ編の「『論語』木簡」でみられる通りである。城山山城木簡についても、博士論文では、勘検のためにつけたという前提にたって、製作から廃棄にいたる木簡の動きを全体的に復元することを試みた。ところが、近年の研究で、荷札が勘検のために付けられたのではなく、より象徴的な意味で付けられたという見解が示されているため、本書では削除した。城山山城木簡についても、そうした理解から再検討する必要があろうし、少なくとも、従来の荷札理解を無批判に前提として議論を展開することは許されないだろう。

韓国木簡には、日中木簡との共通点もあれば相違点もある。中国や日本の研究成果をそのまま援用するのではなく、それを韓国木簡に即して再度検証する必要のあることが痛感される。ただし、このことは、日中木簡の研究においても同様にいえるのではないだろうか。例えば、日本の荷札木簡の性格を正しく規定するためには、それが城山山城木簡にも通用する必要があるのではないか。そのためにも、今後、東アジア各地域の木簡の比較研究がより広く深くなされねばなるまい。

ここ数年、新たに発見された韓国の古代木簡は断片的な内容のものばかりであり、研究が一段落したという感がある。ここで一度、これまでの研究を整理し、成果と課題を明らかにしておくべきと思われる。韓国では、二〇一三年に李京燮氏が、博士論文をもとにした『新羅木簡の世界』を出版している。本書も、今後の韓国木簡研究のさらなる発展に、少しでも資することができれば幸いである。

著者が歴史に興味をもつようになったのは、中学校の社会科の教員であった父の影響が大きい。故郷の群馬県富岡市周辺には多くの古墳が残されており、また、子供の頃、高速道路の建設に伴って多くの発掘が行われていた。こうした遺跡に連れて行ってもらったことが、歴史に関心をもつ背景になった。

中学・高校時代は、『三国志』をきっかけに中国史に関心をもつようになり、歴史小説をよく読んでいたほか、『史記』の日本語訳も通読した。天安門事件や改革開放などのニュースをみて変貌する現代中国に関心をもつようになり、慶應義塾大学総合政策学部に入学した当初は中国語を選ぼうとしていた。しかし、倍率が高く、もし選に漏れると英語に振り分けられてしまう恐れがあるために迷っていた。たまたま、サークルの先輩が朝鮮語を履修していて勧められたことと、人がやらないことをやってみようという生来の天の邪鬼気質から、軽い気持ちで朝鮮語を選択した。一九九五年に一ヵ月ソウル大学での語学研修に参加し、現地の学生と一緒にソウルの街を歩き回った。この時の体験から、韓国についてより深く知りたいと思うようになり、朝鮮語の勉強に打ち込んだ。

朝鮮史の研究の道を進もうと思うようになったのは、四年次に、三田に非常勤講師としていらっしゃっていた李成市先生の講義を履修したためであった。先生は、歴史学のもつ政治性について話され、特に、古代史というものが、近代以降になって掘り起こされてナショナリズムと結び付いてきた学問であることを強調された。大学での歴史研究について、中学の歴史教科書よりも高校の歴史教科書が詳しいように、より詳細な史実を追いかけるものという素朴なイメージしか抱いていなかった著者は、大きなショックを受けた。それと同時に、現代社会と向き合うための学問として歴史学を学びたいと思うようになった。大学院への進学について相談すると、先生は早稲田への進学を奨めてくださった。

大学院のゼミでは、『旧唐書』など中国正史を詳細に読み進めた。関連する朝鮮や日本側の史料との比較など、一字一句もおろそかにせずに厳密に史料を読み進め、問題となる箇所については長時間議論をした。こうした訓練が、現在も研究を進める上で重要な基礎になっている。そして、ゼミの初めに、先生が最近読まれた本や参加した学会について話されるのが常であった。歴史に限らず現代思想についてもよく触れられ、歴史研究は、現代社会との関わりのなかでなされねばならず、そのためには思想、哲学を理解していなくてはならないことを繰り返し強調された。わずかながらではあるが、そうした分野の書籍に現在まで触れ続けていることが、学問を続けてこられた原動力になっている。

修士に入学した一九九八年には、李先生はサバティカルのためご不在で、代わりに武田幸男先生がゼミを担当された。他大学からも留学生はじめ多くの大学院生が集まり、広開土王碑のすりかえ偽造説について綿密に批判的検討を行った。研究をはじめる時に、武田先生の学問姿勢に触れることができたことは、本当に幸運であった。

武田先生とは、その後も新羅史研究会においてご一緒させていただいている。『三国遺事』の訳註や研究報告をするたびに、何を根拠に、どのような論理から主張しているのかが厳しく問われる。特に胸に刻まれているのは、論文で推測が許されるのは一度だけであり、推測を重ねてはいけないという一言である。論文を書く度に、先生のこの言葉が思い出され、自分の主張は独り善がりの思い込みではなく説得力のある根拠があるのか、論理の飛躍はないかを自問自答している。近年は、広開土王碑拓本の調査にもご一緒させていただいているが、先生の研究への変わらぬ情熱に圧倒されている。

修士課程までは、済州島にあった耽羅国について研究していた。二〇〇〇年に博士課程に進学すると、そこから時代や地域を広げていくつもりであったが、うまく研究を展開することができずにいた。さらに、生活上の困難にぶつかったため、一時、研究をやめることを決心したこともあった。

そうした中で二〇〇二年に、さまざまな転機を迎えることとなった。国立歴史民俗博物館が開催する特別展「古代日本文字のある風景」で韓国から資料を借用する際に、李先生の推薦により通訳として韓国に同行することとなった。この時に、はじめて雁鴨池木簡、城山山城木簡などの現物に触れた。まだこの時点では、木簡研究を自分のテーマにしようとは考えていなかったが、関連する書籍を読み進めるうちに関心が芽生えていった。

この縁から同年四月より、国立歴史民俗博物館の特別共同利用研究員として、平川南先生の研究室で木簡や墨書土器の調査に携わることとなった。それまで出土文字資料を扱ったことは全くなかったが、さまざまな大学から集また同年代の大学院生から、文字のトレースの仕方をはじめ、一から調査法を学んだ。本書に収めた『論語』木簡の研究も、現存する木簡の文字から原型を復元するとどうなるかという研究室での雑談から始まったと記憶している。

同年十一月には、二一世紀COE早稲田大学アジア地域文化エンハンシング研究センターの朝鮮文化研究所・客員研究助手として採用された。本書でも触れた城山山城木簡の調査に平川先生とご一緒するようになり、先生の調査研究方法を間近でみることができたことは、この上なく貴重な経験であった。木簡の内容を理解するためには、実際にどのように使ったのだろうかという想像力が重要であると感じた。本書は、こうした調査から自分なりに感じ取ったことをまとめたものであるが、どこまで成功しているのか、はなはだ心許ない。

李先生、武田先生、平川先生の三人の先生以外にも、多くの先生、先輩、友人の導きや支えがあったからこそ、これまで研究を続けることができた。

新羅史研究会では、木村誠先生をはじめとする先生方、赤羽目匡由氏はじめ多くの同年代の研究者仲間とともに『三国遺事』の訳注を続けている。一つの史料をどのように解釈でき、どこまでが妥当な理解といえるのか、また、それをどのように分かりやすく伝えるかにいつも悩まされており、緊張感ある研鑽の場となっている。

二〇〇四年度の一年間、韓国精神文化研究院（現・韓国学中央研究院）韓国学大学院に留学した。朝鮮時代の古文書の授業を受講したこと、考古学の授業で全国各地の遺跡を巡ったことがとても勉強になった。また、一週間ほどではあるが、国立加耶文化財研究所による城山山城の発掘に参加させていただいたことも、その後の研究に大きな刺激となった。

ＣＯＥでは、中国史、美術史、日本史、中国語学などを専攻する大学院生が客員研究助手に採用されていた。五年間、慣れない書類づくりやシンポジウムの準備などを共にした彼らとの励まし合いがあったからこそ、厳しいスケジュールのなかで博士論文を提出することができた。

韓国木簡の調査で、平川先生のほか、三上喜孝先生、田中史生先生、安部聡一郎先生らとご一緒できたことも、貴重な経験となった。また、帰国後には、調査で撮影した写真をもとに「韓国木簡検討会」を開いて、釈文を検討し木簡の内容について議論した。本書の論考の多くは、こうした調査や議論が基となっている。

また、二〇〇八年度から二〇一〇年度まで、日本学術振興会特別研究員（ＰＤ）として採用された。東京大学の六反田豊先生に受入先となっていただき、高麗史や朝鮮史について学んだが、特に、吏読で書かれた史料を読む機会が得られたことは貴重であった。

本書の出版に際しては、平川先生から吉川弘文館の一寸木紀夫氏をご紹介いただき、快く引き受けていただいた。刊行に際しては、石津輝真氏、並木隆氏および製作実務を担当した本郷書房の重田秀樹氏にたいへんお世話になった。末筆ながら心より御礼申し上げたい。

大学院に進みたいと言ったときに、「自分の人生なんだから自分の好きなように生きなさい」と物心両面で援助してくれた両親、そして、先行きのみえない研究者という身分にもかかわらず、また、ともすれば机に向かう孤独で単調な生活になりがちななかで、いつも明るく支えてくれる妻・理恵に感謝したい。

二〇一四年七月十日

橋本　繁

索　引

あ　行

か　行

さ　行

た　行

な　行

は　行

ま　行

や　行

ら　行

わ　行

著者略歴
一九七五年　群馬県に生まれる
二〇〇七年　早稲田大学大学院文学研究科史学（東洋史）専攻博士後期課程修了
現在　早稲田大学非常勤講師・博士（文学）
〔主要論文〕
「金海出土『論語』木簡と新羅社会」（『朝鮮学報』一九三輯、二〇〇四年）
「浦項中城里碑の研究」（『朝鮮学報』二二〇輯、二〇一一年）
「中古新羅築城碑の研究」（『韓国朝鮮文化研究』一二号、二〇一三年）

韓国古代木簡の研究

二〇一四年（平成二十六）十一月一日　第一刷発行

著　者　橋《はし》本《もと》　繁《しげる》

発行者　吉川道郎

発行所　株式会社　吉川弘文館
郵便番号一一三―〇〇三三
東京都文京区本郷七丁目二番八号
電話〇三―三八一三―九一五一〈代〉
振替口座〇〇一〇〇―五―二四四番
http://www.yoshikawa-k.co.jp/

印刷＝藤原印刷株式会社
製本＝株式会社 ブックアート
装幀＝山崎　登

ISBN978-4-642-08152-8